特別支援教育における

3観点の「学習評価」
通知表の文例集と記入例

各教科・段階別

宮﨑 英憲 監修

特別支援教育の実践研究会 編

「学習評価」研究グループ代表　朝日 滋也

明治図書

JN040192

監修の言葉

　平成最後の改訂となった今回の学習指導要領は，我が国のこれまでの学校教育の実践と蓄積を活かし，子供たちが未来社会を切り拓くための資質・能力を一層確実に育成すること，その際，子供たちに求められる資質・能力とは何かを社会と共有・連携する「社会に開かれた教育課程」の実現が目指されています。また，「生きる力」を児童生徒に育むために「何のために学ぶのか」という各教科等を学ぶ意義を共有しながら，全ての教科等の目標及び内容を「知識及び技能」「思考力，判断力，表現力等」「学びに向かう力，人間性等」の育成を目指す資質・能力の三つの柱で再整理されています。この考え方は，初等中等教育全体の改善・充実として位置付けられ，障害のある子供たちの学びの場の柔軟な選択を踏まえ，幼稚園，小・中・高等学校の教育課程との連続性を重視した対応でもあります。知的障害者である子供のための各教科等の目標や内容についても，育成を目指す資質・能力の三つの柱に基づき整理されました。更に，改訂特別支援学校小学部・中学部学習指導要領総則においては，学習評価の充実について新たな記述がされています。具体的な記述内容は省略しますが，単元や題材など内容や時間のまとまりを見通しながら，児童生徒の主体的・対話的で深い学びの実現に向けた授業改善を行うと同時に，評価の場面や方法を工夫して，学習の過程や成果を評価することを示し，授業の改善と評価の改善を両輪として行っていくことの必要性を明示しているのです（特別支援学校小学部・中学部学習指導要領第1章総則　第4節　教育課程の実施と学習評価　3.学習評価の充実）。加えて，平成30年8月に「学校教育法施行規則の一部改正」が行われ「個別の教育支援計画」が省令に位置付けられています（第134条の2，第139条の2,第141条の2,）。

　本書は，こうした今般の学習指導要領改訂を受けて，「学習指導要領に即した評価とは何か」という特別支援教育における資質・能力を育む評価の在り方についての具体的でわかりやすい解説を加えています。同時に，「個別の指導計画を生かした『評価』文例」について，学習指導要領に即して，各教科での指導計画と評価の文例を徹底して追求し具体的な学習や指導の改善に生かすことを可能とする文例を示しています。

　個別の教育支援計画及び個別の指導計画は，障害のある児童など一人一人に対するきめ細やかな指導や支援を組織的・継続的かつ計画的に行うために重要な役割を担っていることもあり，保護者・本人と相談しながら作成することが必要とされるわけですから，本書で提案している個別の指導計画を生かした通知表の作成は，「個に応じた指導の充実」や「評価結果の説明の充実」にもつながると考えます。新しい学習指導要領に対応した学習指導と学習評価が適切に行われるために個別の指導計画を作成することや，通知表によって保護者への説明を充実するために，本書がいささかでも役立てば幸いです。

監修者　宮﨑　英憲

目　次

第1章

これからの時代の学習評価

第2章

各教科・段階別　３観点の「評価」文例集

第1章

これからの時代の
学習評価

1 特別支援教育における 資質・能力を育む評価の考え方

新学習指導要領における教科の目標と内容

　新しい時代に必要となる資質・能力の育成は，特別支援教育においても重要とされています。

　特別支援学校学習指導要領では，知的障害のある児童生徒のための各教科等の目標や内容について，育成を目指す資質・能力の三つの柱に基づいて整理がされました。中学部に二つの段階を新設し，小学部・中学部・高等部の各段階に目標が設定されました。

　育てたい資質・能力，教科の指導内容がより詳しく，より明確になり，小・中学校，高等学校と同じ構造になったことが大きな特色です。

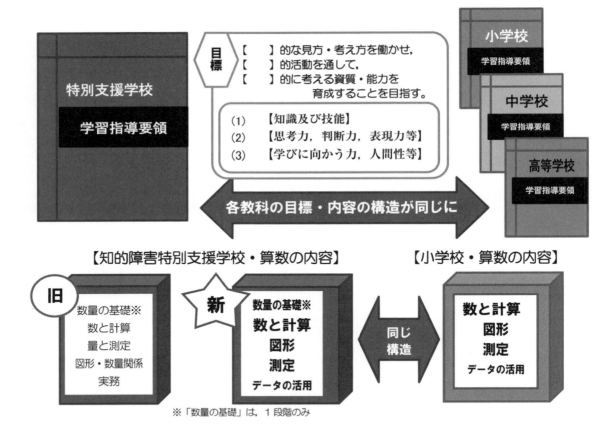

次に，各教科の内容ですが，段階ごとに整理がされています。ここでは「箪笥（たんす）」を使って図示してみます。小学部の国語を見てみましょう。

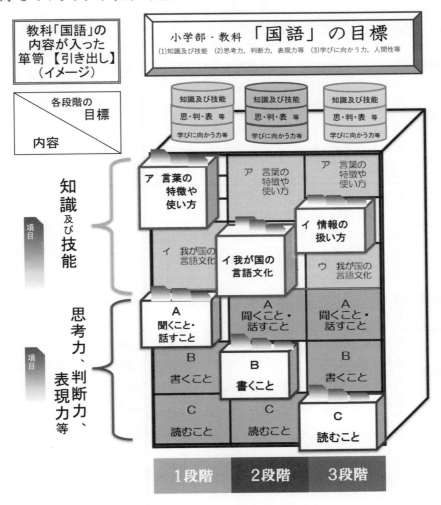

知的障害のある児童には，「日常生活に必要な国語の特質を学び，人との関わりの中で伝え合う力を身に付けて思考力や想像力を養い，国語を大切にして日常生活で生かそうとする」といった資質・能力が求められています。これが箪笥の上の部分にある教科の「目標」です。

箪笥の引き出しには，国語で取り扱う内容が入っています。「言葉の特徴や使い方」や「我が国の言語文化」については，1～3段階に共通して設定されていますが，3段階になると「話や文章の中に含まれている情報の扱い方」が加わります。これらは，国語における**「知識及び技能」の内容**と学習指導要領解説で示されています。

箪笥の下段には「A　聞くこと・話すこと」「B　書くこと」「C　読むこと」の引き出しがあります。これは**「思考力，判断力，表現力等」**の内容です。この引き出しには学習する項目が入っているので，児童は，縦一列の学習内容を国語で学ぶことになる，というイメージ図です。

学習指導要領の解説，各教科編では，「段階」について次のように示しています。

		学習指導要領解説における説明（抜粋）	学習内容の目安（筆者）
小学部	1段階	知的障害の程度は，比較的重く，他人との意思の疎通に困難があり，日常生活を営むのにほぼ常時援助が必要である者を対象	教師の直接的な援助を受けながら，児童が事物に気付き，注意を向けたり，関心や興味をもったり，基本的な行動の一つ一つを着実に身に付けたりすることをねらいとする内容
	2段階	他人との意思の疎通に困難があり，日常生活を営むのに頻繁に援助を必要とする者を対象	
	3段階	他人との意思の疎通や日常生活を営む際に困難さが見られる。適宜援助を必要とする者を対象	「外国語活動」は，3段階の児童が学ぶことができるように設定
中学部	1段階	小学部3段階を踏まえ，**生活年齢に応じながら**，主として経験の積み重ねを重視するとともに，他人との意思の疎通や日常生活への適応に困難が大きい生徒にも配慮した内容を示している。	「数学」は，小学校算数・第2学年の内容を参考に設定（乗法九九，長方形，直角三角形等）
	2段階	中学部1段階を踏まえ，生徒の日常生活や社会生活及び将来の職業生活の基礎を育てることをねらいとする内容を示している。	「数学」は，小学校算数・第3学年の内容を参考に設定（除法，分数，正三角形，コンパス等）
高等部	1段階	中学部2段階やそれまでの経験を踏まえ，**生活年齢に応じながら**，主として卒業後の家庭生活，社会生活及び職業生活などとの関連を考慮した，基礎的な内容を示している。	「数学」は，小学校算数・第4〜5学年の内容を参考に設定（面積等）「理科」は，小学校第5学年の内容を参考に設定
	2段階	高等部1段階を踏まえ，比較的障害の程度が軽度である生徒を対象として，卒業後の家庭生活，社会生活及び職業生活などとの関連を考慮した，発展的な内容を示している。	「数学」は，小学校算数・第6学年の内容を参考に設定（文字式，比例等）「理科」は，小学校第6学年の内容を参考に設定

　学習指導要領の構造はこのようになっておりますが，中学部・高等部共に，障害の重い生徒に対しては，1段階の内容をそのまま学習内容に設定することはできません。しかしながら，「障害の程度が重いから，中学部1段階の内容はできない」と決めつけるのではなく，**「生活年齢に応じながら」**と記された意味を考える必要があります。生徒は，高等部を卒業する年には選挙権をもつ大人となります。主権者教育，消費者教育など，市民として身に付けるべき内容もあります。国語では古典や俳句，数学では定規やコンパスを使った作図を「知っている・やったことがある」という経験が，将来生かされるように，内容を精選・吟味し，指導方法には十分配慮をしつつも，指導すべき内容の基準として捉えるものだと考えます。

なぜ，学習評価を行うのでしょうか。それは「知的障害のある児童生徒の学び」を充実させる必要があるからです。知的障害のある児童生徒は，学習することに様々な困難を抱えていますが，学ぶことが好きで，学ぶことを通して成長していきます。これは，知的障害のある・なしにかかわらず，みな児童生徒がもっている可能性なのです。

特別支援学校学習指導要領解説には，「知的障害」について下図左のように説明しています。

学校には，児童生徒の着実な学びを評価し，困難性の克服につなげる指導が求められています。

知的障害	困難性とは？	学校は…
○知的機能の発達の遅れ ＋ ○適応行動の困難性	○概念的スキルの困難性（言語発達や学習技能） ○社会的スキルの困難性（対人スキルや社会的行動） ○実用的スキルの困難性（日常生活習慣行動，ライフスキル，運動機能）	●できるものを着実に増やす教育 →できたことを生活に生かせる指導・支援

　　　知的障害のある児童生徒は，「知的機能の発達の遅れ」に加え，「適応行動の困難性」を併せもつことが少なくありません。しかし，彼らの特性を考慮し，彼らに適した学びの内容や方法を確保していけば，概念的スキル・社会的スキル・実用的スキルのいずれかに，変化が生じてきます。

　　　自閉症を併せもつ障害の比較的重い児童が，「ペグさし」の課題に取り組むとき，線をたどるように手で穴の始点と終点をたどり，始点から順にペグを音と重さを感じながらさしていきます。そして，さし終えてゆっくりと指でたどって確かめる姿にこそ，「思考・判断・表現」や「主体的に学習に取り組む態度」が含まれています。そうした姿を見逃すことなく評価しながら，更に児童に適した課題や教材を工夫していきたいものです。

　　　知的障害が軽度の場合には，過去に「どうしてできないのか」と周囲から責められた経験があり，「他の子ができるのに自分はできない」と気付くなど，自己肯定感を下げている生徒も少なくありません。しかし，「どうすればできるのか」が分かってくると，彼らは変わってきます。人の見ていないところで，コツコツと努力を重ねる生徒にもたくさん出会いました。

昨今，障害者の生涯学習の機会の充実が求められています。大学等のオープンカレッジに集まる知的障害の青年は，文化や科学の講座にも意欲的に参加をし，実に生き生きと学びます。

知的障害のある児童生徒は，「学ぶこと」に困難さはありますが，「学びたい」欲求をもっています。児童生徒が「何を」「どのように」学び，「何ができるようになったのか」，身に付けた力を「どのように生かそうとしているか」を評価する。これが「学習評価」ではないでしょうか。

（朝日　滋也）

2 特別支援教育における指導と評価の流れ

　学習指導要領の目標・内容が，資質・能力の三つの柱で整理されたことを踏まえ，各教科における観点別学習状況の評価の観点も3観点に整理されました。

　学校では，学習指導要領の内容を，年間指導計画や単元計画に適切に設定し，個々の児童生徒の障害等に配慮しつつ，確実に指導することが求められています。その学習状況や児童生徒の変容を，学期末・学年末に保護者や本人に伝えていきます。多くの学校では，「通知表」といった形で学習評価が渡されます。

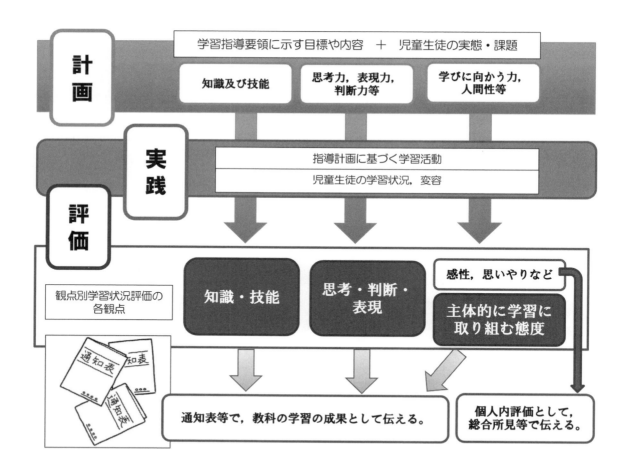

指導要録等の記載における学習評価は，教科ごとに３観点で端的に文章で表すことが求められています。したがって，通知表における評価でも３観点による文章表記が望ましいと考えます。設置者や学校の考え方にもよりますが，学校としての方針を定めて取り組むことが大切です。

知的障害教育においては，この３観点をどのように評価していけばよいのでしょうか。
文部科学省の平成31年３月29日付「小学校，中学校，高等学校及び特別支援学校等における児童生徒の学習評価及び指導要録の改善等について（通知）」に係る別紙４「各教科等・各学年等の評価の観点等及びその趣旨」には，各教科の「評価の観点及びその趣旨」が示されています。
それも参考にしつつ，筆者の私見ですが，もう少し平たく述べてみます。

①知識・技能	教科で学習する内容について，理解したり，できるようになったりすること。国語で言えば「言葉の使い方」が分かった，身に付いたかどうかを評価します。
②思考・判断・表現	学習活動の中で，教科の内容を使って考えたり，表現したりすること。国語で言えば，「話すこと・聞くこと」「書くこと」「読むこと」の活動を深めて，友達と考えを伝え合いながら，思い付いたり考えたりしているかを，評価します。
③主体的に学習に取り組む態度	学習で身に付けたことを，（ア）授業の中で使おう・生かそうとすること，（イ）次の学習への期待が高まる言動や行動が見られること，（ウ）他の授業場面や学校生活で生かそうとしていること，などが考えられます。児童生徒が「もっとやりたい」「こうやってみたい」と活動に意欲を示すようになることが望まれます。

「①知識・技能」「②思考・判断・表現」については，学習指導要領の各教科の解説を読み込めば，「何を」「どのように」評価をすればよいのかは，分かりやすいと思います。しかし，「③主体的に学習に取り組む態度」の評価は，①②に比べると難しく，この学習活動を通して期待する児童生徒像や，生活上に生かされることを，教師としてイメージする力が問われます。

従前の４観点の評価の時代には，「関心・意欲・態度」だったので，積極的に取り組んだとか，意欲的であったとか，ややもすると抽象的な評価でも許されていたかもしれません。他の観点での評価は高くつけられないので「関心・意欲・態度」でよい評価を付けてお茶を濁すといった傾向があったことも否めません。

しかし，新学習指導要領の趣旨は，予測困難な時代に生きる児童生徒に「学びに向う力」を育むことが重点と考えます。私共の本書における評価例は，あくまでも現時点での参考です。特別支援学校全体で，「主体的に学習に取り組む態度」の評価については，研究を深めることが大切だと考えます。

　学習指導要領の目標・内容を理解した後に，児童生徒の実態を考慮し，担当する学級（学習グループ）の年間指導計画を作成します。

　特別支援教育においては，一人一人の個別の指導計画を作成しています。多くの特別支援学校では，各教科の当該年度（当該学期）に，その児童生徒に特に身に付けてほしい力を「ねらい」として，またねらいを達成するための個に応じた支援を「手だて」として記し，年度末（学期末）には，個別の指導計画の評価を記載して保護者に渡しています。

　平成20年の特別支援学校学習指導要領改訂に伴い，明治図書から「〈特別支援教育〉個別の指導計画を生かした通知表記入例と文例集」を発刊しました。当時，作成が義務付けられた個別の指導計画を生かして通知表を作成すること，そのための手順や指導要録等との関連を解説しています。その著書の反映もあるかと思います。本書も，この考えを引き継ぎ，個別の指導計画が「通知表」の役割を兼ねていることを想定して，検討を進めてまいりました。

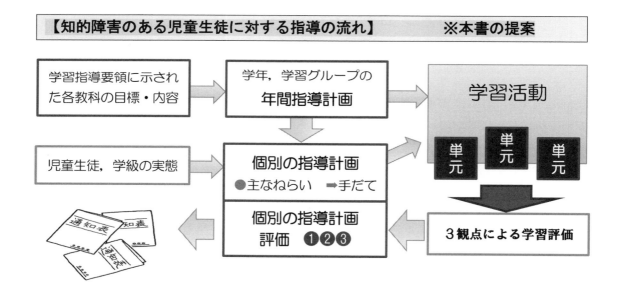

　本書における個別の指導計画の書式例と，評価の記載例は，第3章で示してあります。

　その前に，各教科の単元ごとの評価をどのように積み重ねていくかが重要と考え，第2章にその記載例を示しました。「学習内容」に対応する「●主なねらい　➡手だて」「評価の記載例」を6行～7行で記述しました。算数を例示します。

算数の一つの単元に関する指導計画と評価の文例：１段階であるＡ君の場合

学習内容	●主なねらい　➡手だて	評価の記載例
かぞえてみよう **「５までの数唱」** Ｂ　数と計算 ア　数えることの基礎	●数唱に合わせて，具体物等を指さすことができる。（思・判・表） ➡数え歌に合わせて身振りで表現したり，具体物を指でさしたり，入れ物に入れたりして数詞と対応させる活動を行う。	❶５までの数唱ができました。 ❷数え歌に合わせ，指で数量を示したり，数唱しながら五つのメロンパンを正しく数えたりすることができました。 ❸出席している友達の人数を数唱しながら指さす様子があります。

　上記の例では，「Ｂ　数と計算」「５までの数唱」という単元において，Ａ君に特に身に付けてほしいことを「●主なねらい」で示し，評価に当たっては「思考・判断・表現」で見ていきましょう，それを実現できるように，「➡手だて」を講じていきます，という記載です。

　評価については，❶❷❸とともに示すことにしました。このような各教科の学習活動を単元ごとに行い，評価を積み重ねていきます。

　小学部の算数・２段階であれば，「Ａ　数と計算」「Ｂ　図形」「Ｃ　測定」「Ｄ　データの活用」の内容を扱う単元を設定します。小学校のように６月と11月は「Ｂ　図形」というように明確に分けられる場合もありますが，一つの単元に「Ａ　数と計算」「Ｃ　測定」が含まれることもあります。また，毎日の「国語・算数」の合科的な指導を設定し，カレンダーや日課表を用いて「Ａ　数と計算」や「Ｄ　データの活用」について学ぶこともあります。

知的障害のある児童生徒に対する学習評価の流れ（本書の提案）

　単元ごとの学習の積み重ねを，学期末に「通知表」として示すまでの流れを図示しました。

　個別の指導計画では，学期中に取り組む複数の単元を書きますが，全部を書くことはスペースの関係からできません。各月に取り組む内容は「年間指導計画」を示すことで保護者には伝

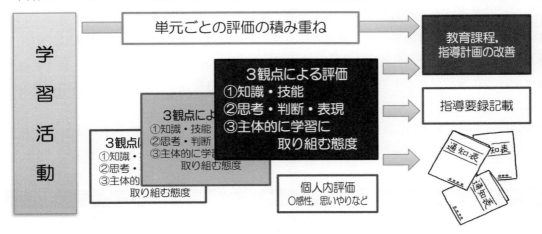

わります。個別の指導計画では，A君に今学期，特にこの単元を通して成長してほしいというものを，いくつか選んで記載します。そして，その中でも特に伸ばしたい点を「●主なねらい」と記して学期はじめに保護者に提示します。学期末には，そのねらいは達成できたか。他の観点ではどのような成長があったかを，数行で端的に書き表わしていきます。

小学部２段階のA君の個別の指導計画における学期末の評価の記載例

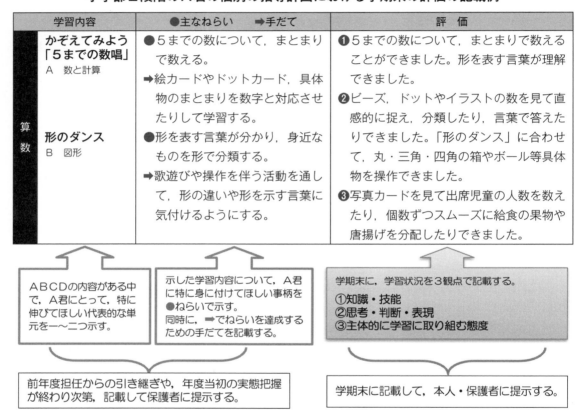

	学習内容	●主なねらい　➡手だて	評　価
算数	かぞえてみよう「５までの数唱」A　数と計算	●５までの数について，まとまりで数える。 ➡絵カードやドットカード，具体物のまとまりを数字と対応させたりして学習する。	❶５までの数について，まとまりで数えることができました。形を表す言葉が理解できました。 ❷ビーズ，ドットやイラストの数を見て直感的に捉え，分類したり，言葉で答えたりできました。「形のダンス」に合わせて，丸・三角・四角の箱やボール等具体物を操作できました。
	形のダンスB　図形	●形を表す言葉が分かり，身近なものを形で分類する。 ➡歌遊びや操作を伴う活動を通して，形の違いや形を示す言葉に気付けるようにする。	❸写真カードを見て出席児童の人数を数えたり，個数ずつスムーズに給食の果物や唐揚げを分配したりできました。

ABCDの内容がある中で，A君にとって，特に伸びてほしい代表的な単元を一〜二つ示す。

示した学習内容について，A君に特に身に付けてほしい事柄を●ねらいで示す。
同時に，➡でねらいを達成するための手だてを記載する。

学期末に，学習状況を3観点で記載する。
①知識・技能
②思考・判断・表現
③主体的に学習に取り組む態度

前年度担任からの引き継ぎや，年度当初の実態把握が終わり次第，記載して保護者に提示する。

学期末に記載して，本人・保護者に提示する。

　年間指導計画，個別の指導計画の表し方については，学校の設置者（教育委員会等）の方針や，学校としての書式があります。本書作成に携わった教員の学校も，特色ある書式でした。その中で「個別の指導計画」と「通知表」を兼ねる書式は，多くの学校で取り入れており，保護者にも教科ごとに成長した点を伝えることは大切であると考えました。特に，新学習指導要領における各教科が目指す三つの資質・能力について，きちんと評価し保護者に伝えることが求められます。

　本書の書式や記載例は，あくまでも参考例でありますので，各学校の独自の記載方法を工夫し，新学習指導要領の趣旨にかなった学習評価を進めていただきたいと考えます。

知的障害教育における評価の難しさ

　今回の学習指導要領の改訂は，小・中学校等との学びの連続性を考慮し，教科の内容がとて

も充実したものになりました。しかし一方で，これまでの知的障害教育の流れとは趣が違うので，学校現場としては難しさがあり，次のような声が聞かれます。

①中学部・高等部の学習内容についていけない障害の重い生徒の評価はどうすればよいか。

②各教科等を合わせた指導で扱っている「社会」や「理科」等の評価はどうすればよいか。

①本書では，「障害の重い生徒」を想定した評価の記載例を，家庭科（中学部は家庭分野）や理科等に示しています。同学年の生徒と同じ単元を学ぶに当たっても，生活年齢を考慮しながら，目標や手だてを設定し，評価することが求められています。

高等部「家庭」第1段階の1単元における評価の文例

学習内容	●主なねらい　➡手だて	評価の記載例
私の小さなころ A　家族・家庭生活 ア　自分の成長と家族	●自分の成長と家族の関わりをまとめ，家庭が協力し合って生活していることを表現する。（思・判・表） ➡乳幼児期の写真やエピソードカードを持参し，小さい頃の自分のイメージをもてるようにする。	❶写真を時系列に並び替えることができました。 ❷自分の周りにいる家族を指さし，感じたことを伝えることができました。 ❸家族への感謝の気持ちを表情や言葉で伝えることができました。

高等部「家庭」第1段階　【障害の重い生徒の評価】の例

学習内容	●主なねらい　➡手だて	評価の記載例
私の小さなころ A　家族・家庭生活 ア　自分の成長と家族	●幼い頃を思い出し，自分の成長を支えてくれている家族の存在を大切に感じることができる。（思・判・表） ➡乳幼児期の写真やビデオ（自分と家族が写っているもの）と小さい頃に使ったおもちゃを用意してもらう。	❶3歳の頃の自分の写真を見て，自分の写真だと気付くことができました。 ❷複数のおもちゃの中から自分が遊んでいたおもちゃをつかみ，音を出して見せてくれました。 ❸ビデオの中のお母さんの声に反応し，教員にもビデオを見るよう顔を動かして教えてくれました。

「②各教科を合わせた指導」については，各教科の学習内容が含まれています。学習指導要領解説総則には，「各教科，道徳科，外国語活動，特別活動及び自立活動の内容等に関する事項は，特に示す場合を除き，いずれの学校においても取り扱わなければならない。」とありますので，各教科の目標や内容が達成できたかどうかの評価は必要となります。

教科ごとに評価するか「合わせた指導」として評価するかについては，様々な考え方があります。本書では，「合わせた指導」の内容も「各教科」の評価に学習成果を記述する立場をとりました。「合わせた指導」で行った場合も，教科の学習内容に（　　　）で示すこととしています。

（朝日　滋也）

3 研修用動画の活用

　この書籍の内容を，より身近に，多くの皆様に知っていただくために，「研修動画」を作成しました。
　約26分間の動画になりますので校内研修等でどうぞご活用ください。

　本書には収まりきらなかった図や絵をカラースライドでポイントを絞って解説しています。文部科学省著作教科書（☆本）を例にした評価の進め方なども，豊富に取りそろえています。

　視聴を希望される方は，下記の URL 又は QR コードから動画をご覧ください。

視聴 URL：
http://meijitosho.co.jp/
redirect/306729/1

第2章

各教科・段階別
３観点の
「評価」文例集

生活

国語

算数・数学

社会

理科

音楽

図画工作・美術

体育・保健体育

職業・家庭

職業

家庭

外国語活動・外国語

情報

学習評価と「個別の指導計画」の結び方

　私たちの研究会では，各教科における学習評価と「個別の指導計画」を次のように結び付けて表すこととしました。算数を例にします。

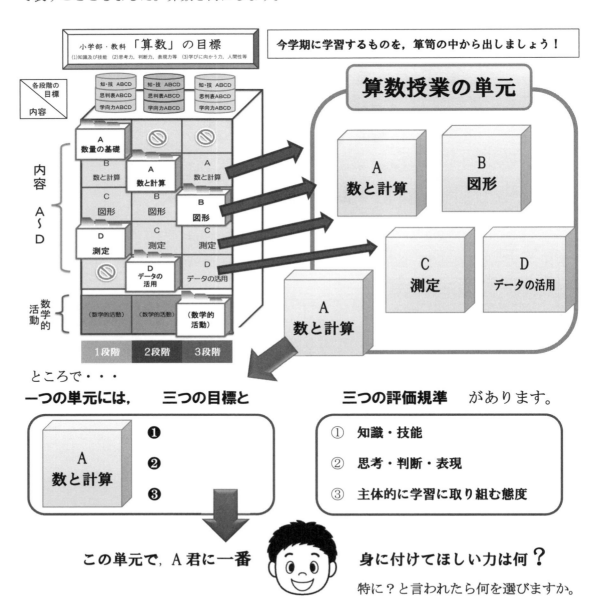

一つの単元には，　三つの目標と　　　三つの評価規準

学習内容	目　標	評　価
A　数と計算	❶ ❷ ❸	① ② ③

　本書においては，個別の指導計画を作成するに当たり，A君の教科における「主なねらい」と，そのための手だてが必要だと考えました。それを合わせることにしました。

★本来であると，このような流れになります。

学習内容	目　標	A君にとっての	評　価
A　数と計算	❶ ❷ ❸	●主なねらい ➡手だて	① ② ③

しかし，
個別の指導計画では，
これをミックスさせました。　　　　　　紙面も限りがあるため，

こちらが，
第2章の文例です。

学習内容	●主なねらい　➡手だて	評価の記載例
A　数と計算	● ➡　　　（※観点）	❶ ❷ ❸

※主なねらいを書く際に，筆者が三つの評価規準のうちどの観点を重視したか分かるように，
　第2章では，（　　）の中に（知・技），（思・判・表），（主）の文字を記載しています。
　第3章の「個別の指導計画」は，保護者に渡すものなので，（　　）は付けていません。

　このような考え方で，単元の評価の文例集を，各教科・段階別に記してきました。
　それぞれの教科の目指す資質・能力を，どのように引き出し，3観点で評価を書き表すか。
　そのことにより，児童生徒が「何を・どのように学び」，その力を「どのように生かそうとしているか」の評価を重ね，児童生徒の学びに向かう力を育んでいけると考えました。

（朝日　滋也）

1 生 活

小学部（1段階・2段階・3段階）

評価のポイント

　生活科の目標は「具体的な活動や体験を通して，生活に関わる見方・考え方を生かし，自立し生活を豊かにしていくための資質・能力を育成する」である。従前の目標「自立的な生活をする」から今回の改訂では「自立し生活を豊かにしていく」に改められた。生活科の学びを実生活に生かすこと，実生活において，まだできないことやしたことがないことに，自ら取り組み，自分でできることが増えたり，活動の範囲が広がったりして成長していくことである。

　生活の内容も次のように整理された。小学部の体育，中学部の社会，理科及び職業・家庭との学習の関連（学びの連続性）を考慮した改訂と言える。したがって，学習評価も「生活科」の教科としての目標を十分に理解し，3観点による評価を行うことが求められる。

従前の「生活科」の内容		改訂後の学習指導要領（1～3段階共通）	
基本的生活習慣		ア　**基本的生活習慣**	基本的生活習慣に関する内容
健康・安全	「健康」は体育科へ	イ　**安全**	
遊び		ウ　**日課・予定**	
交際	「人との関わり」へ（オ）	エ　**遊び**	生活や家庭に関する内容
役割		オ　**人との関わり**	
手伝い・仕事		カ　**役割**	
きまり		キ　**手伝い・仕事**	
日課・予定		ク　**金銭の扱い**	
金銭	「金銭の扱い」へ（ク）	ケ　**きまり**	社会及び理科に関する内容
自然	二つに分離（サ・シ）	コ　**社会の仕組みと公共施設**	
社会の仕組み	一つに統合（コ）	サ　**生命・自然**	
公共施設		シ　**ものの仕組みと働き**	

評価の観点及びその趣旨

①**知識・技能**…活動や体験の過程において，自分自身，身近な人々，社会及び自然の特徴やよさ，それらの関わり等に気付いているとともに，生活に必要な習慣や技能を身に付けている。

②**思考・判断・表現**…自分自身や身の回りの生活のことや，身近な人々，社会及び自然と自分との関わりについて理解し，考えたことを表現している。

③**主体的に学習に取り組む態度**…自分のことに取り組もうとしたり，身近な人々，社会及び自然に自ら働きかけ，意欲や自信をもって学ぼうとしたり，生活を豊かにしようとしたりしている。

※小学校，中学校，高等学校及び特別支援学校等における児童生徒の学習評価及び指導要録の改善等について（通知）別紙4「各教科等・各学年等の評価の観点等及びその趣旨」から引用。

学習内容	●主なねらい　➡手だて	評価の記載例
一人でやってみよう ア　基本的生活習慣 食事，用便，清潔	●食事前や用便後は，教師と一緒に手を洗ったり，タオルで手を拭いたりする。（知・技） ➡「ゴシゴシ」などの動きに合った言葉を決めたり，10カウントするまで手を洗ったりする。	❶手洗いでは，教師と一緒に「ゴシゴシ」の言葉に合わせて手を洗えました。 ❷手を洗ったらタオルで拭く一連の流れに気付き始めました。 ❸手洗い後，タオルを両手で挟んで動かす様子が見られるようになりました。
きまりを守ろう イ　安全 交通安全，避難訓練	●教師と手をつなぎ，青信号になるまでその場で待ったり，避難場所まで避難したりする。（知・技） ➡道路を渡るときや避難するときのきまりを，絵カードや映像などで確認する。	❶避難訓練では，教師と手をつなぎ，教室から校庭まで避難できました。 ❷信号機の色の変化に気付き，色が変わる部分を見るようになりました。 ❸横断歩道では，教師の促しで片手を挙げ，一緒に渡ることができました。
毎日の生活 ウ　日課・予定 日課	●簡単な日課に気付き，教師と一緒に行動しようとする。（思・判・表） ➡「1番，荷物。2番，着替え。」など，短い言葉掛けで注意を促し，毎日繰り返し取り組む。	❶荷物を片付けたら着替えなど，教師と一緒に，日課に沿って行動できました。 ❷靴を履き替えたら自分の教室に行くことが理解できました。 ❸給食・歯磨き・遊びなど，関連した三つの日課が分かってきました。
一緒に遊ぼう エ　遊び いろいろな遊び，遊具の後片付け	●教師とごっこ遊びをしたり，遊具で遊んだりするなど，教師や友達がいる場所で遊ぶ。（思・判・表） ➡児童が安心して遊べる遊具を複数用意する。	❶教師の働き掛けを受け入れ，一緒にごっこ遊びを行うことができました。 ❷遊んだら使った遊具を片付けることが分かってきました。 ❸遊びで使った遊具の後片付けを，教師と一緒に行うようになりました。
返事をしよう オ　人との関わり 自分自身と家族，身近な人との関わり	●朝の会では，自分の名前を呼んだ担任教師に気付き，返答する。（知・技） ➡繰り返し左から順番に名前を呼んだり，返答できたらすぐ握手してできた評価を伝えたりする。	❶自分の名前が呼ばれると，嬉しそうな表情を見せ，挙手して返答できました。 ❷担任教師や友達の名前を覚え，手を振る・握手するなどして挨拶できました。 ❸欠席の児童がいると，出欠確認用の顔写真を指さして教えてくれました。
一緒にやってみよう カ　役割 集団の参加や集団内での役割	●学年活動では，友達と一緒に活動したり，簡単な役割を教師と一緒に行ったりする。（知・技） ➡座る位置や配置，活動場所の広さなど，学習環境の工夫や分かりやすい活動や役割の設定を行う。	❶大きな集団での活動にも慣れ，落ち着いて活動に参加できました。 ❷任された役割を理解し，教師の促しを受けながら，行うことができました。 ❸友達の名前を呼んだり，指さしたりするなど，友達への関心が高まりました。

学習内容	●主なねらい ➡手だて	評価の記載例
係活動をしよう キ 手伝い・仕事 手伝い，掃除，後片付け	●給食では，牛乳を配り，空になった牛乳かごを片付けたり，使用したストローをごみ箱に捨てたりする。（思・判・表） ➡絵カードや印，色テープなどで置き場所を明確に示す。	❶教師から手渡された牛乳を，1本ずつお盆の上に置くことができました。 ❷牛乳の絵の上に牛乳を置く，かごの絵の上にかごを置くことが分かりました。 ❸使用したストローを少し離れた場所にあるごみ箱にも捨てられました。
買い物をしてみよう ク 金銭の扱い 金銭の扱い	●硬貨の種類ごとの分類や簡単な買い物を通して，金銭を大切に扱う。（知・技） ➡分類では，分類箱に硬貨の絵を貼ったり，硬貨の名前を言ってから手渡したりする。	❶手渡された10円硬貨と100円硬貨を，トレーに並べて分類できました。 ❷様々な種類の硬貨があり，色や形などに違いがあることを理解しています。 ❸硬貨を使った操作では，硬貨に注目し，丁寧に扱うようになりました。
学校のきまりを守ろう ケ きまり 学校のきまり，日常生活のきまり	●決まった場所での靴の履き替えや，静かに廊下を歩くなど，身近にある簡単なきまりを知る。（知・技） ➡指さしや絵カード，注意を促す短い言葉掛けなどで伝える。	❶玄関のベンチに座り，靴を履き替えてから，自分の教室に移動できました。 ❷廊下は静かに歩くことを覚え，走らずに玄関から教室まで歩けています。 ❸道路では，静かに歩いたり，端を歩いたりときまりを守れています。
いろいろな場所を知ろう コ 社会の仕組みと公共施設 学校，いろいろな店	●保健室や音楽室，図書室などの場所や名称，そこでの活動や対応する人などを知る。（知・技） ➡移動の際は，場所と名称が記されたカードやそこで対応してくれる人の顔写真などを提示する。	❶音楽の授業では，教師と一緒に教室から音楽室に移動することができました。 ❷けがをしたら保健室に行くなど，保健室の役割や場所が分かりました。 ❸近隣のスーパーやコンビニの前を通ると，指さしなどで伝えてくれました。
自然に触れよう サ 生命・自然 自然との触れ合い，季節の変化と生活	●身近な自然の中で楽しく遊んだり，植物の成長や変化に気付いたりする。（思・判・表） ➡変化している点を一緒に確認したり，成長の様子を撮影した写真を観察日記に貼ったりする。	❶公園の築山では，バランスを取りながら登ったり，下ったりして遊べました。 ❷あじさいの栽培では，つるが伸びていく変化に気付き，伝えてくれました。 ❸公園や道に咲いている草花の変化に気付き，「花だね」と伝えてくれました。
身近にあるものの仕組みを知ろう シ ものの仕組みと働き 物と重さ	●体験を通して，物には重いもの・軽いものがあることを知る。（思・判・表） ➡実感できるように，水をたくさん入れた容器と少量しか入れていない容器を用意し，体験する。	❶水をたくさん入れた方のバケツを持ったとき，重さの違いに気付きました。 ❷重さの違いの理解が進み，荷物運びでは，軽い方を選んで運んでいました。 ❸下膳で空の牛乳かごを運んだとき，「軽いね」と伝えてくれました。

学習内容	●主なねらい　➡手だて	評価の記載例
一人で整理しよう ア　基本的生活習慣 身なり，身の回りの整理	●着替えでは，衣類の前後を確認して着替えたり，ハンガーに掛けたりする。（知・技） ➡上着の裾に取り付けた印やズボンの前ボタンなど，衣類の前後が分かるような工夫をする。	❶上着の裾に付いている印を指さし，前後の確認をしてから着替えていました。 ❷防寒着は畳まずにハンガーに掛けるなど，衣類の整理の仕方を覚えました。 ❸ズボンの表裏が逆になっていることに気付くと，直すようになりました。
安全のために きまりを守ろう イ　安全 交通安全，避難訓練，防災	●安全や防災に関わる言葉の意味を理解し，教師の指示に従って行動する。（思・判・表） ➡短い言葉掛けと絵カードで安全に生活する意識を高め望ましい行動を身に付ける。	❶歩行者用の信号が赤のときは，青に変わるまで待つことができました。 ❷火事はハンカチで口を覆う，地震は机の下に隠れることを理解できました。 ❸地震の訓練では，ヘルメットを被り，友達と一緒に静かに避難できました。
見通しのある 毎日の生活 ウ　日課・予定 日課・予定	●絵や写真カードを手掛かりに，次に何を行うのか確認し，見通しをもって行動する。（思・判・表） ➡活動を表す絵や活動場所を示す写真を用意し，いつでも確認できる場所に掲示する。	❶絵カードを見て，給食はエプロンを，図画工作は図工着を準備していました。 ❷次の活動は，黒板のスケジュール表を見ればよいことが分かりました。 ❸帰りの会での明日の予定確認では，以前より集中して聞くようになりました。
ルールを考えて 一緒に遊ぼう エ　遊び いろいろな遊び，遊具の後片付け	●教師や友達と一緒に，簡単なルールのある遊びをしたり，片付けをしたりする。（思・判・表） ➡取り組みはじめは，プレイルームなど，逃げる範囲が狭い場所で行い，やり取りの回数を多くする。	❶鬼ごっこでは，友達や教師と鬼役を交代しながら，遊ぶことができました。 ❷鬼にタッチされると自分が鬼になるルールを覚え，全力で逃げていました。 ❸友達と一緒に，大きいトランポリンを持ち，倉庫まで運ぶことができました。
気持ちを伝えよう オ　人との関わり 身近な人との関わり，気持ちを伝える応対	●自分から「おはようございます」「さようなら」「ありがとう」などを言う。（思・判・表） ➡適した言葉が出てこないときは，「おは」「さよ」「あり」など，言葉のきっかけを出してその場にあった言葉を考えさせる。	❶玄関で会うと，自分から大きな声で「おはようございます」と言えました。 ❷朝は「おはようございます」，帰りは「さようなら」と言うことを覚えました。 ❸場面に応じて「ありがとう」や「ごめんなさい」を言えるようになりました。
友達と 一緒にやってみよう カ　役割 集団の参加や集団内での役割，地域の行事への参加	●任された係活動に取り組んだり，地域の人たちと一緒に活動したりする。（思・判・表） ➡顔写真と係活動を表す絵が貼ってある係活動表に，係活動を終えたら花丸シールを貼る。	❶お楽しみ会では，受付係としてお客さんを決められた席に案内できました。 ❷移動教室では，配膳係や挨拶係など，様々な役割があることに気付きました。 ❸地域のボランティアの人と一緒に，公園に花を植えることができました。

学習内容	●主なねらい　➡手だて	評価の記載例
友達と協力して係活動しよう キ　手伝い・仕事 手伝い，掃除，後片付け	●人の役に立つことができる手伝いを，できるだけ一人で取り組む。（知・技） ➡色分けした箱に友達の顔写真や名前カードを貼り，見て区別ができるような工夫をする。	❶6名分の印刷物を，各自専用の箱に1枚ずつ配ることができました。 ❷掃除用具の名称や使い方を覚え，一人で掃除機を前後に動かせました。 ❸友達から「手伝って」と言われると，嫌がらずに協力して片付けできました。
お金の大切さを考えよう ク　金銭の扱い 金銭の扱い，買い物，自動販売機の利用	●買い物を通して，金銭の保管の仕方を覚えたり，買い物に必要な言葉を使ったりする。（知・技） ➡操作しやすいお財布を用意し，財布の開け閉めの練習やお釣りをしまう練習をする。	❶お釣りの硬貨を落とさないように，自分の財布へ入れることができました。 ❷自動販売機の使い方を覚え，一人でお金を入れ，操作することができました。 ❸自分から「これ，ください」と店員に向かって言えるようになりました。
マナーを身に付けよう ケ　きまり 自分の物と他人の物の区別，学校のきまり	●共同生活には，きまりやマナーがあることに気付き，それらを守って行動する。（思・判・表） ➡きまりやマナーを絵や写真で視覚的に示し，守れたら個に応じた方法で称賛する。	❶廊下の移動では右側を通行するなど，学校のきまりを守ることができました。 ❷友達の物や学校の物を無断で持ち出してはいけないことを理解しています。 ❸遊びをやめて教室に戻るなど，昼休みの終了時刻を守ることができました。
公共施設を知ろう コ　社会の仕組みと公共施設 いろいろな店，公共施設の利用	●学校や自分の住んでいる地域のことやそこにある公共施設を知る。（思・判・表） ➡絵や文字，写真などを使って，地域マップづくりを行い，お店の名称やその働きなどを書き加える。	❶借りてきた本を図書館の写真の隣に置き，借りたことを伝えてくれました。 ❷本を借りるところは図書館など，公共施設の働きと名称が分かりました。 ❸いろいろな種類のお店や商品に関心を示すようになりました。
身近な生き物や自然を知ろう サ　生命・自然 動物の飼育・植物の栽培，季節の変化と生活	●飼育や栽培等を通して，生き物への興味や関心をもったり，天候や季節の特徴に関心をもったりする。（思・判・表） ➡飼育や栽培しやすいものを取り上げ，関わりを多く設定する。	❶冬は寒い・夏は暑いなど，季節の特徴を言葉と身振りで表現できました。 ❷晴れ・雨・雪など，天候の変化に気付き，絵カードで伝えてくれました。 ❸生き物への関心が高まり，飼育小屋をより丁寧に掃除するようになりました。
見えないものの仕組みを知ろう シ　ものの仕組みと働き 物と重さ，風やゴムの力の働き	●実験などを通して，目に見えないものの仕組みや働きの存在を知る。（思・判・表） ➡視覚的に重さや風の流れが分かるように，天秤などの道具を使用したり，色紙を使ったりする。	❶天秤が傾いた方を指さしながら，「重い」と伝えることができました。 ❷扇風機から送られる風の動きを，揺れ動く色紙を見て，理解できました。 ❸「風です」と言いながら，教室にあった団扇を力強くあおいでいました。

生活

学習内容	●主なねらい　➡手だて	評価の記載例
自分から やってみよう ア　基本的生活習慣 食事，清潔，身の回りの 整理	●日常生活に必要な身辺処理等の知識や技術を身に付け，自分から取り組む。(主) ➡手順カードは，めくり式のものや全工程を1枚にまとめたものなど，実態に応じたものを用意する。	❶食事では，準備や片付けなどの一連の活動を友達と協力して行えました。 ❷靴や衣類，かばんなどの収納場所や収納方法を覚え，正しく置けました。 ❸手順カードを確認しながら，一人で身体を洗う・拭くことができました。
安全について 考えてみよう イ　安全 避難訓練，防災	●自分から安全に留意したり，防災の意識を高めたりする。(思・判・表) ➡状況とその適切な行動を分かりやすく示したり，日々の生活の中で繰り返し伝えたりする。	❶学校の避難場所が分かり，避難場所までクラスでまとまって移動できました。 ❷放送や教師の指示を適切に理解でき，避難行動の必要性が分かりました。 ❸ニュースで流れる地震や火事などの映像に，注目するようになりました。
予定を考えた 毎日の生活 ウ　日課・予定 日課・予定	●カレンダーや予定表を手掛かりに，一週間程度の予定が分かる。(思・判・表) ➡毎日，一週間の予定を確認したり，一日の終わりにカレンダーに×印を付けたりする。	❶週が替わると，教室に掲示してある一週間の予定表を確認していました。 ❷カレンダーや予定表を見て，学校行事や家庭の予定に従うことができました。 ❸予定が変わっても，次に行える日が分かると，落ち着いて活動できました。
準備や片付けをして 一緒に楽しもう エ　遊び いろいろな遊び，遊具の 後片付け	●友達と一緒にルールのある遊びを楽しんだり，自分から進んで遊具を片付けたりする。(思・判・表) ➡収納場所に遊具の絵を貼り，見て分かるような工夫をする。	❶遊具の収納場所を覚え，自分から進んで遊具を片付けることができました。 ❷順番を守ったり交代したりする約束を理解し，友達と仲よく遊べました。 ❸自分から共通の関心をもつ友達を誘って，遊ぶ様子が見られました。
いろいろな人に 気持ちを伝えよう オ　人との関わり 身近な人との関わり，電 話や来客の取次ぎ，気持 ちを伝える応対	●身近な大人（教師や家族）との簡単な応対を，一人で行う。(思・判・表) ➡電話対応のひな型や報告用のひな型を手掛かりに，応対したり，話したりする。	❶校内の電話応対では，「はい，○○です」「今替わります」と言えました。 ❷報告用のひな型を手掛かりに，学校での出来事を思い出して伝えられました。 ❸相手に気持ちが伝わるように，気持ちを込めて謝るようになってきました。
自分の役割に 取り組もう カ　役割 地域の行事への参加，共 同での作業と役割分担	●主体的に役割を果たしたり，様々な人と一緒に，協力しながら役割を果たしたりする。(主) ➡活動する際は，個々の実態に応じた役割や繰り返して活動に取り組める作業を設定する。	❶地域行事の参加では，地域の人と協力しながら行事の準備ができました。 ❷作業分担や自分の役割が分かり，自分から取り組む姿が多く見られました。 ❸自分の役割を最後まで果たす意識が高まり，主体的に取り組めていました。

学習内容	●主なねらい　➡手だて	評価の記載例
自分から進んで係活動をしよう キ　手伝い・仕事 手伝い，整理整頓，戸締まり，後片付け	●一人で又は友達と協力して，手伝いや仕事を安全に遂行する。(主) ➡家庭生活でも取り組めるよう，担任以外の教師とも連携し，多様な場面や活動を設定する。	❶手伝いを終えると自分から報告することが定着しました。 ❷暑いときは窓を開けるなど，窓の開閉の必要性が分かりました。 ❸自分の所持品だけでなく，友達の使った物も整理して収納できました。
お金の使い方を考えよう ク　金銭の扱い 金銭の扱い，買い物，自動販売機の利用	●金銭の価値を理解し，取り扱いの知識や技能を身に付ける。(知・技) ➡金銭の受け渡し，人とやり取りしての支払い，お釣りやレシートの取り扱いなどを想定して行う。	❶色や数字などを見て，5種類の硬貨を種類別に分類して数えられました。 ❷自動販売機の使い方が分かり，一人で操作して購入できました。 ❸「〇個ください」など，買い物に適した言葉を使えるようになってきました。
マナーを守って行動しよう ケ　きまり 日常生活のきまり，マナー	●公共施設や公共機関でのきまりやマナーについて理解し，守って主体的に行動する。(主) ➡きまりやルールの理由を繰り返し分かりやすく伝えたり，視覚的に示したりする。	❶電車の利用では，順番に改札を通り，静かに乗車できました。 ❷火災報知機の役割や非常時の使用法を理解し，守ることができました。 ❸初めて行く場所でも，静かに行動し，落ち着いて過ごせました。
地域について調べよう コ　社会の仕組みと公共施設 社会の様子，公共施設の利用，交通機関の利用	●消防署や警察署の役割や利用方法，交通機関などの活用方法を知る。(思・判・表) ➡調べ学習等を通して，施設の名称や特徴を知り，見学や乗車体験で更に理解を深める。	❶電車の切符を自動販売機で購入し，失くさないように管理できました。 ❷消防署見学を通して，仕事内容を知り，警察署と違うことが分かりました。 ❸テレビやインターネットから，身近な社会の出来事を知るようになりました。
生き物や自然の特徴を知ろう サ　生命・自然 自然との触れ合い，動物の飼育・植物の栽培，季節の変化と生活	●生命や自然の特徴や変化についての気付きを伝える。(思・判・表) ➡タブレット端末等の情報機器を効果的に活用し，児童の気付きを促す。	❶草木や落ち葉などを集めて見比べ，形や色などの違いを伝えられました。 ❷植物の発芽や開花などの変化に気付き，自分なりの考えを発表できました。 ❸天気予報や台風などの情報に関心を示すようになりました。
見えないものの仕組みを調べよう シ　ものの仕組みと働き 物と重さ，風やゴムの力の働き	●日常場面で見られるものの仕組みや働きについて，比べたり試したりして分かったことを発表する。(思・判・表) ➡変化の違いが分かるように，体験を工夫する。	❶ウィンドカーづくりでは，ゴムの太さを変えて速く動く車を作れました。 ❷より速く車を動かすために，ゴムの太さを変えるなどの工夫をしていました。 ❸物は，形が変わっても重さは変わらないことが分かり，発表できました。

(今野　美穂)

2 国 語

小学部（1段階・2段階・3段階）

　国語科における目標は「国語で理解し表現する資質・能力」の育成であり，その後に三つの柱が示されている。「知識及び技能」「思考力，判断力，表現力等」「学びに向かう力，人間性等」は，下記の図のような構成に整理され，相互に関連し合いながら育成される必要がある。その教育活動に関し，児童の学習状況を分析的に捉え，3観点で評価するものが学習評価である。

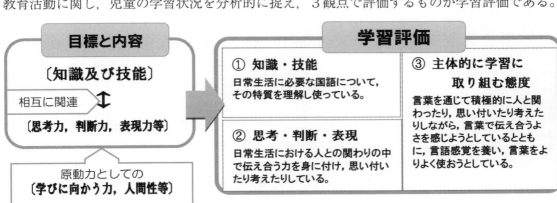

　「知識及び技能」の内容の構成に示されている「言葉の特徴や使い方に関する事項」は，個別の知識や一定の手順のことのみを示しているのではない。国語で理解したり表現したりする様々な場面の中で生きて働く「知識及び技能」として身に付けるため，「思考・判断し表現」することを通じて相互に関連し合いながら育成が図られるものである。内容は下記のように構成し直され，「情報の扱い方に関する事項」は小学部では3段階で設定されており，「C読むこと」では小学部の指導事項には「共有」の項目は設定されておらず，中学部からとなっている。

	内容の構成	指導事項
知識及び技能	(1)言葉の特徴や使い方に関する事項	言葉の働き，話し言葉と書き言葉，語彙，文や文章，言葉遣い，音読
	(2)情報の扱い方に関する事項（※小学部は3段階でのみ設定）	情報と情報との関係，情報の整理（※小学部は3段階でのみ設定）
	(3)我が国の言語文化に関する事項	伝統的な言語文化，書写，読書
思考力，判断力，表現力等	A　聞くこと・話すこと	話題の設定，内容の把握，内容の検討，構成の検討，表現，話合い
	B　書くこと	題材の設定，情報の収集，内容の検討，構成の検討，記述，推敲，共有
	C　読むこと	構造と内容の把握，考えの形成

学習内容	●主なねらい　➡手だて	評価の記載例
呼びかけてみよう おーい 言葉の働き，語彙，伝統的な言語文化 A　聞くこと・話すこと	●教師と一緒に声を発するように促すことで，音声の高低や抑揚を楽しみながら，事物と言葉を結び付けて表現する。（知・技） ➡絵カードや挿絵を見て場面を思い描きやすいように支援する。	❶大きな声での呼び掛けへの応答遊びに笑顔で対応できました。 ❷絵を指さして単語の一部を発声し，教師の応答に注目して見ていました。 ❸場面ごとの絵カードを見て，自ら伝えようと身振りで表現していました。
いろいろな言葉 ぼくのいちにち 言葉の働き，語彙，言葉遣い A　聞くこと・話すこと	●挿絵を用いて日常生活に必要な挨拶や動作，感情を表す言葉を場面に応じて聞いたり，模倣したりして，言葉の関わりに意識を向ける。（知・技） ➡複数の言い回しを提示する。	❶教師の話し掛けに慣れ，日常生活の言葉に振り向きうなずく動作をしました。 ❷絵を手掛かりに場面のお話を聞いて友達と一緒に音まねしていました。 ❸日常生活の出来事を思い浮かべ，身振りを使って伝えようとしていました。
言葉で遊ぼう **何が出てくるかな** まほうのはこ 言葉の働き，語彙 A　聞くこと・話すこと	●具体物を使って身近な事物の名前や動作を繰り返すことで，遊びの中で言葉と事物を一致させる。（知・技） ➡声や言葉に節を付けたり，動作化して提示の仕方を工夫する。	❶教師が示した具体物に対する応答遊びに大きな声が出ていました。 ❷次に出てくる具体物や気に入った言葉に注目して声を発していました。 ❸友達の発声を聞いて自分も声まねをして身振りを付けていました。
学校のことを **聞いてみよう** **話してみよう** がっこうだいすき 言葉の働き，語彙，言葉遣い A　聞くこと・話すこと	●場面に応じて絵カードを手掛かりに内容を大まかに把握し，行事のビデオや写真を見ながら言葉で表現する。（思・判・表） ➡応答したことを称賛しながら伝えたい言葉を引き出す。	❶場面を大まかに理解し，場面に応じた言葉を音声模倣するようになりました。 ❷絵カードを見てその場面を簡単な言葉で表現し，身振りを模倣していました。 ❸写真を見て楽しかった行事を指さして選び，簡単な音声で伝えていました。
季節を感じよう **考えよう** はる・なつ・あき・ふゆ 言葉の働き，語彙，言葉遣い A　聞くこと・話すこと	●季節から連想する言葉を想起し，暑い寒い等をイメージする言葉と結び付けて自ら表現したいという気持ちを表す。（思・判・表） ➡具体物や映像を使い自由な表現を受け止め，言葉にしていく。	❶挿絵を見て季節から連想する言葉に身振りを付けて発声していました。 ❷暑い寒い等を抽象的な言葉と関連付けて季節の言葉の響きを体感しました。 ❸言葉が表す意味の違いをイメージして教師に身振りで話し掛けていました。
場所やきまりを **表す記号** しるし 言葉の働き，語彙 A　聞くこと・話すこと C　読むこと	●場所や動作を表す学校生活で見る記号の意味を感覚的に識別して行動する。（思・判・表） ➡絵や写真を使って，自分が行きたい場所を選択したり行動したりできるように支援する。	❶教師の話し掛けに応じて〇×の意味を感覚的に識別していました。 ❷日常生活で見かける記号に応じて，その意味を意識して行動していました。 ❸自ら写真の示す場所に移動したり，意味に応じて記号を選んだりしました。

学習内容	●主なねらい　→手だて	評価の記載例
作り方を みんなで話してみよう ほっとけーき 言葉の働き，語彙 A　聞くこと・話すこと C　読むこと	●具体物や絵を見て言葉と結び付け，興味をもたせる。材料集めから，でき上がりを振る舞うまでの流れの中で言葉が表す事物やイメージを実感させる。（知・技） →擬声語，擬態語を使用する。	①教師が言葉で説明すると材料となる具体物や絵を自分で準備していました。 ②節を付けて身振りの動作を付ける等，話の展開の順番を理解していました。 ③絵を見て次の場面をイメージし，動作を模倣して教師に示していました。
やり取りを楽しもう くまさんくまさん 言葉の働き，話し言葉と書き言葉，語彙 A　聞くこと・話すこと C　読むこと	●音にリズムを付けながら繰り返し挨拶したり，模倣したりして表情や身振り，簡単な話し言葉を表現する。（思・判・表） →教師とのやり取りから絵や台詞に注目を向けるようにする。	①教師のやり取りを模倣し，友達への挨拶や話し掛けに注意を向けていました。 ②教師や友達からの話し掛けに応じて相手を見て身振りを模倣していました。 ③返事をしたり簡単な台詞で答えたりして関心をもって相手を見ていました。
声を聞いて 答えてみよう あなたはだれ 言葉の働き，語彙 A　聞くこと・話すこと	●絵や音に注目し，次の場面を期待したり動作を模倣して応答したりすることを繰り返し，言葉と結び付ける。（思・判・表） →擬声語やペープサート等を使ってイメージしやすくする。	①声真似や呼び掛けをして相手に関わりをもとうと自ら発声をしていました。 ②聞かれた相手に対して関心をもって応答しようと身振りで答えていました。 ③次の場面を期待して教師を見て，動作をしている友達に注目していました。
いろいろな筆記具を 使ってみよう かいてみよう 書写 B　書くこと	●身近なクレヨン，チョーク，水性ペン等を使って書くことに気付き，慣れる。（知・技） →興味・関心のある筆記具を使い楽しい雰囲気の中で親しみをもたせ，活動する。	①筆記具を手に取り，擬態語を発声しながら教師と一緒に手を動かしました。 ②自ら絵に色をつけたり，線を引いたりして，興味をもって取り組みました。 ③教師の書く様子を模倣し，持ち方を工夫して，考えながら書いていました。

※知的障害者である児童の国語の獲得に関する発達の状態等を踏まえ，小学部では児童の日常生活に**身近な題材**や児童が**興味・関心を示す題材**を用い，**具体的な場面における言語活動**を通して**日常生活に必要な国語**を確実に身に付けていくことが大切である。

※小学部国語の指導計画作成に当たっては，**平成2年2月（東京書籍）発行の文部科学省こくご☆特別支援学校小学部知的障害者用**を学習内容として設定した。各段階の児童の様相を想定し，単元計画・授業構成を行い，各単元計画における主なねらいと手だてを一つ取り上げ，その単元の学習評価を**3観点**で作成している。

文部科学省☆本	段階別　学習内容から見る☆本の傾向
1段階 こくご☆	挿絵を多用しており，対象児童に応じて，授業づくりへの手だてやねらいの構成がいろいろ考えられるような単元のつくりとなっている。「言葉の存在に気付く」「相手の反応の変化に気付く」等の内容となっている。
2段階 こくご☆☆	言葉でのやり取りが出てくる段階としていて相手の気持ちを考えること等が単元に取り入れられている。また，ものの名前から文の構成まで，語彙，書くことについての単元が多くなっている。
3段階 こくご☆☆☆	「本をさがそう」等情報の整理についての単元が入り，言葉の働きから伝統的な言語文化，書写まで幅広く網羅されており，3段階までに全部の平仮名の読み書きの習得が望ましいとされている。

学習内容	●主なねらい　➡手だて	評価の記載例
学校のことを話そう がっこうせいかつ・あさのかい・かかり・こくご・たいいく・きゅうしょく・そうじ 言葉の働き，話し言葉と書き言葉，語彙 A　聞くこと・話すこと	●学校生活の場面に応じた会話を通して，身近な人との関わりの中で発せられる言葉を想起し，やり取りを深める。(思・判・表) ➡場面ごとに動詞や形容詞を使って話し掛け，言葉を引き出す。	①学校生活を通して人と関わることで挨拶が自然とできるようになりました。 ②「プリントを友達に渡す」などの3語文の指示に応じて行動していました。 ③絵を手掛かりに友達の係仕事について知っている言葉を話していました。
絵から想像して話してみよう おはなしできるかな 言葉の働き，話し言葉と書き言葉，語彙 A　聞くこと・話すこと	●絵を見て，「どこへ行ったのか」「何を買ったのか」「何をして遊ぶか」「何ができるか」の場面から連想するイメージを言葉で表現する。(思・判・表) ➡言葉掛けで場面を想起させる。	①場面や状況に関する教師に関する問いに合わせて絵カードを並べ替えていました。 ②体験したことを踏まえて「どこへ」「何を」をイメージし，教師に伝えました。 ③友達の答えに「ぼくもそう思う」と同じ思いであることを発言しました。
相手の気持ちを考えよう どんなきもちかな ～ぷれぜんと・ころんだ～ 言葉の働き，話し言葉と書き言葉 A　聞くこと・話すこと	●プレゼントをもらったときや，けがをしたときの気持ちを言葉に表したりシンボルマークでさし示したりする。(思・判・表) ➡シンボルマークの表情を表す言葉を添えて，動作をさせる。	①プレゼントをもらったときに，うれしい気持ちをカードで示しました。 ②相手に気持ちを伝えたいときのイメージを教師と一緒に言葉で表しました。 ③「うれしいときありがとうを伝える」という次の行動を言葉にしました。
お話を演じてみよう おおきなだいこん 言葉の働き，音読 A　聞くこと・話すこと C　読むこと	●絵を見て登場人物の動作を模倣したり，場面の違いを見比べたりして大体を捉え，イメージしたことを言葉にする。(思・判・表) ➡時間の経過を表す「はじめ」「さいご」等を手掛かりにする。	①絵を見て動作を思い浮かべ，言葉や身振りで表して教師に見せていました。 ②「次は」の問い掛けに場面の違いを指さして登場人物を話してくれました。 ③「はじめ」と「さいご」の大体を捉えて好きなフレーズを演じていました。
ものの名前を学ぶ なまえ なあんだ ～あいうえお・じぶんのなまえ・ともだちのなまえ・どうぶつ・おかし・のりもの・やさい・せいかつ・かお・からだ・かげえ～ 言葉の働き，語彙 B　書くこと	●自分の名前やものの名前を文字で伝えるために，決まった組み合わせがあることを知り，具体物や絵と文字カードを一致させ，カテゴリーに分ける。(思・判・表) ➡繰り返し行い定着を図る。	①事物と平仮名カードを確認しながら重ね合わせて選んでいました。 ②おかし，のりもの等に分けて文字を単語として読み取ることができました。 ③混ぜ合わせたカードを指さしながら選んで，やり取りを始めていました。
標識をさがそう しるしをみつけよう 言葉の働き，語彙 C　読むこと	●校内表示等の特徴を探して，シンボルマークや標識の特徴を知り，表させた意味に応じた行動をとる。(思・判・表) ➡信号，交通ルール，方向，場所等，系統立てて行動させる。	①「非常口」「音楽室」等，校内を歩きながら自分からマークを探していました。 ②標識や信号の図柄の特徴を言葉にして，表示に合った行動を行いました。 ③登下校で見たことのある標識の特徴を友達に動作とともに話していました。

学習内容	●主なねらい　➡手だて	評価の記載例
正しい姿勢，いろいろな線の運筆に親しむ **かいてみよう** ～なぞる・むすぶ～ 書写 B　書くこと	●文字の形を意識して運筆に親しむために点線，波線，筆順を言語化しながらリズミカルになぞったり結んだりする。（知・技） ➡書く線の始点と終点にイラストを使い，分かりやすく提示する。	❶教師の言葉掛けに応じ，正しい姿勢に気を付けて筆記具を持っていました。 ❷全体を確認して「左から右へ」等と筆順を言語化しながら書いていました。 ❸同じ形を様々な筆記具で書き分け，手元に並べて比較していました。
なかま集め **あつめてみよう** ～ぱーてぃー・うみ・えんそく～ 語彙，書写 A　聞くこと・話すこと B　書くこと	●テーマに沿って連想する言葉を集めて文字にしてみることでイメージしたことと，知っている言葉を一致させ，語のまとまりとして理解する。（知・技） ➡視覚化した教材で支援をする。	❶「遠足に行くときのリュックの中身は？」と情報を狭めると言葉が出てきました。 ❷教師との会話を通して，「同じだね」と文字カードを選んでいました。 ❸マス目に見本通り，拗音の位置に注意し，文字をなぞって記入していました。
文の構成 **くわしくはなそう** ～いろ・はんたいことば・だれのなに・なにをするのかな～ 「わ」と「は」 言葉の働き，語彙，文や文章 A　聞くこと・話すこと B　書くこと	●色や量，長さを表す形容詞を使ってものの状態を説明したり反対の意味を聞いたり使ったりして語彙を増やしていく。（知・技） ➡助詞のカードを使って2語文，3語文を声に出して読んでみる。	❶名詞と動詞カードを組み合わせ，助詞を入れた文を声に出して読んでいました。 ❷重さや長さに関する形容詞を選び，友達の前で大きな声で発表していました。 ❸「わ」と「は」の違いを文を読みながら考えて教師に説明してくれました。
お話をしてみよう **うさぎとかめ** 話し言葉と書き言葉，文と文章，伝統的な言語文化，読書 A　聞くこと・話すこと C　読むこと	●時間の流れによる話の展開を捉え，「はじめ」「さいご」から全体を類推し，役割分担して友達の前で発表する。（思・判・表） ➡うさぎとかめのペープサートを使って台詞を演じさせる。	❶なじみ深い話を聞き，教材を使いながら自分で台詞を考えていました。 ❷「はじめはどっちが勝っていたのか」等，教師の質問をよく聞いていました。 ❸場面ごとのペープサートを使いながら友達と台詞の掛け合いをしました。
日常生活の言葉 **ひらがなをよんでみよう** ～ごじゅうおん・あいうえお・てんてん・にているもじ～ 語彙，音読，書写 B　書くこと C　読むこと	●50音の配列を参考にして「あ段」の言葉からリズムよく読み進める。濁点で意味の変わる文字や表記の間違いやすいものに取り組む。（知・技） ➡単語カードを使って繰り返す。	❶教師が出したヒントをよく聞いて文字カードを選んでいました。 ❷絵や挿絵を手掛かりにしていろいろな種類の言葉で応えられています。 ❸友達が文字カードを読むと，「あってるね」と答える場面が増えました。
日常生活の言葉 **ひらがなをかいてみよう** ～ひらがな・なまえ・たてがき・よこがき・じこしょうかい・えにっき・かーど・てがみ～ 言葉の働き，話し言葉や書き言葉，文や文章，書写 B　書くこと C　読むこと	●正しい書写の姿勢で，マス目の中に文字を縦書きや横書きで書くことに取り組んだり，カードや手紙を書いたりする。（思・判・表） ➡見本を真似てテーマを決め，取り組みやすいように支援する。	❶姿勢を正して鉛筆をしっかり握り，平仮名の形を整えながら書けました。 ❷自己紹介カードには自分の名前を声に出しながら横書きに取り組みました。 ❸保健室の先生へのお礼のカードを友達と一緒に書いて渡しに行きました。

国語

学習内容	●主なねらい　➡手だて	評価の記載例
役割をもって 伝えてみよう かんげいかい 言葉の働き，情報と情報との関係 Ａ　聞くこと・話すこと	●役割に応じて話す順番などを検討し，相手への伝わりやすさを意識して声の大きさに気を付けて話す。（思・判・表） ➡聞き手の感想を受けて相手との距離や場面を意識させる。	❶背中を伸ばしてまっすぐに立つことを意識し，相手を見て発声していました。 ❷自分の役割として，何を伝えるか，話す順番を決めてメモを取っていました。 ❸相手の感想を参考にして，自分から声の大きさを調整して発表していました。
話し合いをしよう たのしかったえんそく 言葉の働き，言葉遣い Ａ　聞くこと・話すこと	●体験したことを振り返り，思い浮かべたことを整理して伝えたいことを考える。（思・判・表） ➡映像を見て振り返ることで，経験したことを手掛かりに時間の流れを考えさせる。	❶映像を見た後，適切な音量で落ち着いて相手へ話していました。 ❷遠足での出来事を時間の経過とともに振り返りながら考えていました。 ❸相手の話に関心をもち，全体像を捉えて共感する気持ちを伝えていました。
お店の人に 聞いてみよう かいもの 言葉遣い，情報と情報との関係 Ａ　聞くこと・話すこと	●買い物をする場面で人にものを尋ねるときの言葉が，ものを介して他者と共有できることを知り，手順に沿って決まった言い方を使えるようにする。（知・技） ➡場面設定を行い，繰り返す。	❶ものを尋ねるときに相手に伝わるように声の大きさに気を付けていました。 ❷相手との距離に応じた声の出し方を友達に聞いて取り組んでいました。 ❸相手に伝わりやすい話の順番を考えて，丁寧な言葉遣いで話していました。
電話の相手と 話をしよう でんわ 言葉遣い，情報と情報との関係 Ａ　聞くこと・話すこと	●目の前にいない人への電話の受け答え等の決まった言い方を学び，相手への伝わりやすさや声の大きさを意識する。（思・判・表） ➡言葉遣いに気を付け，場面設定を行い，繰り返す。	❶言葉遣いの違いで相手への印象や伝わり方が違うことが分かりました。 ❷大人との電話と，友達との電話の言葉遣いの違いを練習して身に付けました。 ❸友達同士で立場を変えて練習することでお互いに指摘し合っていました。
長音，促音を 読んでみよう ひらがなをよもう 言葉の働き，語彙 Ｃ　読むこと	●日常生活でよく使う長音，促音などが含まれた語句を繰り返し読むことで音韻理解を促す。（知・技） ➡語句や短い文章を明瞭な発音で，意味を考え，繰り返し読む。	❶正しい発音のために唇や舌などに気を付けながら落ち着いて読めました。 ❷促音が含まれた語句を集めた言葉遊びでは自分からよく発言していました。 ❸使う場面に即した練習を行うことで意味も理解して語彙が増えてきました。
演じてみよう げき　三びきの子ぶた 文や文章，情報と情報との関係，読書 Ｃ　読むこと	●登場人物になったつもりで演じることで，読みの世界を広げ，場面の様子から時間的経過や場面の前後関係を理解する。（思・判・表） ➡段落ごとに分けて演じてみる。	❶順序だてて場面を理解しながら役を演じることで内容を把握できました。 ❷次に演じる場面の挿絵を手掛かりに場面の前後関係に気付けていました。 ❸段落ごとの構成を理解して，自分で小見出しを付けて説明できていました。

学習内容	●主なねらい ➡手だて	評価の記載例
リズムに親しもう わらべうた ～ずいずいずっころばし～ 文と文章，音読，伝統的な言語文化 C　読むこと	●手遊び歌を通してリズムを楽しみながら言葉の響きに親しむ。（知・技） ➡リズムを付けて音読しながら友達同士でも手遊びを真似てみる。	❶声を十分に出しながら，身振りとともにわらべ歌のリズムを刻んでいました。 ❷手遊び歌のリズムを友達同士で共有しながら声に出して読んでいました。 ❸読みながら促音が含まれた語句であることに気付くことができました。
説明文を読もう のりもの，花 文や文章，音読，情報の整理 C　読むこと	●ものの状態や様子等を短く説明した文章を読み，言葉のまとまりの意味を理解し，いろいろな語句や表現の仕方に触れる。（知・技） ➡文章のまとまりごとに区切りながら読み進めていく。	❶身近にあるものの状態や様子を区切りながら段落ごとに読んでいました。 ❷聞き手に分かりやすいように発音や声の大きさに気を付けて読めました。 ❸話の内容に興味をもち，図書室で乗り物の本を借りて読んでいました。
図書室に行ってみよう 本をさがそう 情報の整理，読書 C　読むこと	●図書室に行き，興味をもった乗り物等を調べるために必要な本を自分で探してみる。（知・技） ➡知りたい内容を明らかにして目的をもって図書室に行くように配慮する。	❶事前に調べたいものを決めて，調べるための本は何かを考えていました。 ❷教員や友達から情報を得て，乗り物図鑑を借りることを決めて行動しました。 ❸次は何を調べようか，と友達と話をして必要な本を選んでいました。
説明文を読もう さつまいも 言葉の働き，語彙，文や文章，音読 C　読むこと	●畑で作業をしたさつまいもについての文章の場面を4段落に分け，時間的経過を追いながら前後関係を文字カードで並び替え，大体を捉える。（思・判・表） ➡季節の違い等の助言をする。	❶季節を手掛かりに整理し，正しい姿勢で音読していました。 ❷時間的経過に従い，自分で場面に沿った文字カードを並べ替えていました。 ❸文章を意味のまとまりごとに捉え，その内容を友達に説明していました。
標識を読んでみよう かんばんをよもう 言葉の働き，語彙，情報と情報との関係 C　読むこと	●学校の中にある生活に必要なきまりを探し，文字，記号，絵から生活環境に合わせた行動につなげる。（思・判・表） ➡実態に応じた標識や立て札等を選び活動を通して学習させる。	❶校内にある標識を見付けて声に出して平仮名が読めました。 ❷見付けた標識がなぜその場所にあるのか，理由を発表できました。 ❸同じ標識が校内のどこにあるとよいのか考えて行動しました。
昔話 おじいさんとねずみのおはなし 言葉の働き，語彙，文や文章，音読，伝統的な言語文化 C　読むこと	●昔話のフレーズを真似したり，音読を発表したりして言葉の響きやリズムに親しむ。（知・技） ➡長音や促音にリズムを付け，教師の範読を真似ることで，友達同士との群読につなげる。	❶促音が含まれた語句をリズムに合わせて聞こえるように発声していました。 ❷友達と合わせて抑揚を付けながら音読したり群読したりできました。 ❸おじいさんになったつもりで演じながら友達の前で音読していました。

学習内容	●主なねらい ➡手だて	評価の記載例
家の中でかたかなを探してみよう かたかなをよもう かたかなをさがそう 言葉の働き，語彙 C 読むこと	●片仮名で書く語の種類を知り，文や文章の中で使えるように家の中の外来語を用いて，片仮名の表記に慣れる。（知・技） ➡身近にある学習用具や給食の献立等，範囲を決めて提示する。	❶挿絵を手掛かりにしながら声に出して読んでいました。 ❷分類されたヒントから自分で外来語を見付けていました。 ❸分類した外来語のカードを作って，友達と問題を出し合っていました。
ペープサートを作ろう げきをしよう 言葉の働き，文や文章 A 聞くこと・話すこと C 読むこと	●自分で必要な道具をそろえて，お話をイメージしながらペープサートを作成し，登場人物になったつもりで相手に伝わるように演じてみる。（思・判・表） ➡経験したことを想起させる。	❶読んだ経験からお話を想起して演じてみたいペープサートを作成しました。 ❷劇をするときに相手に伝わりやすいリズムや発声を工夫していました。 ❸劇の話の内容に自分なりのアレンジを加えて友達に見せていました。
かたかなを使ってリズムを感じよう パーティーをしよう 言葉の働き，語彙 A 聞くこと・話すこと C 読むこと	●パーティーをするというテーマに沿って，片仮名を使った言葉遊びを通してリズミカルに片仮名の定着を図る。（知・技） ➡挿絵や絵カードを使って友達が使う語句や表現に触れる。	❶言葉遊びを通して挿絵を指さしながら大きな声で読んでいました。 ❷絵カードを順番に回して友達とリズミカルに伝え合っていました。 ❸読むフレーズを友達と交換して繰り返し練習していました。
お話を読む ブレーメンの町のおはなし 文や文章，音読 A 聞くこと・話すこと C 読むこと	●挿絵を手掛かりに，登場人物の行動や場面の様子を想像して時間の経過を考え，前後関係に気付く。（思・判・表） ➡大意が把握できるように挿絵の並び替えや小見出しを付ける。	❶背筋を伸ばして声を出しながらゆっくりと音読していました。 ❷挿絵の並び替えでは，時間の経過ごとに見出しを付け，場面展開を考えました。 ❸次の場面を想像して友達より先に発言しようとしていました。
ひらがなをかこう **かたかなをかこう** **かん字をよもうかこう** 言葉の働き，語彙，書写 B 書くこと	●書くときの姿勢，筆記具の持ち方を正しくし，平仮名や片仮名，簡単な漢字の文字の形に注意しながら丁寧に書く。（知・技） ➡日常生活で使用する内容に触れ，表記に慣れるよう配慮する。	❶姿勢や筆記具の持ち方に注意して丁寧に取り組んでいました。 ❷形が似ている片仮名等は，自分で見直して確認を行っていました。 ❸方向や曜日の漢字は朝の会で自ら使って書いてみることを試みていました。
文をかこう 3語文を作ってみよう ～助詞の使い方，物の大小～ 言葉の働き，文や文章，書写 B 書くこと	●2語，3語で構成する文を題材に主語や助詞を使いながら正しい姿勢で書くことに慣れる。（知・技） ➡提示する絵カードを手掛かりにして文の違いを理解させる。	❶助詞が変わると文章の意味も変わることを絵カードを使って理解しました。 ❷比較してものの大小を記入する問題も自分から進んで取り組んでいました。 ❸友達同士で問題の解答を話し合う様子があり，自分で文をつくっていました。

学習内容	●主なねらい　➡手だて	評価の記載例
推敲して発表しよう えにっきをかこう 言葉の働き，文や文章，情報と情報との関係，書写 A　聞くこと・話すこと B　書くこと	●絵日記のテーマを決めて準備し，時系列に記入して推敲，発表の流れに沿って取り組み，伝えたい事柄の順序を考える。（思・判・表） ➡伝えたいことを明確にさせる。	❶書いた文章を自分で読み返して正しい助詞の使い方で発表していました。 ❷自分で書きたいことをノートやカードに書き出して見せてくれました。 ❸伝えたい内容の順番を「はじめ」「中」「おわり」で整理していました。

国
語

各段階の構成

　段階の考え方・構成をまとめると下表のようになる。各段階の内容は，各段階の目標を達成するために必要な内容として児童の生活年齢を基盤とし，知的能力や適応能力及び概念的な能力等を考慮しながら段階ごとに配列している。国語の指導に重ね合わせてみると，**（1段階）**日常生活で繰り返される出来事，児童の成長とともに生活空間が広がり，興味・関心をもち，自分の思いを身近な人に伝えようとする段階から，**（2段階）**身近な人からの話し掛けを聞いたり真似をすることを通して，言葉で事物や思いなどを意味付けしたりして，言葉でのやり取りができてくる段階，そして，**（3段階）**自分の思いや気持ちを伝えるだけではなく，イメージや思いを具体化したり，相手と共有したり，場面や順序に気付き，教師や友達と一緒に行動する関わりをもてる段階となる。こういった段階に応じた児童の学習の状況を把握し，学びにおける小さな気付きや変化を見逃さず，丁寧に捉えて評価していく必要がある。

小学部	障害の様相・程度	段階ごとのねらい（●）
1段階	知的障害の程度は，比較的重く，**他人との意思の疎通に困難があり**，日常生活を営むのに**常時援助が必要**	・**知的発達が未分化**，生活経験の積み重ねが少ない。 ●**教師の直接的な援助**を受けながら，児童が**体験**し，事物に**気付き注意**を向けたり**関心や興味**をもったりする。 ●基本的な**行動の一つ一つを着実に身に付け**たりすることをねらいとする。
2段階	1段階ほどではないが，**他人との意思の疎通に困難があり**，日常生活を営むのに**頻繁に援助が必要**	・**主として教師からの言葉掛けによる援助**が必要。 ●教師の**模倣**，目的をもった遊びや行動をとる。 ●基本的な**行動を身に付ける**ことをねらいとする。
3段階	**他人との意思の疎通**や日常生活を営む際に**困難さが見られ**，**適宜援助が必要**	●児童が自ら場面や**順序などの様子に気付く**。 ●主体的に活動に取り組む。 ●社会生活につながる行動を身に付けることをねらいとする。

（阿部　智子）

2 国　語

中学部（1段階・2段階）

　平成29年4月告示の学習指導要領では，従前，「聞くこと・話すこと」「書くこと」「読むこと」の3領域で構成していた国語の内容を，次のように構成し直している。

内容の構成		指導事項
知識及び技能	(1)言葉の特徴や使い方に関する事項	言葉の働き，話し言葉と書き言葉，語彙，文や文章，言葉遣い，音読
	(2)情報の扱い方に関する事項	情報と情報との関係，情報の整理（2段階のみ）
	(3)我が国の言語文化に関する事項	伝統的な言語文化，書写，読書
思考力，判断力，表現力等	A　聞くこと・話すこと	話題の設定，内容の把握，内容の検討，構成の検討，表現，話合い
	B　書くこと	題材の設定，情報の収集，内容の検討，構成の検討，記述，推敲，共有
	C　読むこと	構造と内容の把握，考えの形成，共有

　国語で理解したり表現したりする様々な場面の中で，生きて働く〔知識及び技能〕を身に付けるためには，〔思考力，判断力，表現力等〕と相互に関連し合いながらの育成が求められ，その育成に大きな原動力となるのが〔学びに向かう力，人間性等〕である。三つの柱の目標・内容に沿って進められる授業に対し，学習評価は，対応する3観点で生徒の行動，変容を適切に評価し，次の単元や他の教科の学びの充実につなげていく営みと言える（下図参照）。

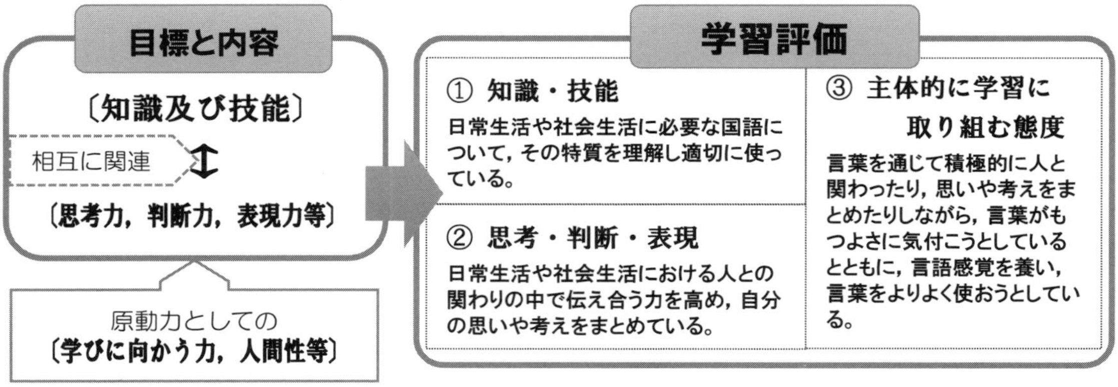

目標と内容

〔知識及び技能〕

相互に関連 ⇕

〔思考力，判断力，表現力等〕

原動力としての
〔学びに向かう力，人間性等〕

学習評価

① 知識・技能
日常生活や社会生活に必要な国語について，その特質を理解し適切に使っている。

② 思考・判断・表現
日常生活や社会生活における人との関わりの中で伝え合う力を高め，自分の思いや考えをまとめている。

③ 主体的に学習に取り組む態度
言葉を通じて積極的に人と関わったり，思いや考えをまとめたりしながら，言葉がもつよさに気付こうとしているとともに，言語感覚を養い，言葉をよりよく使おうとしている。

　本稿では，学習内容である「単元名」の下に，〔知識及び技能〕の内容を学習指導要領解説（p.257）に示されるキーワードと，〔思考力，判断力，表現力等〕の内容，「A　聞くこと・話すこと」「B　書くこと」「C　読むこと」のうち，最も関連するものを表記している。

学習内容	●主なねらい　→手だて	評価の記載例
分かりやすく伝える **電話になれよう** 言葉遣い，情報と情報との関係 A　聞くこと・話すこと	●電話で話すときの決まった言い方を覚える。（知・技） 5W1Hを意識して話したり聞いたりできるようになる。（思・判・表） →立場を変えて繰り返し練習し，よくなった点を伝えていく。	❶立場の違う相手には答え方が異なることに気付き，受け答えができました。 ❷上手な友達の話し方が分かり，観点メモを指で確認しながら話しました。 ❸最後まで話し終えると，相手に伝わったか，自分から感想を求めていました。
社会生活と言葉 **いろいろな標識** 言葉の働き，文や文章，音読，読書 A　聞くこと・話すこと C　読むこと	●標識が生活の中で必要なきまりを伝える働きをしていることに気付き，その意味を考え，行動する。（思・判・表） →校外で見付けた標識を分類し，場所や色の特徴に気付かせる。	❶標識の意味を考え，禁止，注意，案内の三つに分類できました。 ❷標識の関門を通るゲームでは，立ち止まって意味を類推し，説明もできました。 ❸学校前の道路ではどういった標識が必要なのか予測，確認して発表しました。
単語の類推 文や文章，音読，情報と情報との関係 A　聞くこと・話すこと	●話し方や書き方によって意味の異なる同音異義語や多義語の使い方を知り，語彙を増やす。（思・判・表） →易しい文体の辞書を活用し，自分で調べながら理解を図る。	❶「橋」と「箸」は意味もアクセントも違うことに，気付きました。 ❷「雲・蜘蛛」「雨・飴」と同音異義語を発声しながら，意味を調べていました。 ❸調べた意味を「雨が降る・飴をなめる」等，文にして友達の前で発表しました。
文章を読んで **理解する** **はじめの頃の自動車** 文や文章，音読，読書 C　読むこと	●接続語に着目して，事柄の順序や時間的な前後関係に気付く。時代や文化の変化を身近な乗り物と結び付けて捉える。（思・判・表） →接続語や時代を表す表記に印を付け，段落を並び替えさせる。	❶接続詞を手掛かりに段落カードを並べ，時系列に組み立てて読んでいました。 ❷時間的な前後関係を読み取り，車の変遷の理由の箇所を説明できました。 ❸環境問題の学習と結び付けて，今の車の発展の理由を発表しました。
いろいろな文章 **—紀行文** **絵はがき** 語彙，音読，伝統的な言語文化，読書 B　書くこと C　読むこと	●事実と意見や感想との違いを読み取る。（知・技） 紀行文の特徴をつかんで修学旅行先で絵葉書を作成する。（主） →事実と感想を色分けして書かせ，お互いに読み合う。	❶情景を語る文と五感を使って主観的に書く文との違いに気付きました。 ❷修学旅行先で見た風景や自然の印象を，言葉にし，絵葉書に文を書きました。 ❸友達の絵葉書を読みながら，お互いに意見を言い合う様子が見られました。
読んで **感想を話し合う** **ねぼうしたねこ** 文や文章，音読，読書 C　読むこと	●登場する動物の因果関係や事柄の順序を整理しながら読み，感想を話し合う。（思・判・表） →場面を理解するため，ペープサートを活用して操作させ，話の展開の整理と定着を図る。	❶読み進める中で十二支に興味をもち，順番どおりに言えるようになりました。 ❷登場する動物の描かれている性格や行動から順番の妥当性を発表しました。 ❸範読を真似て声色や声量を変え，工夫して表情豊かに音読していました。

国語

学習内容	●主なねらい　➡手だて	評価の記載例
言語文化に親しむ **俳句を作り，発表しよう** 伝統的な言語文化，書写，読書 B　書くこと	●俳句には季語があることを知り，自分でも季語を含んだ俳句をつくる。（知・技）（思・判・表） ➡俳句カルタを用いて繰り返し俳句を読んだり聞いたりできるようにする。	❶各季節の俳句を一つずつ覚えて，リズミカルに朗々と暗唱していました。 ❷五音や七音になるよう，語句を何度も並べ替え試行錯誤していました。 ❸発表会では，自分のお気に入りを選んで発表し，選んだ理由も説明しました。
文字を整えて **日記・日誌を書こう** 言葉の働き，文や文章，書写 B　書くこと	●自分や周りの人が読めるように文字の形を整えて日記や日誌を書く。（知・技） ➡毎日続けて書くように励まし，文字の形の整ったよいところを褒めていく。	❶書きはじめの位置に注意することで，点画のバランスがよくなりました。 ❷書いた文を自分で読み返し，読みにくい文字を丁寧に書き直していました。 ❸短冊や画用紙など，マスのない紙にも大きさを整えて記名できつつあります。
発表会・学校祭 **案内状を書こう** 文や文章，情報と情報との関係 B　書くこと	●学習発表会の案内状に必要な情報を整理して構成を考えて書き，できたものを読み合い推敲する。（思・判・表） ➡グループで構成を話し合い，様式を決められるように促す。	❶推敲を重ね，敬体と常体の使い方の違いを見付け，書き分けに取り組みました。 ❷読み手に必要な情報をカードに書き出し，並び替えて構成を検討していました。 ❸案内情報に加えて，宣伝や勧誘の意味の文を相談して書き加えていました。

各段階の生徒の姿

　学習指導要領解説には，国語に関する各段階の児童・生徒の姿が示されている。　中学部における生徒の姿を表にまとめると次のようになる。

	1段階の生徒	2段階の生徒
状況	身近な事物や人だけでなく，**地域や社会における事物や人との関わり**が増えてくる	**地域や社会における事物や人との関わり**を広げ，繰り返しながら，様々な言葉に触れる
段階	○言葉には， 　**事物の内容を表す働き，** 　**経験したことを伝える働き** 　があることに気付く（段階） ○知っている言葉や新たに獲得した言葉の使い方に気を付けることで，様々な事象や気持ちに関して**多くの相手と伝え合うことができるようになる**ことに気付く段階	○言葉には， 　**考えたことや思ったことを表す働き** 　があることに気付く（段階） ○**相手や目的に応じて工夫をしながら伝え合おうとしたりする段階**

　小学部が「身近な人や興味・関心のある事物との関わり」であったのに対し，中学部では**「地域や社会における事物や人との関わり」**に変わり，**「伝え合う」**ことが重視される。

　そのため，国語で取り上げるべき内容も，以下の資質・能力を身に付けるものとなっている。

自分の思いや考えを　**「相手に分かりやすく伝える」**　　　　　　（1段階）

言葉を用いて　　　　**「伝えたいことを明確にする」**　　　　　　（2段階）

　　　　　　　　　　「将来の職業生活に必要な国語を身に付ける」（2段階）

学習内容	●主なねらい　➡手だて	評価の記載例
分かりやすく伝える 学校の紹介 話し言葉と書き言葉，情報の整理 A　聞くこと・話すこと	●地域の人に学校を紹介する目的で，相手に応じた話し方を工夫することができる。（知・技） ➡ビデオ録画でよさや改善点に気付かせながら模擬練習を重ね，発表当日を迎えるようにする。	❶聞き手の年齢や立場，場所に応じて話し方を変えることができました。 ❷内容が伝わっているか確認しながら，友達と練習し合う様子が見られました。 ❸当日の発表が一番よかったと，達成感を自分の言葉で表していました。
社会生活と言葉 スーパーマーケットの見学 言葉の働き，情報と情報との関係 C　読むこと	●売り場や係ごとの工夫を文章にまとめて，実際の見学で確かめることができる。（思・判・表） ➡読み取りの手掛かりになる言葉を基に自分から探せるようにする。メモを持って見学する。	❶「〜しやすいようにするには」という仕事の工夫の文をメモにまとめました。 ❷考えた工夫と実際の現場の「同じ，違う，少し違う」を考え，見学しました。 ❸見学の結果と元の文章の違いを読み比べ，相違点を発表することができました。
話し合おう グループディスカッション 言葉の働き，言葉遣い，情報の整理 A　聞くこと・話すこと	●物事を決めるために，簡単な役割や進め方に沿って話し合い，考えをまとめる。（思・判・表） ➡「またやってみたい学校行事」のテーマで，互いの共通点や相違点が明らかになるよう支援する。	❶「文化祭」での出し物で何がやりたいのか，友達との共通点を主張しました。 ❷違う意見の友達の発言もよく聞き，自分とどこが違うのかを説明できました。 ❸自分の主張と違う「文化祭」の結論にも納得し，話し合いを続けました。
よびかけ とけいの歌 話し言葉と書き言葉，音読 A　聞くこと・話すこと C　読むこと	●文章全体の内容を踏まえて担当する文を覚え，舞台から聞き手に届くように声量や発音を調節しながら群読する。（知・技） ➡学習発表の場を設定し，目標を明確にして繰り返し練習させる。	❶早口になりがちだと自分で気付き，意識して話す速度を調節していました。 ❷「家族への感謝の気持ちを込めながら群読する」と目標をもち，発表しました。 ❸友達を励ましながら，グループの中心となって練習に取り組んでいました。
文章を読んで理解する ニホンザルの子ども 文や文章，情報の整理 C　読むこと	●時間的順序を表す言葉に着目しながら読み，成長の過程やそれに伴う親子関係の変化などを読み取る。（思・判・表） ➡場面ごとに「主語・述語」「状況や気持ち」を視覚的に示す。	❶比較的長めの複文の，主語と述語，修飾語と被修飾語の対を探せました。 ❷サルと人間の成長の過程を表にまとめ，その早さの違いに気付きました。 ❸他の動物の赤ちゃんについてインターネットを使って調べて話し合いました。
説明書を読んで操作する カレーライスを作ろう 語彙，文や文章，情報の整理 C　読むこと	●調理の説明書から手順を読み取って自分で手順カードをつくり，実際に調理して確認することができる。（思・判・表）（主） ➡自分でやりきるため，困ったら手順カードを見るように励ます。	❶手順カードをつくって説明書と読み比べ，間違いのないことを確認しました。 ❷うまくできないときはカードを読み返し，調理のポイントを修正していました。 ❸栄養士から給食献立のレシピをもらい，重要な手順方法を確認していました。

国語

学習内容	●主なねらい　➡手だて	評価の記載例
いろいろな文章 〜伝記 文や文章, 音読, 読書 C　読むこと	●読書に親しみ, 文章を読んで感じたことや理解したことを自分の将来に生かそうとする。（思・判・表） ➡生徒にとって身近な人物の伝記を取り上げる。	❶5W1Hに沿って, 登場人物の功績や人柄をまとめました。 ❷伝記から学んだ「粘り強く取り組む姿勢」を身に付けたいと発表しました。 ❸どの伝記も, 自分と同じ年頃の場面を特に興味深そうに読んでいました。
読んで 心情を理解する **ないた赤おに** 文や文章, 音読, 読書 C　読むこと	●場面の変化や本文に書かれていない登場人物の心情の変化を読み取る。（思・判・表） ➡役割演技をしながら心情を想像し, そのときの気持ちを吹き出しに書いて, 友達と話し合う。	❶場面の心情を想像し, 感情を込めて台詞を読み上げていました。 ❷意見交換し, 赤おにの涙の背景には感謝と後悔の気持ちもあると気付きました。 ❸自分の体験と結び付けて, 青おにの気持ちが分かる, と共感的に読みました。
言語文化に親しむ **百人一首, 俳句** 語彙, 音読, 伝統的な言語文化 C　読むこと	●文語調の百人一首の歌を暗唱して親しんだり, 五・七・五の俳句をつくったりして音の響きやリズムを体感する。（思・判・表） ➡百人一首大会や俳句の発表会を行い, 技法や季語に触れる。	❶百人一首をリズムに合わせて読むことで好きな一首を選んでいました。 ❷五・七・五に季節の風景を取り入れるために季語を考えながらつくっていました。 ❸百人一首大会を皆で行いたいと自分たちで計画をしてルールを決めました。
はがき・手紙 言葉の働き, 文や文章, 情報と情報との関係 B　書くこと	●職場体験のお礼状を手紙の形式で, 気持ちが伝わるように丁寧な文字や言葉遣いで書く。（知・技） ➡下書きを読み直し推敲する。大事な点は更に練習し, 清書する。	❶職場体験のお礼状を, 手紙の形式に沿って一文字一文字丁寧に書きました。 ❷具体的なエピソードを加えて, 何に対して感謝しているのか伝えられました。 ❸推敲では, 語句の使い方や主語・述語のつながりを自分で直していました。
図書室の利用 語彙, 情報の整理, 読書 B　書くこと C　読むこと	●図書室では, 図や写真, 掲示物などの情報によって目的の本を探せることが分かる。（知・技） ➡図書の分類方法を予想し, 学校図書館の実際を調べた上で図書館マップを作成する。	❶予想以上の分類があり図書分類によって整理されていることが分かりました。 ❷書く事柄を整理して, 分かりやすく自分の図書館マップを作成できました。 ❸もっと増やしてほしい本の話し合いでは職業に関する本を希望していました。
座右の銘 **ことわざを履歴書に 生かそう** 言葉の働き, 文や文章, 情報の整理 B　書くこと	●履歴書などに生かせることわざを考え, 性格や行動を自分の言葉で説明するために活用できるようにする。（思・判・表） ➡ことわざカードを選び, 自分の性格や将来との関係を考える。	❶日常生活に般化できるような「塵も積もれば山となる」を使って話をしました。 ❷注意して前に進んでいく「石橋を叩いて渡る性格だ」と自己分析していました。 ❸自分の考え方や性格を整理してから, ことわざや故事成語を探していました。

学習内容	●主なねらい　➡手だて	評価の記載例
文集を作ろう 言葉の働き，文や文章，情報と情報との関係，書写 Ｂ　書くこと	●過去現在未来に分けて自分の変化のポイントを再確認し，前向きに自己のよさを書き留めて整理をする。（思・判・表） ➡短文で骨子をまとめさせて文章とし，編集していく過程を話す。	❶書く内容の中心を決め，自分の文の骨組みは何がいいのかを考え書き始めました。 ❷過去の事実を客観的に書き，自分の考えを丁寧に書き込んでいました。 ❸語と語の続き方を読み返し敬体と常体に気を付けながら推敲していました。

国
語

評価文例の作成に当たって

　文部科学省著作教科書「国語☆☆☆☆」特別支援学校中学部知的障害者用（平成27年２月発行）を参考に，学習内容を設定した。

　学習指導要領の改訂に伴い，中学部の１・２段階に当たる文部科学省著作教科書が，「国語☆☆☆☆」「国語☆☆☆☆☆」として分冊される。令和２年夏には見本本が示され，令和３年４月からは各学校での使用が可能となる。

　本原稿を執筆した時期には，従来の「国語☆☆☆☆」の内容がどのように１段階と２段階とに分けられるかは知ることができなかったため，筆者の推測・判断で分類してみた。例えば，「ねぼうしたねこ」は１段階で，「ないた赤おに」は２段階であろうと判断したものである。そのため，新たに発行される文部科学省著作教科書とは内容・段階が異なる場合もあるが，評価については，段階の生徒の姿を踏まえて作成した。

（本橋　めぐみ）

2 国　語

高等部（1段階・2段階）

　平成31年2月告示の学習指導要領では，従前，「聞くこと・話すこと」，「書くこと」，「読むこと」の3領域で構成していた国語の内容を，次のように構成し直している。

内容の構成		指導事項
知識及び技能	(1)言葉の特徴や使い方に関する事項	言葉の働き，話し言葉と書き言葉，語彙，文や文章，言葉遣い，音読
	(2)情報の扱い方に関する事項	情報と情報との関係，情報の整理
	(3)我が国の言語文化に関する事項	伝統的な言語文化，書写，読書
思考力，判断力，表現力等	A　聞くこと・話すこと	話題の設定，内容の把握，内容の検討，構成の検討，表現，話合い
	B　書くこと	題材の設定，情報の収集，内容の検討，構成の検討，記述，推敲，共有
	C　読むこと	構造と内容の把握，精査・解釈，考えの形成

　国語で理解したり表現したりする様々な場面の中で，生きて働く〔知識及び技能〕を身に付けるためには，〔思考力，判断力，表現力等〕と相互に関連し合いながらの育成が求められ，その育成に大きな原動力となるのが〔学びに向かう力，人間性等〕である。三つの柱の目標・内容に沿って進められる授業に対し，学習評価は，対応する3観点で生徒の行動，変容を適切に評価し，次の単元や他の教科の学びの充実につなげていく営みと言える（下図参照）。

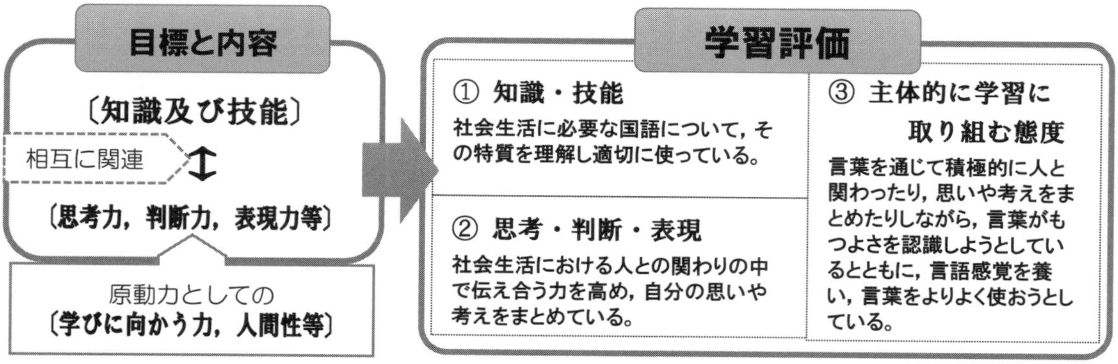

目標と内容

〔知識及び技能〕

相互に関連 ⇕

〔思考力，判断力，表現力等〕

原動力としての〔学びに向かう力，人間性等〕

学習評価

① 知識・技能
社会生活に必要な国語について，その特質を理解し適切に使っている。

② 思考・判断・表現
社会生活における人との関わりの中で伝え合う力を高め，自分の思いや考えをまとめている。

③ 主体的に学習に取り組む態度
言葉を通じて積極的に人と関わったり，思いや考えをまとめたりしながら，言葉がもつよさを認識しようとしているとともに，言語感覚を養い，言葉をよりよく使おうとしている。

　本稿では，学習内容である「単元名」の下に，〔知識及び技能〕の内容を学習指導要領解説（p.43）に示されるキーワードと，〔思考力，判断力，表現力等〕の内容，「A　聞くこと・話すこと」「B　書くこと」「C　読むこと」のうち，最も関連するものを表記している。

学習内容	●主なねらい　➡手だて	評価の記載例
情報を的確に聞き取る **話し言葉と書き言葉** 話し言葉と書き言葉，情報と情報との関係 A　聞くこと・話すこと	●委員会や部活動に関する連絡について必要な情報を確実に聞き取ってメモを取る。（知・技） ➡聞き取ったことを他の仲間に伝えるという設定にし，何が必要な情報かに気付けるようにする。	❶他者に伝える目的が分かり，重要な語句をメモできるようになりました。 ❷「重要なことは三つ」と伝えると，メモに番号を書くなど工夫していました。 ❸全体への連絡も，自分に向けた話だと意識して聞くようになってきています。
分かりやすく説明しよう **自己紹介** 言葉の働き，語彙，情報の整理 A　聞くこと・話すこと	●説明する目的や相手に応じて，話す観点を整理して，分かりやすく話せるようにする。（知・技） ➡当初はメモを見ながらでもよいこととし，徐々に相手を見て話せるよう支援する。	❶メモを見ずに，相手を見ながら徐々にゆっくりと話せるようになりました。 ❷職場体験前の挨拶と設定すると，間の取り方にも注意するようになりました。 ❸友達の発表を参考にして表現を工夫し，語彙の質と量が豊かになりました。
声を届ける **好きなものを紹介しよう** 話し言葉と書き言葉，言葉遣い，情報と情報との関係 A　聞くこと・話すこと	●話の構成や順序を自分で決め，声の大きさや話す速さを意識し敬語を使って発表する。（知・技） ➡話したい事柄をカードに書き出し，一番伝えたいこととその理由を考えられるよう助言する。	❶内容を決め，発表時には更に付け足しもしながら，敬語を使い話せました。 ❷好きになった理由を，具体的な体験から話すように構成を工夫していました。 ❸友達同士で練習しながら助言し合い，話す速さや発音を修正していました。
説明文の読解 **ダイコンは大きな根？** 文や文章，語彙，情報と情報との関係，読書 C　読むこと	●身近な野菜を説明した文章について，段落の役割に着目しながら構造を捉える。（思・判・表） ➡構造図を活用し，事例，理由，結論などの段落相互の関係が分かるようにする。	❶問題提起部分とその答えの部分をカードに書き出しながら読み取りました。 ❷作成した構造図を見ながら読むことで，理由部分を早く見付けられました。 ❸園芸班の大根を調理し，味と文章の内容を比較して，感想をまとめました。
いろいろな文章—詩 **野原はうたう・竹** 語彙，音読，読書 C　読むこと	●詩の表現の特徴を捉え，リズムを楽しみながら繰り返し声に出し，描かれた情景や技法から具体的に想像する。（思・判・表） ➡挿絵を見ながら，心情を類推し考えを発表させる。	❶七五調のリズムを楽しみながら，叙述に合わせて力強く音読していました。 ❷挿絵をヒントにして心情を考え，言葉の意味をまとめていました。 ❸比喩表現やリズムの特徴を捉えて，他の作者の詩にも興味をもち始めました。
文学的な文章 **少年の日の思い出** 言葉の働き，語彙，文や文章，音読，情報と情報との関係，読書 C　読むこと	●登場人物の心情の変化を場面の展開に沿って読み，表現の特徴について発表する。（思・判・表） ➡自分が大事にしているものを想起させ，心情を想像させる。	❶作品を語る視点に着目し，物語の中盤で語り手が変わることに気付きました。 ❷「僕」の行動の背景となる叙述を抜き出し，心情の変化をまとめていました。 ❸情熱ではなく「熱情」という言葉が使われる理由を推測し，発表しました。

学習内容	●主なねらい　➡手だて	評価の記載例
ことわざを学ぼう **防災に関係することば** 言葉の働き，伝統的な言語文化 A　聞くこと・話すこと C　読むこと	●日常における防災に関することわざ等の言葉を集めて昔から言い伝えられている表現を整理する。（知・技） ➡「備えあれば患いなし」「急がば回れ」などを防災と関連付ける。	❶「天災は忘れた頃にやってくる」等，防災の標語になる表現を探しました。 ❷「一寸先は闇」という昔からの教訓なども自分で意味を調べ発表しました。 ❸ことわざを使った防災ポスターを分かりやすく作成し校内に掲示しました。
記録の仕方を 工夫する **会議録・日誌** 語彙，文や文章，情報の整理 B　書くこと	●委員会活動の記録や実習日誌を，漢字や仮名を使い分け，句読点を適切に使って書く。（知・技） ➡実習前に指導し，実習後に実際の日誌を振り返り，次の実習等に生かせるようにする。	❶二つの書類を比較して，漢字や句読点の使い方が適切なものを選べました。 ❷議事録だけでなく，次回の予定や感想も書き入れて分かりやすくしました。 ❸実習先で日誌の記入を褒められ，実習への意欲も高まりました。
調べたことを 報告しよう **レポート** 語彙，文や文章，情報の整理，書写 B　書くこと	●調べた内容が分かりやすく伝わるように，構成を話し合ってレポートを書く。（思・判・表） ➡書きたいことをはっきりさせる。それに合う材料を使って構成する。友達と推敲し合う。	❶本やインターネットで得た情報をカードに書き出し，比較していました。 ❷友達の助言を受け，言いたいことを目立つように書く様子が見られました。 ❸接続語の学習を生かして，段落相互の関係を示しながら書き進められました。
読書紹介をしよう **読書記録の活用** 語彙，情報と情報との関係，書写，読書 A　聞くこと・話すこと C　読むこと	●読んだ本の魅力について，要約や引用を用いて紹介する。自分の考えも合わせて伝える。（思・判・表） ➡読書週間等に推薦図書を紹介し，本を読む機会を設定する。	❶本のポイントとなる表現を生かして要約し，紹介することができました。 ❷「この本を読んで，自分は…」と促すと言葉を選んで考えを述べていました。 ❸友達が紹介した本にも興味をもち，読んだ感想を自ら話していました。

各段階の生徒の姿

学習指導要領解説には，国語に関する各段階の児童・生徒の姿が示されている。

高等部における生徒の姿を，中学部と対比させると，次のようになる。

	1段階の生徒	2段階の生徒
中学部	○身近な事物や人だけでなく，**地域や社会における事物や人との関わりが**増えてくる ○**多くの相手と伝え合うことができるように**なることに気付く段階	○**地域や社会における事物や人との関わりを**広げ，繰り返しながら， ○**相手や目的に応じて工夫をしながら伝え合**おうとしたりする段階
高等部	職業生活につながる **地域や社会における事物や人との関わりが増え**てくる ○**相手や目的に応じて言葉を選んだり言葉の**使い方に気を付けたりして伝え合おうとする段階	将来の職業生活や家庭生活を見据えて， **地域や社会における事物や人との関わりを広**げ，繰り返しながら， ○**相手や目的に応じて活用しようとする段階**

高等部は，**将来の職業生活を意識し，「相手や目的に応じて」**伝えることに重点が置かれる。

国
語

学習内容	●主なねらい　➡手だて	評価の記載例
要点を整理して 聞き取る 電話 話し言葉と書き言葉，情報の整理 A　聞くこと・話すこと	●自分が聞きたいことの中心を的確に捉え，要点や順序を整理してメモを取りながら聞く力を付ける。（思・判・表） ➡聞き取ったことを保護者や友達に伝える場面を設定する。	❶聞き取り課題を通して何をメモに残すと確実に伝えられるのか，分かりました。 ❷内容が複雑なときは話の要点を復唱し，確認しながらメモしていました。 ❸グループを代表して実習先へ電話をかけ，友達に連絡事項を伝えられました。
魅力的な提案を しよう プレゼンテーション 文や文章，情報の整理 A　聞くこと・話すこと	●資料や機器などを効果的に活用し，相手を意識した魅力的な提案の工夫を知る。（思・判・表） ➡写真や図を先に見せ，説明を端的に行うと伝わりやすいと助言し，提案の型を一つ示す。	❶提案の型を基に話し合い，資料を並べ替えて構成案を決めることができました。 ❷伝わりにくい箇所はどこか話し合い，それを補う資料を探しました。 ❸それぞれの発表のよいところに触れ，感想記録を書いていました。
相手の考えを ふまえて発言する パネルディスカッション 言葉の働き，語彙，言葉遣い A　聞くこと・話すこと	●司会や発表者などの役割を決め，目的に沿って討論する。（思・判・表） ➡相手の意見や考えを尊重し，互いの考えを広げることをルールとし，役割を交替して繰り返す。	❶一方的に発言を繰り返すのではなく相手を尊重し，共通点を見出していました。 ❷それぞれの意見の利点と問題点を整理して，考えの広がりを確認し合いました。 ❸想定される反論を予想して，事前に対策を考えていました。
説明文の読解 メディアと上手に付き合うために 語彙，文や文章，情報の整理，読書 C　読むこと	●メディアからの情報に振り回されないように，必要な情報を精査して使い分け，取捨選択する必要性を学ぶ。（思・判・表） ➡インターネットや新聞，テレビの情報の違いを考えさせる。	❶各メディアの特徴を読み取り，よい点と悪い点で比較して表にまとめました。 ❷一つの情報だけでは情報の善し悪しを見極められないことを理解しました。 ❸偏ったメディアの情報に頼らず周囲に相談していきたいと発言していました。
いろいろな文章 ―随筆 言葉の力 語彙，文や文章，情報と情報との関係，読書 C　読むこと	●言葉の本質について書かれた文章を，語句や文章の組み立てに気を付けながら読み，自分の考えをまとめる。（思・判・表） ➡挿絵を拡大し，文中の「樹木全身の色」を視覚的にイメージさせる。	❶指示語の示す内容を捉え，序論・本論・結論に分けて要旨を説明できました。 ❷言葉を発した人の生き方・価値観を桜の木全体とした構造を表にできました。 ❸言葉を考えるのは，生き方を考えるのと同じだということに気付きました。
文学的な文章 走れメロス 語彙，文や文章，音読，情報と情報との関係，読書 C　読むこと	●描写や会話に着目して人物像の変化を捉え，作品を読み味わう。登場人物の行動や生き方・考え方について，自分の考えをもつ。（思・判・表） ➡場面を七つに分けて読解する。	❶人物像が変化するきっかけとなる描写を書き出し，因果関係を図式化しました。 ❷暗示的に表現されている登場人物の心情を描写から捉え，自分と比較して主人公の強さと弱さを読み取りました。 ❸読後の変化を友達と話し合いました。

学習内容	●主なねらい　➡手だて	評価の記載例
言語文化に親しみ理解する 矛盾, 守株～故事成語～ 音読, 伝統的な言語文化, 読書 C　読むこと	●故事成語の大意を把握することで漢文特有の言葉遣いにこだわることなく音のリズムや漢文の特徴に触れる。(思・判・表) ➡挿絵やペープサート等の視覚教材を活用し, 理解を促す。	❶故事成語の大意と, 読みの規則性を組み合わせて, 集中して読んでいました。 ❷視覚教材を自ら使って把握できた故事成語の意味を友達に説明していました。 ❸「まちぼうけ」という言葉が漢文に由来することを知り, 興味を示しました。
言語文化に親しむ 竹取物語 音読, 伝統的な言語文化, 読書 A　聞くこと・話すこと C　読むこと	●仮名遣いに注意したり, リズムを味わったりしながら繰り返し音読し, 古典の世界に触れる。(知・技) ➡絵本や映画などを活用し, 古文の楽しさを味わえるようにする。	❶登場人物を把握してから音読し, 冒頭部分を暗唱できるようになりました。 ❷登場人物の思いや行動が, 現代に通じることに共感を示していました。 ❸古文を暗唱できたことが自信となり, 他の作品への興味につながりました。
言語文化に親しみ理解する 枕草子 音読, 伝統的な言語文化, 読書 C　読むこと	●心地よい響きやリズムを味わいながら読み, 作者の四季に対するものの見方や感じ方に触れる。(知・技) ➡自分が感じる四季の趣と本文とを比べるようにさせる。	❶昔と現代の暮らしや考え方に共通点やつながりを見付け, 親しみをもちました。 ❷春は…, の書き出しをアレンジして季節感を表す文章をつくり, 挿絵を描きました。 ❸春から秋までを覚え, 友達と朗唱し合ってリズムと抑揚を体感していました。
根拠を明確にして書く 意見文 語彙, 情報と情報との関係, 書写 B　書くこと	●社会生活の中から課題を決めて情報を集め, 自分の意見とその根拠を明確にして意見文を書く。(思・判・表) ➡構成メモをつくる, 読み返し推敲するなどを助言していく。	❶だから・従ってなどの接続語を効果的に用い, 根拠を明らかにして書けました。 ❷具体的な数値を根拠として採用し, 説得力のある文章に仕上げました。 ❸推敲の視点を助言すると, 内容や表現に一貫性があるかを確認していました。
文章の形態を選んで書く 修学旅行記 語彙, 文や文章, 情報の整理, 書写 B　書くこと	●文章の形態を選び, 紙面構成を工夫して修学旅行記を書く。互いに読み合い, 紙面の体裁を整えて冊子をつくる。(思・判・表) ➡執筆に入る前に, 冊子の全体像を共通理解する。	❶文字の大きさや太さ, 色などの効果を考えて, 本文と見出しを書き分けました。 ❷伝えたい内容に合わせて随筆と報道文の形態を選び, 豊かに表現していました。 ❸写真を入れたり目立つ見出しを付けたりして読み手を惹き付けていました。
いろいろな通信文 手紙・葉書・ファクシミリ・電子メール 文や文章, 言葉遣い, 情報の整理, 書写 B　書くこと	●それぞれの通信文の特徴を知り, 目的や内容に合わせてふさわしい形式を選んで書く。(知・技) ➡書いたものを読み手の立場で読み返し推敲するようにさせる。	❶往復はがきの返信を, 漢字と仮名を使い分けながら丁寧に書き改めました。 ❷即時性や手軽さなどの観点で比較し, 場面にふさわしい形式を選びました。 ❸自分で読み返し, 文末表現を変えたり丁寧に書き直したりしていました。

学習内容	●主なねらい　→手だて	評価の記載例
一年間の学びを振り返ろう **報告書** 言葉の働き，文や文章，情報の整理，書写 B　書くこと	●グループで企画書，構成案を考える報告書づくりを通して，自分の考えを広げ，社会に参画する態度を育てる。（主） ➡先輩のつくった報告書を最初に見せ，その後は自分たちでつくるよう促す。	❶簡潔に図示した企画書をまとめ，効果的に伝えたいことを示せました。 ❷文章の構成を「命」「社会」「文化」のテーマで再構成しようと，話し合いました。 ❸完成した報告書を読み合い，学びを生かして次年度の目標を立てていました。

評価文例の作成に当たって

　高等部は，文部科学省著作教科書は作成されていない。本書においては，学習内容を構成するに当たり，光村図書「中学校国語　1〜3」（平成30年2月発行）を参考にした。学習内容については，特別支援学校高等部学習指導要領における「国語」の目標を，中学部の目標との違いに考慮しながら，単元・主なねらい・手だてを設定した。

特別支援学校学習指導要領「国語」における各段階の目標の違い

目標	核となる用語・項目	中学部		高等部	
		1段階	2段階	**1段階**	**2段階**
知識及び技能	〜に必要な国語	日常生活や社会生活	日常生活や社会生活，職業生活	**社会生活**	**社会生活**
	我が国の言語文化に	親しむことができるよう	親しむことができるよう	親しむことができるよう	親しんだり**理解したりできるよう**
思考力，判断力，表現力等	養う力	順序立てて考える力	**筋道立てて考える力**	**筋道立てて考える力**	**筋道立てて考える力**
	自分の思いや考えを	もつことができる	まとめることができる	まとめることができる	**広げることができる**　（注1）
学びに向う力，人間性等	言葉がもつよさに(を)	気付く	気付く	**認識する**	**認識する**
	図書・読書	図書に親しみ	いろいろな図書に親しみ	**幅広く読書をし**（注2）	**進んで読書をし**（注2）

（注1）「自分の思いや考えを**広げることができる**」とは，自分の考えと他者の考えを「同じかどうか」「正しいか正しくないか」など選択するだけではなく，「他者の考えを一部取り入れたり，似ているところと異なるところを見付けて取り入れたりする」などして，考えを広げる力のことである。（高等部解説 P57）

（注2）「幅広く読書をし」「進んで読書をし」とは，日常生活の中で主体的に読書をする態度を示している。このような態度を育成することは，卒業後の生涯学習への意欲を高めることにもつながるものである。（同 P57）

（本橋　めぐみ）

3 算数・数学

小学部（1段階・2段階・3段階）

算数科は，「数学的な見方・考え方を働かせ，数学的活動を通して，数学的に考える資質・能力を育成する」ため，三つの柱の目標が設定され，内容構成は次の領域に見直された。

1段階	A 数量の基礎	B 数と計算	C 図形	D 測定	
2段階		A 数と計算	B 図形	C 測定	D データの活用
3段階		A 数と計算	B 図形	C 測定	D データの活用

学習評価については，算数の三つの目標に対応する形で，次の3観点で評価する。

①**知識・技能**…数量や図形などについての基礎的・基本的な概念や性質などに気付き理解している。

②**思考・判断・表現**…日常の事象を数量や図形に着目して処理する技能を身に付けている。日常の事象の中から数量や図形を直感的に捉える力，基礎的・基本的な数量や図形の性質などに気付き感じ取る力，数学的な表現を用いて事象を簡潔・明瞭・的確に表したり目的に応じて柔軟に表したりする力を身に付けている。

③**主体的に学習に取り組む態度**…数学的活動の楽しさに気付き，関心や興味をもち，学習したことを結び付けてよりよく問題を解決しようとしたり，算数で学んだことを学習や生活に活用しようとしたりしている。

〔1段階〕小学部1段階の児童には，今後系統的に算数・数学の教科学習を積み重ねていくための基盤となるように，遊びや日常生活と関連させながら体験的に学習し，身の回りの数量・図形等に気付き，関心をもって取り組めるようにすることが重要である。評価の記載例には，児童が「何をどのように学んだのか」保護者や次の指導者が分かるように具体的に記載した。

〔2段階〕段階的に数字，形，長さ，高さ，広さ等の概念と結び付け，机上学習と簡単なルールのある遊びやゲーム等を関連させながら学習するように手だてに示した。児童は，習得した知識・技能を活用して思考・判断・表現しているか，学習したことを日常の事象と結び付けているか，授業及び他の場面も含めて評価する形で記載例として示している。

〔3段階〕小学部3段階の「学びに向かう力，人間性」の目標では，「算数で学んだことのよさや楽しさを感じながら学習や生活に活用しようとする態度を養う」と示されている。そのため，評価の際には，算数の学習を楽しみながら進んで学習しているかはもちろんのこと，学習を通して算数の有用性を実感し，次の学習や生活につなげているかについても評価し，次の学びと関連させたものを記載例として記載した。

学習内容	●主なねらい　➡手だて	評価の記載例
さわってみよう・さがしてみよう A　数量の基礎 ア　具体物の有無	●ものの有無や因果に気付き，操作することができる。（思・判・表） ➡興味あるものを箱や布の下から取り出し，押す，引っ張る等の操作する活動を行い，操作する面白さに気付けるようにする。	❶ものの有無や因果に気付くことができました。 ❷押したり，引いたりしていろいろな教材を操作できました。 ❸プットインや音絵本などの玩具で休み時間にも遊ぶことができました。
一つずつあわせてみよう A　数量の基礎 イ　ものとものとの対応	●もの同士を対応させることが分かり，進んでいろいろな具体物を配ることができる。（主） ➡かご，ボール，ブロック，タッパー，皿，盆，箱等の具体物を変化させる。	❶1対1対応の理解ができました。 ❷もの同士を対応し，カップや製氷皿にボールや消しゴムを一つずつ入れることができました。 ❸ものが変わっても，もの同士を対応させ配ることができるようになりました。
パズルをやってみよう A　数量の基礎 イ　ものとものとの対応	●2分割したパズルを組み合わせることができる。（知・技） ➡上下や色の違いの分かりやすいいろいろな車や果物のイラストで行う。当初は，片面のパズルをはめておく。	❶2分割したパズルを組み合わせることができました。 ❷4種類から対応する片方のパズルを選び，組み合わせることができました。 ❸選択するパズル片が増えても，パズル同士を対応させることができました。
かぞえてみよう「5までの数唱」 B　数と計算 ア　数えることの基礎	●数唱に合わせて，具体物等を指さすことができる。（思・判・表） ➡数え歌に合わせて身振りで表現したり，具体物を指でさしたり，入れ物に入れたりして数詞と対応させる活動を行う。	❶5までの数唱ができました。 ❷数え歌に合わせ，指で数量を示したり，数唱しながら五つのメロンパンを正しく数えたりすることができました。 ❸出席している友達の人数を数唱しながら指さす様子があります。
おなじものをあわせよう「マッチング」 B　数と計算 ア　数えることの基礎	●写真やイラストと具体物を対応させることができる。（知・技） ➡対応するものが分かるように区別しやすいものから始め，少しずつ難度を上げる。	❶写真やイラストと具体物を対応させることができました。 ❷写真やイラストの上に具体物を載せることができました。 ❸体育館等の好きな場所の写真を指さし，思いを伝えることができました。
すうじをよもう「数字と数詞の一致」 B　数と計算 ア　数えることの基礎	●数字と数詞を対応させて読むことができる。（知・技） ➡手遊び（数え歌）や数字カルタを通して，数字と数詞を対応させたり，数詞を聞いて，数字を取り出したり指さしたりする活動を行う。	❶数字と数詞を対応させて5まで読むことができました。 ❷数字を聞いて，正しいカードを取ることができました。 ❸朝の会で日付カードを読もうとする様子がありました。

算数・数学

学習内容	●主なねらい　➡手だて	評価の記載例
おなじものを さがそう C　図形 ア　分類・整理	●赤白帽やハンカチ，食器具等の具体物同士を対応できる。（思・判・表） ➡明確に異なる2種類のものから始め，少しずつ量を増やしたり似ているものにしたりして発展させる。	❶具体物同士を対応できました。 ❷赤白帽，食器具等を分けてかごに入れることができました。 ❸荷物整理場面でも，自ら赤白帽等の荷物を定位置に片付けることができました。
いろいろな形を みつけよう C　図形 ア　ものの類別	●触覚で形の違いに気付き，操作することができる。（知・技） ➡○□△の型はめやプットイン玩具の操作を通して形の相違に気付くことができるようにする。	❶形の違いに気付き，具体物を操作できました。 ❷形の違いに気付き，○□△等の型はめ玩具を操作できました。 ❸図画工作では，いろいろな形のスタンプが押せました。
おなじ・ちがうを さがそう C　図形 ア　分類・整理	●形の違う2種類の具体物をかごに分類できる。（思・判・表） ➡ピンクのハート，銀色の丸の型抜き型等，形や色が明確に異なる2種類の型から始め，慣れたら同色で取り組む。	❶形の違いに気付き，分類することができました。 ❷形の違いに気付き，同色の型抜きや形カードを分類することができました。 ❸動物と果物のシルエットカードの分類ができるようになりました。
大きさのちがうもの を運んでみよう D　測定 ア　身の回りにある具体物のもつ大きさ	●体験を通して，二つのものの大きさの違いに気付く。（知・技） ➡大小のボールや大小の箱運びを通じて大きさの違いに気付けるようにする。宅配便屋さんごっこを通して学習する。	❶視覚的，触覚的に，二つのものの大きさの違いに気付くことができました。 ❷大きさの違いに気付き，ボールや箱の持ち方を変えることができました。 ❸二つのものから好きな方を選んで宅配便屋さんの活動ができました。
おなじ大きさで 合わせてみよう D　測定 ア　身の回りにある具体物のもつ大きさ	●具体物の操作を通して，長さや大きさの違いに気付き，分けて入れることができる。（思・判・表） ➡入れ口の大きさを具体物に合わせる。操作を通じて，大きさの違いに気付くことができるようにする。	❶具体物の操作を通して，大きさや長さの違いに気付くことができました。 ❷長さの違う棒や大きさの違う板やボールを試行錯誤しながら入れることができました。 ❸繰り返し取り組むことで，予想して入れることができるようになりました。
見た目の大きさで 分けてみよう D　測定 ア　身の回りにある具体物のもつ大きさ	●見た目で長さや大きさの異なる具体物を分類する。（思・判・表） ➡明確に見た目で長さや大きさの違う2種類のものを見比べて分類する活動から始め，徐々に難度を上げる。	❶長さや大きさの違いに気付くことができました。 ❷長さや大きさの違いに気付き，棒やボールを分類できました。 ❸次第に，見た目で長さや大きさの違いが分かり分類できました。

学習内容	●主なねらい　➡手だて	評価の記載例
大きい・小さい 多い・少ない 「比べる言葉」 D　測定 ア　身の回りにある具体物のもつ大きさ	●「大小」「多少」等の言葉の意味が理解できる。（知・技） ➡大きいバランスボール，小さいバランスボール等，遊びながら大小や多少の表現に気付けるようにする。	❶「大小・多少」の用語を理解することができました。 ❷「大きい〇〇」等と聞いて，具体物やカードを選択できました。 ❸身近な量について，「多いね」などと表現することができました。

算数・数学

はずす・はめる　　　　　　　　２分割パズル　　　　　プットイン教材（方向調整必要）

同色の大小のかご　　　　　食器・図形の分類・マッチング

※同じ教材でも，意識して目標や内容（A　数量の基礎・B　数と計算・C　図形・D　測定）に合わせて段階的に問いや提示方法を変えると学びが発展し，広がる。

算数の指導計画と評価の文例　　2段階

学習内容	●主なねらい　➡手だて	評価の記載例
かぞえよう・ くらべよう A　数と計算 ア　10までの数の数え方や表し方，構成	●二つの個数を比べることで「同じ」「多い・少ない」が分かる。（知・技） ➡玉入れ，すごろく等の遊びを通して個数やマス数を比べる活動を行う。	❶二つの個数を比べることで，「同じ」「多少」の理解ができました。 ❷マスの数や玉の数を数えて二つの個数を比べることができました。 ❸ゲームの結果を期待して，進んで比べたり，数えたりできました。
なんばんめ 「数の系列」 A　数と計算 ア　10までの数の数え方や表し方，構成	●「前から〇番目」と聞いて，順序や位置が分かる。（知・技） ➡具体物の操作やイラストカードの操作，プリントでの学習を通して，数が順序や位置を表すことに気付けるようにする。	❶数が順序や位置を表すことが理解できました。 ❷絵を見て「前から〇番目は誰？」に答え数えて印を付けることもできました。 ❸順番表を見て，教室移動の際に，順番を意識して歩くことができました。

学習内容	●主なねらい　➡手だて	評価の記載例
あわせていくつ「合成・分解」 A　数と計算 ア　10までの数の数え方や表し方，数の構成	●具体物等の操作を通して，数の合成と分解を，言葉で表現することができ，０の意味が分かる。（思・判・表） ➡磁石等を操作しながら，言葉で表現する活動を行う。	❶5を2と3に分ける，3と4を7にまとめるなど分解や合成ができました。 ❷何もない状態を「0」で表すことを理解し，「3は3と0」と表現しました。 ❸具体物の操作をしながら，「5は3より2大きい」ことに気付きました。
なかま分け B　図形 ア　ものの分類	●用途や機能に着目して，カードを分類することができる。（思・判・表） ➡「食べるもの」「着るもの」等の用途や機能に着目して，イラストカードや写真カードを分類する活動をする。	❶用途や機能に着目して分類できました。 ❷イラストカードを「着る」「座る」等の用途・機能で分類できました。 ❸イラストカードを見て名称と用途を答えることができました。
まる・さんかく・しかく B　図形 イ　身の回りにあるものの形	●身の回りの形と名称を対応させ，集めたり，取り出したり，分けたりできる。（思・判・表） ➡丸・三角・四角の平面のパネルや立体の具体物を集めたり，取り出したりする。	❶身近な形と名称（丸・三角・四角）を対応させることができました。 ❷形の名称を聞いて，いろいろな形の具体物を取り出したり集めたりしました。 ❸給食のお皿の形に気付き，「丸」「四角」と表現できました。
形をつくろう「見本構成」 B　図形 イ　身の回りにあるものの形	●見本と同じように棒を縦・横に並べ，形を構成することができる。（思・判・表） ➡綿棒等を使って見本構成をする活動後，ペンで模写する活動を行う。	❶簡単な見本構成課題を理解し，つくることができました。 ❷見本と手元を見比べ，棒を並べ，正方形や三角形を作成できました。 ❸数字の形を意識して，模写しようとする様子が見られます。
くらべてみよう「長短・軽重・高低・広狭」 C　測定 ア　二つの量の大きさ	●具体物の操作や体験を通じて比べる言葉を理解する。（知・技） ➡器械・器具を使った活動や具体物を操作して比べる言葉を理解する。広い箱，狭い箱，長いトンネル，短いトンネル等。	❶体験を通して「長短」「高低」「軽重」「広狭」の理解ができました。 ❷体験を通して，理解したことを「重い」「長い」「高い」等の言葉で表現することができました。 ❸生活の中で比較の言葉を使う様子がありました。
くらべてみよう「どっちが○○？」 C　測定 ア　二つの量の大きさ	●「どっちが○○？」の質問に，具体物を操作して二つのものを比べ，片方を選ぶことができる。（思・判・表） ➡見た目や操作して比べることで明確に違いの分かるものから始める。問いは文字とイラストで示す。	❶長短，高低，軽重等を比べることができました。 ❷操作しながら長短，高低，軽重等を比べ，一方を選ぶことができました。 ❸繰り返すことで操作しなくても予測して答えることができました。

学習内容	●主なねらい　➡手だて	評価の記載例
長い順・大きい順 C　測定 ア　二つの量の大きさ	●比較して，長い順，大きい順に並べることができる。（思・判・表） ➡いろいろな長さのペンやひも，箱やボール等を比べる。明確に違いの分かるものから始め，次第に比較対象物の種類を増やしていく。	❶複数の具体物を操作することで，長さ，大きさを比較できました。 ❷ペンや箱等を比較し，長い順，大きい順に並べることができました。 ❸結果を予測し，一番大きいものや長いものを先に置いてから，他のものを並べることができました。
組になるもの D　データの活用 イ　同等と多少	●目的や用途に着目して，仲間同士を対応できる。（知・技） ➡歯ブラシとコップ，水筒とお茶等の身近な対になるものを対応させる活動を行う。「なかまはどれ？神経衰弱ゲーム」と題して意欲を高める。	❶目的や用途に着目して，絵カード同士の対応ができました。 ❷神経衰弱ゲームでは，まな板と包丁等の対になるカードを選び，組み合わせて黒板に貼ることができました。 ❸選択肢が増えても，試行錯誤し，取り組むことができました。
ゲーム・ **得点を数えよう** D　データの活用 イ　同等と多少	●魚釣りゲーム等の結果を絵グラフに示し，友達の結果と比較することができる。（思・判・表） ➡「Ａ　数と計算」と関連させて行う。魚釣りゲームやボウリングの結果をイラストパネル，磁石等で貼り表すなどの活動を行う。	❶ゲームの結果をイラストパネルや磁石で表すことができました。 ❷魚釣りゲーム等の結果を，イラストパネルや磁石で表に表し，個数を友達の表と比べることができました。 ❸比較した結果，「同じ」や「違い」「多い」「少ない」に気付くことができました。
ゲームをしよう **〜得点表〜** D　データの活用 ウ　○と×を用いた表	●的当ての結果を表に表すことが分かる。（知・技） ➡はじめは結果を貼る形で行い，次第に記入するように発展する。慣れてきたら，ボウリング・サイコロゲーム等の活動でも表を使用する。	❶結果を○と×で表に表すことが理解できました。 ❷的当て後，自分で○と×の記入ができました。 ❸ゲームが変わっても表の意味を理解し，結果を記入できました。

5の合成分解　　　　　　　　　　　　魚釣りゲーム

※簡単なルールのある遊び等と関連させて行う。既習した知識・技能との関連や授業の目標を意識して，教員が操作する教材・教具，児童が操作する教材・教具を選定する。

学習内容	●主なねらい　→手だて	評価の記載例
10といくつ A　数と計算 ア　100までの整数の表し方	●10以上の数について，具体物を10のまとまりと端数に分けて数えることが分かる。（知・技） →鉛筆，磁石，ボール等の具体物をマスや枠のある入れ物を使用して学習する。	❶具体物を10のまとまりと端数に分けて数えることが理解できました。 ❷入れ物を使用して，具体物を10のまとまりと端数と分け，20までの数を正しく数えることができました。 ❸入れ物がなくても，10のまとまりと端数に分けて数えることができました。
足し算 **「1位数同士」** A　数と計算 イ　整数の加法及び減法	●合併や増加の意味を理解し，式に表わすことができる。（思・判・表） →「○と○で合わせて○」の言葉掛け，具体物やドットカード等の半具体物の操作，手つなぎゲームでの人数の増加体験等，多面的に取り組むことで理解を促す。	❶＋＝の意味を理解し，式を読み，答えを求めることができました。 ❷問題文を読み，数字と＋＝の記号パネルを組み合わせて式をつくることができました。 ❸手つなぎゲームでは「3人・4人・6人になった」と言葉で表現できました。
引き算 A　数と計算 イ　整数の加法及び減法	●具体物を操作することで，残りを求めたり，式に表したりすることができる。（知・技） →具体物の操作等で物が減るイメージをつくり，その後，数字・記号パネルを使い，式で表すことにつなげる。	❶具体物等が減ること，「－」を使った式の意味を理解することができました。 ❷問題を読み，磁石や消しゴム等の具体物を操作したり，パネルを組み合わせて式をつくったりすることができました。 ❸給食時に「あと1個」と残りの果物の数を言葉で表現することができました。
形をつくろう **「見本構成」** B　図形 ア　身の回りにあるものの形	●プレート，スティック，積み木を組み合わせ，三角や四角，家やロケットなどをつくることができる。（思・判・表） →徐々に具体物の数を増やしたり見本の難度を引き上げたりする。	❶プレート等の具体物を組み合わせ，形をつくることができました。 ❷見本と手元を見比べながら，三角，四角，ロケット，船をつくることができました。 ❸自分で身近なものをイメージして，橋や車をつくることができました。
位置を表す言葉 **「前後，左右，上下」** B　図形 ア　身の回りにあるものの形―方向・位置	●方向・位置に関する言葉「前後・左右・上下」を聞いて，体を動かしたり，具体物を操作したりする。（知・技） →体感して方向や位置と言葉がつながる活動を行ったり，プリント等で取り組んだりする。	❶「前後・左右・上下」の言葉の意味理解ができました。 ❷指令ごっこでは，方向・位置に関する言葉を聞いて，腕や足を動かしたり，人形等を操作したりできました。 ❸方向や位置に関する言葉と数に関連した問題に取り組み始めています。

学習内容	●主なねらい　➡手だて	評価の記載例
坂道をつくろう 「傾斜と角」 B　図形 イ　角の大きさ	●ミニカーゲームを通して，斜面と底面の関係に気付き，具体物を操作することができる。（思・判・表） ➡傾斜の異なるレールと傾斜のないレールを使い，傾斜の変化に気付くことができるようにする。	❶傾斜と底面の関係に気付けました。 ❷傾斜と底面の関係に気付き，ゲームで大きいレールを選んで使うようになりました。 ❸傾斜と底面の関係に気付き，自らレールの角度を調整できました。休み時間にも遊ぶ様子がありました。
くらべてみよう 「直接比較・間接比較」 C　測定 ア　身の回りにあるものの量の単位と測定	●端をそろえて直接長さを比べたり，具体物の数で表したりすることができる。（思・判・表） ➡端を合わせやすいもので比べる。その後，具体物を操作して数で表現する学習を行う。	❶端をそろえ，二つの長さを比べることができました。 ❷鉛筆等を使って机や棒の長さを測り，〇個分と表現することができました。 ❸いろいろなものの長さをリボンで測り，表に表して比べることができました。
「かさ」をはかろう C　測定 ア　身の回りにあるものの量の単位と測定	●かさを「コップ〇杯分」等の言葉で表現したりすることができる。（思・判・表） ➡コップ，ビーカー，カップ等のいろいろな入れものを使って表現する活動を繰り返し行う。児童にとって身近な「かさ」を測るようにする。	❶色水の量をコップ等に移して，測ることができました。 ❷大きさの異なるコップ等の入れものに移して測り，「〇杯」と表現することができました。 ❸水筒のお茶がなくなりそうになると「あと1杯」と予測して表現しました。
時計の読み方 C　測定 イ　時刻や時間	●アナログ時計を見て，正時や30分を〇時半と読むことができる。（知・技） ➡プリントや時計の玩具を操作する。予定表等にも時刻を提示し，時間を意識した生活が送れるようにする。	❶正時と「半」を読むことができました。 ❷正時，〇時半を示した時計の絵を見て，時間を読み，正しく線をつないだり，答えたりすることができました。 ❸学校生活でも時計を見て，下校時刻などを意識しつつあります。
しらべよう 「体調管理表」 D　データの活用 ア　事象を簡単な絵や図，記号に置き換える	●体調管理表に，日付，天気，体調を記録することができる。（思・判・表） ➡体調は「元気・咳が出る・鼻水が出る・喉が痛い」の4種類を使用する。朝の会でも確認する。	❶体調管理表の記入の仕方を理解し，活用できました。 ❷体調管理表に日付・曜日，体調の「〇」を付けて，記録することができました。 ❸記録したことを，朝の会で発表することができました。
天気表を記録しよう D　データの活用 ア　事象を簡単な絵や図，記号に置き換える	●天気表に天気を記号で記入することができる。（知・技） ➡週間天気予報を見て，必要な情報を抽出して別表に天気記号を記入したり，日々の天気を記号で記入したりすることができる。	❶天気表に晴れ，雨，曇りの記号を使い分けて記入することができました。 ❷週間天気予報から，天気表に晴れ，雨，雲りの記号を使い分けて記入できました。 ❸天気表を見ながら，「明日は雨だから，校庭で遊べない」と気付きました。

算数・数学

学習内容	●主なねらい　→手だて	評価の記載例
表や絵に表して計算しよう D　データの活用 ア　事象を簡単な絵や図，記号に置き換えること	●玉入れの動画等を見て事象を絵や表に表し，加法・減法を用いて個数や多少を求める。（思・判・表） →興味関心の高い事象を動画に用いる。「A　数と計算」と関連付けて学習する。	❶動画を見て現象を絵に表し，個数を求めたり比べたりしました。 ❷回数ごと，チームごとの玉の増え方の様子を自ら絵に表し，絵から読み取って式をつくり，答えを求めることができました。 ❸絵を描きながら答えを予測する様子が見られました。

10といくつ？

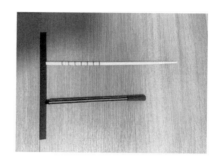

くらべてみよう　直接比較

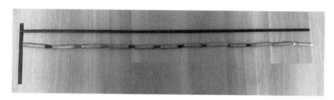

くらべてみよう　間接比較

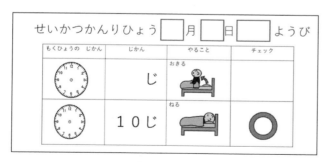

時計の読み方

形をつくろう

※問いに対して答えを導き出す面白さに気付くことができるような問題解決型の授業展開が考えられる。児童が問いに対してどのように思考判断表現したのか，どのような気付きが生まれたのかを丁寧に評価しながら次の授業・単元を考えていく。そのような積み重ねで，児童は，算数の有用性を感じ，生活や次の学習へとつながっていくのではないかと考える。

(加嶋　みずほ)

③ 算数・数学
中学部（1段階・2段階）

評価のポイント

　中学部では，高等部進学を見据え，基礎的な数量を理解し，様々な生活場面に応用できることが大切である。例えば，「作業学習等で大量の製品を数える」「調理班で作成するクッキーの材料を計測する」「時間を考えて行動する」などの場面で，より簡便かつ正確な課題解決に役立てられるよう，具体的な操作を通じた理解や状況に応じた数量操作の力を高めることを大切にしたい。また，自ら最適解を見出そうと工夫する主体的に学ぶ意欲や姿勢も評価したい。

◎**中学部　数学の内容（1・2段階共通）**

　新学習指導要領では数学の内容が充実し，下表のように改訂となった。

【これまでの数学】

1・2段階共通	数と計算	量と測定	図形・数量関係	実務

【新学習指導要領】

	A　数と計算	B　図形	C	D　データの活用
1段階	A　数と計算	B　図形	C　測定	D　データの活用
2段階	A　数と計算	B　図形	C　変化と関係	D　データの活用

　「C　測定」について取り扱うのは，中学部1段階が最後である。長さ・体積（かさ），重さ及び時間について，単位や測定方法をしっかり身に付けさせることが，高等部進学はもとより，将来の社会生活，職業生活に必要な力となる。

　なお，現在の中学部には，学習指導要領及び解説に示された第1段階の内容をそのまま学習するには難しい生徒が多く在籍する実態があるため，1段階の学習内容を「障害が比較的重い生徒」の場合を想定して例示することとした。今後の研究が求められるところである。

評価の観点及びその趣旨

①**知識・技能**…数量や図形などについての基礎的・基本的な概念や性質などを理解している。日常の事象を数理的に処理する技能を身に付けている。

②**思考・判断・表現**…日常の事象を数理的に捉え，見通しをもち筋道を立てて考察する力，基礎的・基本的な数量や図形の性質などを見いだし統合的・発展的に考察する力，数学的な表現を用いて事象を簡潔・明瞭・的確に表現したり目的に応じて柔軟に表したりする力を身に付けている。

③**主体的に学習に取り組む態度**…数学的活動の楽しさや数学のよさに気付き，粘り強く考えたり，学習を振り返ってよりよく問題を解決しようとしたり，数学で学んだことを生活や学習に活用しようとしたりしている。

学習内容	●主なねらい　➡手だて	評価の記載例
大きな数を数えよう A　数と計算 ア　整数の表し方	●鉛筆などの具体物を10，100のまとまりで数え，十進法に従った数の表し方が分かる。(知・技) ➡まとまりで数えたものを，タイル等に置き換え，位取り表を使って理解する。	❶10の束，100の束を数えて，位取り表に書き込み，1000までの数を表わすことができました。 ❷半端な数は1の位にするとよいと気付き，正しく位取りできました。 ❸作業学習で製品を数える際，10や100の束をつくって効率よく数えました。
お小遣いの予算を立てよう！ A　数と計算 イ　整数の加法及び減法	●合計が1000以下の2位数，3位数の加法，減法ができる。(知・技) ➡校外学習のお小遣いの使い道を考え，楽しみながら筆算し，計算機で確認する。	❶位取りに注意し，2位数と3位数が混じった筆算ができました。 ❷計算機で確認し，解が不一致の際，筆算を見返し，訂正できました。 ❸ほしいものの組み合わせを複数試行し，1000円の使い道を考えました。
かけ算に挑戦しよう！ A　数と計算 ウ　整数の乗法	●乗法の意味が分かり，必要な数や全体の数を，式を立てて求めることができる。(思・判・表) ➡かけられる数とかける数の意味を図で示す。	❶かけ算九九は，2〜5の段は確実に覚え，6の段以降は挑戦中です。 ❷イラスト付きの問題文を立式でき，「式の間違いさがし」で間違いを見付け，正しく直すことができました。 ❸作業学習の製品の出来高をかけ算で求めることができました。
同じ形に分けよう！ B　図形 ア　図形	●正方形，長方形，直角三角形の特徴（辺と頂点，直角）を知り，違いや共通点に気付く。(知・技) ➡「辺・頂点の数」を調べたり，「直角カード」を補助具として確認したりする活動を行う。	❶辺と頂点の数，直角の場所を調べ，図形の違いと共通点を理解しました。 ❷直角三角形を二つ合わせて形をつくるゲームでは，友達の作品と見比べ，できた形の違いを発表できました。 ❸箱の分解・組み立てや作図にも挑戦し，図形の特徴をよく見て取り組みました。
いろいろな長さを測ろう！ C　測定 ア　量の単位と測定	●長さに応じた計測器具を利用して計測し，正しい単位で表すことができる。(思・判・表) ➡ペアで測りたいものや場所を決め，予測し計測する。30cm，1mものさしや巻き尺等の様々な長さの計測器具を用意しておく。	❶計測器具の「0」の目盛りを合わせて計測し，正しい単位で計測値を表せました。 ❷計測する長さに応じ，適切な計測器具を用い，正確に測定できました。 ❸作業学習のエプロンの縫製では，身頃には1m，ポケットには30cmのものさしを用いて生地を測り，裁断できました。

学習内容	●主なねらい ➡手だて	評価の記載例
かさを比べよう！ C 測定 ア 量の単位と測定	●1000㎖と1ℓが同等であることが分かり，ペットボトルなどの身近なかさの量感をつかむことができる。（知・技）（思・判・表） ➡ペットボトルや牛乳パック，乳酸菌飲料の容器等の身近な飲み物の量を測ったり比べたりする。	❶かさの単位を覚え，1000㎖と1ℓは同等であることを理解しました。 ❷2ℓのペットボトルには，500㎖のペットボトル4本分の水が入ることを計算して求め，実際に確認できました。 ❸買い物の経験を振り返り，水2ℓのかさは500㎖の4倍だが，値段は4倍より安く2ℓの方が得だと気付きました。
あと何分？ C 測定 イ 時刻と時間	●アナログ時計で「〇分後」の予定時刻や「〇時〇分まで」の残り時間を求められる。（思・判・表） ➡時計の模型を用いて，長針がどこからどこまで移動するか，実際に動かして考える。	❶長針の動く範囲を捉え，メモリを数えて予定時刻や残り時間を求めました。 ❷「〇分後」と「〇時〇分まで」の違いに留意し，模型時計を操作しました。 ❸作業学習では，10分間休憩と聞いて「〇時〇分まで」と分かり，作業再開時刻までに着席できました。
人気メニューを調べよう！ D データの活用 ウ 簡単な表やグラフで表したり，読み取ったりすること	●ランキングが一目で分かるよう，グラフの項目を設定することができる。（主） ➡給食のリクエスト献立や人気アニメなど，興味関心の高いアンケートデータを用いる。	❶アンケート結果を基に，表の項目やデータ数を正確に記入できました。 ❷作成した表を基に，目盛の取り方を考え，棒グラフに表せました。 ❸人気ランキングを分かりやすくするため，多い順にグラフの項目を設定することができました。

算数・数学

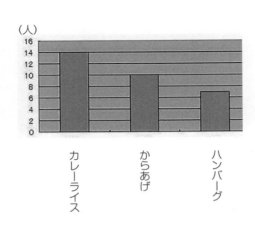

学習内容	●主なねらい　➡手だて	評価の記載例
大きな数を数えよう A　数と計算 ア　整数の表し方	●割り箸などの具体物を10のまとまりをつくって数えることができる。（知・技） ➡10本並べてまとまりをつくる自助具と，その束を数える自助具を用い，数えられるようにする。	❶自助具を用いて10本の束をつくり，10とびの自助具を用いて何十本あるか答えることができました。 ❷束をつくる自助具と束を数える自助具を使い分け，数えることができました。 ❸作業学習では，自助具を用いて製品を100個ずつ袋に詰めました。
全部でいくつ？ **残りはいくつ？** A　数と計算 イ　整数の加法及び減法	●「全部で」は合わせること，「残りは」は引くことと覚え，数え足したり，さし引いて数えたりできる。（思・判・表） ➡鉛筆やボールなど身近な具体物を操作して考える。	❶「全部で」は合わせる，「残りは」は引くことが分かりました。 ❷「全部で」「残りは」を手掛かりに，数え足しやさし引きができました。 ❸作業学習では，できた製品数を前回までの数に足し，在庫数を求めました。
形を組み合わせて **パズルをしよう** B　図形 ア　図形	●三角形と四角形を組み合わせた線画を見て，大小様々な三角形や四角形のカードを組み合わせて同じ図形をつくる。（思・判・表） ➡操作しやすいようにマグネット付きカードとホワイトボードを用いる。	❶同じ大きさの直角三角形二つで正方形や長方形を作図できました。 ❷大小様々なカードを組み合わせて見本と同じ形や模様を作図できました。 ❸美術で，三角形と四角形のカードを組み合わせてロボットやロケットなどを表現しました。
長さを比べよう C　測定 ア　量の単位と測定	●手提げバックや椅子等の縦と横の幅を紐の長さで表して比べることができる。（思・判・表） ➡直接重ね合わせて比較できない長さを紐や紙テープなどの長さに置き換えて比較する。	❶2本の紐の長さを比べてどちらが長い（短い）か答えました。 ❷色分けした紐が椅子の幅を表していることが分かり，比較できました。 ❸友達の椅子と自分の椅子の幅を紐で測って比べ，同じと発見しました。
表を見て集めよう D　データの活用 ア　簡単な表やグラフで表したり，読み取ったりすること	●カラーボールを色ごとに表に示された数だけ集めることができる。（知・技） ➡2色から始め，徐々にカラー数を増やしていく。	❶赤2個，青3個など，表に提示された個数のカラーボールを集めました。 ❷4色のボールをそれぞれ表に提示された個数分，集めることができました。 ❸お楽しみ会で表を見て，2種類のおやつを提示された数ずつ取りました。

学習内容	●主なねらい　➡手だて	評価の記載例
式で表わそう A　数と計算 キ　数量の関係を表す式	●求める数を□で表し，数量の関係を式で表すことができる。（思・判・表） ➡図を用いて数量の関係を分かりやすく提示する。	❶分かっているものと分からないものを整理し，不明な数を□で表すことができました。 ❷不明な数を□で示し，関係を式で表すことができました。 ❸1袋の飴を友達と分けるとき，1人分の個数を□で表して考えました。
三角形の特徴を知ろう！ B　図形 ア　図形	●三角形の辺の長さや角の大きさについて相等する数を確認して分類することができる。（思・判・表） ➡必要に応じて長さごとに辺を色分けし，同じ長さの辺の数に着目できるようにする。	❶同じ長さの辺の数で二等辺三角形，正三角形，他の三角形に分類できました。 ❷画用紙の三角形を折り曲げ，辺や角を重ね合わせて長さや大きさの相違を確認し分類することができました。 ❸正方形の折り紙を半分に折り，直角二等辺三角形になることに気付きました。
コンパスを使おう！① B　図形 ア　図形	●定規とコンパスを正しく扱い，手順通り作図を行うと，正確な図形が描けることを知る。（知・技） ➡直線や円を描く練習を重ねる。コンパスの回転で弧が描けるようにする。	❶コンパスの幅を保ったまま，円と弧を描けるようになりました。 ❷作図した二等辺三角形等を計測し，辺の長さが同じだと確かめていました。 ❸中心がズレないように集中し，一定幅で半径を伸ばして4重の同心円を描き，ダーツの的に見立てました。
コンパスを使おう！② B　図形 ア　図形	●コンパスを使って正三角形や二等辺三角形を作図できる。（知・技） ➡コンパスで円を作図したり，円の特徴を振り返ったりして，コンパスの特性を確認する。	❶コンパスを使って正三角形や二等辺三角形を作図できました。 ❷コンパスを使って，正三角形，二等辺三角形を分類できました。 ❸美術のデザイン画で，コンパスの特性を生かし，デザインを工夫しました。
大きさを比べよう！ B　図形 イ　面積	●面積の意味が分かり，いろいろな四角形の大きさを比べることができる。（主） ➡方眼紙に書いた様々な四角形の大きさをマス目の数に着目して比較する。	❶面積の公式を覚えて計算し，長方形と正方形の面積を比較できました。 ❷方眼紙に書かれた正方形と長方形のマス目を数え，大きさを比べました。 ❸床板の枚数を数え，教室と音楽室や調理室の広さを比べて発表しました。

算数・数学

学習内容	●主なねらい　➡手だて	評価の記載例
変わり方のきまりを見付けよう！ C　変化と関係 ア　伴って変わる二つの数量	●伴って変わる二つの数量の表からきまりを見付け，表の空欄を埋めることができる。（思・判・表） ➡パンの個数と値段の関係など，身近な二つの数量を扱い，伴って変わるきまりを考える。	❶表から変わり方のきまりを見付けることができました。 ❷表の n 個分の値段から１個の値段を求め，空欄を埋めることができました。 ❸様々な数量の変わり方に着目して発見した１個分の重さや高さを，実測値と比較して確認できました。
人数分の材料を考えよう C　変化と関係 イ　二つの数量の関係	●２人分のレシピを見て必要な人数分の材料の分量を求めることができる。（主） ➡２桁，３桁の乗法，除法には必要に応じて計算機を用いる。	❶つくる人数が２倍になれば，材料も２倍になることが分かりました。 ❷１人分の分量を求め，３倍して３人分の分量を求めることができました。 ❸２人分のレシピから，家族４人分や１人分の材料を求めることができました。
変わり方を比べよう D　データの活用 ア　データを表やグラフで表したり，読み取ったりすること	●身近な数値の変化を折れ線グラフに表し，変わり方の違いを比較することができる。（思・考・表） ➡小１～現在までの身長や体重など，自分が興味のある数値を扱う。	❶折れ線グラフから，最も身長が伸びた時期を読み取ることができました。 ❷身長と体重を一つのグラフに色別で表し，変化の違いを読み取りました。 ❸友達とグラフを見せ合い，身長が多く伸びた時期の違いを見比べました。

（柳川　公三子）

3 算数・数学
高等部（1段階・2段階）

　高等部では，卒業後の生活を見据え，実生活に役立つ知識・技能を身に付け，様々な場面での数量を理解し活用できることが大切である。

◎**高等部　数学の内容（1・2段階共通）**

　新学習指導要領では数学の内容が充実し，下表のような改訂となった。

【これまでの数学】

1・2段階共通	数と計算	量と測定	図形・数量関係	実務

【新学習指導要領】

1・2段階共通	A　数と計算	B　図形	C　変化と関係	D　データの活用

　1段階では，例えば，計算ができることのみを評価するのではなく，生活の場面で「この場合は，何算（四則演算のうち，どの方法）を使うとよいのかが分かる」など，実用的な数量操作の力を高めるといった観点も併せて評価の記載例に示した。また，2段階においては，例えば，比の意味や表し方について濃縮飲料と水を混ぜる場面の中で理解するなど，抽象的な概念について自らの生活場面に置き換えて処理する，実用的かつ発展的な数量操作の力を高めるといった観点も併せて評価の記載例に示した。

評価の観点及びその趣旨

①**知識・技能**…数量や図形などについての基礎的・基本的な概念や性質などを理解している。日常の事象を数学的に解釈したり，数学的に表現・処理したりする技能を身に付けている。

②**思考・判断・表現**…日常の事象を数理的に捉え見通しをもち筋道を立てて考察する力，基礎的・基本的な数量や図形などの性質を見いだし統合的・発展的に考察する力，数学的な表現を用いて事象を簡潔・明瞭・的確に表現したり目的に応じて柔軟に表したりする力を身に付けている。

③**主体的に学習に取り組む態度**…数学的活動の楽しさや数学のよさを実感し，数学的に表現・処理したことを振り返り，多面的に捉え検討してよりよいものを求めて粘り強く考えたり，数学を生活や学習に活用しようとしたりしている。

※「『小学校，中学校，高等学校及び特別支援学校等における児童生徒の学習評価及び指導要録の改善等について（通知）』平成31年3月29日 文部科学省初等中等教育局長通知　別紙5　各教科等の評価の観点及びその趣旨」参照。

学習内容	●主なねらい　➡手だて	評価の記載例
1000円で買えるものを考えよう A　数と計算 ウ　概数	●千円で購入できる金額について切り上げ・切り捨ての方法を考える。（思・判・表） ➡数直線と，身近な題材を用いて，真の値と概数との大小の違いを理解し判断しやすくする。	❶切り上げや切り捨てを用いて，支払い金額を見積もることができました。 ❷千円で購入できるかを見積もるために百の位で切り上げを用いると判断しました。 ❸千円により近い金額で買い物ができるよう十の位で切り上げる応用ができました。
簡単に計算できる方法を考えよう A　数と計算 オ　整数の乗法	●2位数×1位数，2位数の乗法が，九九などの基本的な計算を基にしてできることを理解する。（知・技） ➡数を具体物や図で表現し，式と関連付けられるようにする。	❶16×4を（8＋8）×4と考え，九九を用いて計算できました。 ❷被乗数16を（10＋6）と位ごとに分ける計算の仕方を考えました。 ❸12個入ったケース箱について，商品の総数を求める際に応用していました。
紙テープの長さを小数で表してみよう A　数と計算 キ　小数	●小数を用いて何倍かを表すことができる。（知・技） ➡テープ図を用いて，基準となる1に対する大きさと比較量の関係を視覚的に示す。	❶6mを4mの1.5倍と表すことができました。 ❷様々な場面で，基準量の0.1に当たる大きさを考えることができました。 ❸A4サイズの紙の横の長さが縦の約1.4倍であることを発見し，発表しました。
同じ種類の四角形を探してみよう B　図形 ア　平面図形	●辺や角に着目して，平行四辺形などの性質を見付けることができる（思・判・表） ➡四角形の紙を切ったり，折ったり，重ねたりして性質を直接調べられるようにする。	❶平行四辺形の向かい合う辺の長さが等しいことを確認できました。 ❷長方形も二つの対角が等しいため，平行四辺形の一つと判断できました。 ❸いろいろな大きさの平行四辺形を方眼紙に描き，図形の性質に興味がもてました。
展開図から立体を考えてみよう B　図形 イ　立体図形	●立方体や直方体などの展開図について知る。（知・技） ➡クラフト紙を用いて，実際に立体を組み立てたり，切り開いたりする活動を取り入れる。	❶立方体や直方体を切り開いて展開図を作ることができました。 ❷様々な展開図からでき上がる同じ立体図形を想像することができました。 ❸サイコロを見比べながら，立体の展開図を作成し，発表することができました。
自分の位置から相手を見付けよう B　図形 ウ　ものの位置	●平面における位置を，数を用いて表現する方法を考察する。（思・判・表） ➡自分の下駄箱の位置を表現する活動など，身近で具体的な場面から導入する。	❶基準値から数を用いて，位置を表すことができることを理解しました。 ❷平面上の位置は，縦横二つの要素で表す必要があると気付きました。 ❸自分の下駄箱の位置を「縦横・何番目」の数を用いて表現することができました。

学習内容	●主なねらい　➡手だて	評価の記載例
比例を くわしく調べてみよう C　変化と関係 ア　伴って変わる二つの数量	●具体物を使って，比例の関係について知る。（知・技） ➡身近な例に多く触れ，グラフにするなどし，具体的なイメージとともに比例の概念を理解できるようにする。	❶クッキーを作る際の分量を例にして，比例の関係を理解できました。 ❷量り売りのお菓子の量と値段は比例関係にあることに気付きました。 ❸お菓子のように「〇〇あたり」と販売されているものを探していました。
速さの比べ方を 考えてみよう C　変化と関係 イ　異種の二つの量の割合として捉えられる数量	●時速が1時間当たりに進む距離であることが分かる。（知・技） ➡テープ図を用いて，折る，切る，つなげるなどの具体的な操作で比較できるようにする。	❶時速は，1時間当たりに進む距離を表していることを理解しました。 ❷時刻表の時刻と距離から，新幹線と旅客機の時速を比べていました。 ❸自分が歩いた距離と時間を調べ，時速に換算し，新幹線と比較してみました。
割合の表し方を 覚えよう C　変化と関係 ウ　二つの数量の関係	●百分率を用いた割合の表し方を理解する。（知・技） ➡「10％割引」や「10％増量」など，身近な場面を取り扱い，実感とともに割合を理解できるようにする。	❶基準量を100として割合を表す方法が百分率であると理解できました。 ❷チラシを見て商品の10％引きの値段を考えることができました。 ❸消費税に興味をもち，税込み価格を計算機で求めることができました。
グラフの読み方を 覚えよう D　データの活用 ア　データの収集とその分析	●アンケート結果について，円グラフや帯グラフで表したり，読んだりできる。（知・技） ➡グラフに目盛りを付けて補助としたり，グラフ描画ソフトを用いたりする。	❶「好きな教科のアンケート」の結果を円グラフに表し読み取ることができました。 ❷学年ごとに比較するには，帯グラフが見やすく分析しやすいと発表しました。 ❸様々な統計調査に興味をもち，結果を比較する様子が見られました。
ならした大きさ（平均） を考えよう D　データの活用 イ　測定した結果を平均する方法	●平均の意味や求め方を理解する。（知・技） ➡積み木の操作を通して，測定値をならすことのイメージをもてるようにする。	❶ソフトボール投げ3回の記録の平均を，積み木をならし求めることができました。 ❷ならした平均と計算で求めた平均が同じであると気付くことができました ❸スポーツテストの記録について，自分と学年平均を比較・分析していました。
平均を使ってみよう D　データの活用 イ　測定した結果を平均する方法	●平均を用いて，全体の傾向を考える。（思・判・表） ➡作業学習を身近な例として取り上げ，平均のイメージをもてるようにする。	❶担当する作業工程の先月の出来高について平均を求めることができました。 ❷毎月の出来高の平均をグラフにし少しずつ伸びていると気付くことができました。 ❸出来高の平均を基に新たに来月の目標量を考え発表することができました。

学習内容	●主なねらい　　➡手だて	評価の記載例
倍数の性質を 考えよう A　数と計算 ア　整数の性質	●倍数について理解する。（知・技） ➡数直線上に倍数を表し，視覚的に考えられるようにする。	❶３×□と表される整数を３の倍数といい，無限にあることを理解しました。 ❷24は，８の倍数でもあり，12の倍数でもあると考えることができました。 ❸クッキーを４個ずつ袋詰めする作業学習で，倍数を考えて効率的に作業していました。
倍数と約数 A　数と計算 ア　整数の性質	●倍数と約数の性質を知り，二つの整数の「公倍数」「公約数」が導き出せるようにする。（知・技） ➡「6，8，10，12，15」等の倍数，約数をカードに書き出し，操作により理解を促す。	❶倍数，約数の違いを理解し，カードを作ることができました。 ❷共通する倍数や約数をカードを使って見付け公倍数や公約数の説明ができました。 ❸作業学習の「数えて束ねる，仕分ける」等と関連することに気付けました。
分けた大きさの 大小を比べてみよう A　数と計算 イ　分数	●異分母の分数の大きさを比べることができる。（知・技） ➡具体物の分割操作を行い，分数が表す大きさや意味を理解できるようにする。	❶具体物のピザを使って分数（1/4と1/3）の数の大小の比較ができました。 ❷通分すると，分子の大きさで大小の比較ができることに気付きました。 ❸分数で表されているプラモデルの縮尺を見て，実際の大きさを想像していました。
分数の計算方法 A　数と計算 ウ　分数の加法・減法 エ　分数の乗法・除法	●分数の加法，減法は「通分」，乗法，除法は「逆数・約分」を使うとできることを知り，粘り強く計算に取り組む。（知・技／主） ➡分数の性質，計算手順を図示した「お助けカード」を見ながら，計算を続けられるよう支援する。	❶異分母の加法，減法に繰り返し取り組み，確実に計算できるようになりました。 ❷「通分すると簡単にできる」と呟き，「まだ約分できるよ」の助言に続けることができました。 ❸「お助けカード」で順序を確認し，難しい計算にも取り組む態度が見られました。
文字を使って 式に表わしてみよう A　数と計算 オ　数量の関係を表す式	●数量の関係をa，xなどの文字を用いて表現する。（思・判・表） ➡数量を□，△を用いて表してきた学習を基にa，xなどの文字の使用に次第に慣れるようにする。	❶文字に数を当てはめて，式の値を求めことができました。 ❷問題文を読み，文字式に表して意味を説明することができました。 ❸精肉100ｇの重さと価格の関係に興味をもち，文字式に表すことができました。

学習内容	●主なねらい　➡手だて	評価の記載例
文字を使った式 A　数と計算 オ　数量の関係を表す式	●ｘやｙ，ａやｂなどの文字を用いて式を表すことの便利さが分かり，身の回りの事象を簡潔に表そうとする。（主） ➡平行四辺形の面積を求める活動で，文字式の便利さを実感できるようにする。	❶文字に数を当てはめて計算すると面積が求められることが分かりました。 ❷三角形の面積や，速さ，時間，距離の関係も式で表し説明することができました。 ❸牛肉100ｇの単価を調べ，重さと値段の関係を文字式に表し，値段を求めようとしました。
形の特徴を調べよう B　図形 ア　縮図や拡大図	●対称性をもつ図形の性質を見いだす。（思・判・表） ➡折り紙などの具体物の操作をとおして，対称性について理解しやすいようにする。	❶線対称や点対称な図形があることを理解しました。 ❷ひし形は線対称かつ点対称であると判断することができました。 ❸方眼紙を使って，自分で対称な図形を描き，発表できました。
対称な図形を考えよう B　図形 ア　縮図や拡大図	●対称性をもつ図形の性質を見いだす。（思・判・表） ➡折り紙の操作や方眼紙を用いた作図などを通して，対称な図形の性質を理解できるようにする。	❶二つに折ると辺や角が重なる図形が線対称であることを理解しました。 ❷折り紙を二つに折ってから切ると，でき上がる図形は線対称だと発表しました。 ❸対称性のあるアルファベットに着目し，縦や横の分類に取り組み，対称な図形について理解を深めました。
図形を見付けよう B　図形 イ　概形やおよその面積	●身の回りにあるものの概形を，基本的な図形と対応させて捉えることができる。（知・技） ➡三角形などの基本図形カードを用意する。	❶自分の手形を，図形カードを用いて，長方形として捉えることできました。 ❷手形を基本的な図形の合併として捉えることができました。 ❸様々な植物の葉を概形として捉えて大きさを比べていました。
およその形とおよその面積 B　図形 イ　概形とおよその面積	●身の回りにある土地の概形を捉え，面積比べに生かすことができる。（思・判・表） ➡学校のグラウンドや東京ドームの面積を基準とし，面積の比較に生かせるようにする。	❶グラウンドや東京ドームを四角形に見立て，およその面積を求めることができました。 ❷広い公園のおよその面積を求め，東京ドームのおよその面積と比べていました。 ❸様々な公園のおよその面積について東京ドーム何個分かを考えて比べていました。
体積の表し方 B　図形 エ　体積	●立方体や直方体の体積の，計算による求め方について理解する。（知・技） ➡立方体を積んで直方体を作り，単位となる直方体を基に体積を考えることが分かるようにする。	❶直方体の体積は辺の長さから計算で求められると理解できました。 ❷直方体の向きを変えて体積を計算しても同じ値になることに気付きました。 ❸プールの水の体積を計算で求められました。

算数・数学

学習内容	●主なねらい　➡手だて	評価の記載例
変化の特徴の読み取り方を見付けよう C　変化と関係 ア　伴って変わる二つの数量	●数量関係を，目的に応じて表やグラフ，式を用いて表現する。（思・判・表） ➡表やグラフ，式の表し方について，他の表現方法も活用し，それらの違いが分かるようにする。	❶表から比例関係にあることを読み取ることができました。 ❷知りたい数量を計算で求めるには，式で表現するとよいと判断していました。 ❸お風呂に溜まる水の量と時間の関係に興味をもち，グラフにして発表しました。
比例の関係 C　変化と関係 ア　伴って変わる二つの数量	●比例の関係を用いた問題解決の方法について理解する。（知・技） ➡比例関係を理解しやすいような，身近で具体的な問題解決場面を設定する。	❶比例かどうか理解を深めるためワークシートを使って問題を解きました。 ❷「年齢と身長」や「速度と道のり」は比例関係にあるか，ないかを判断できました。 ❸調理材料は人数分の分量を用意するなど，比例を生活で活用することができました。
比例と反比例 C　変化と関係 ア　伴って変わる二つの数量	●比例と反比例の違いが分かり，変化の特徴を読み取って説明できるようにする。（知・技） ➡身近な例を題材にし，表やグラフを用いて，比例と反比例の違いが理解できるようにする。	❶ジュース１ℓは，等分する人数が増えると１人分の量が減る反比例だと理解しました。 ❷比例と反比例を見分けるペアの活動では自分の考えを積極的に発言しました。 ❸作業学習で作業量と作業時間の関係を比例か反比例で説明できないか考えました。
比の性質を用いて問題を解決しよう C　変化と関係 イ　二つの数量の関係	●比の意味や表し方を理解し，数量関係を比で表すことができる。（知・技） ➡様々な比で色の付いた溶液を混ぜ，比の違いを色の違いとして観察できるようにする。	❶濃縮飲料と水を混ぜた割合を３：１などと比で表すことができました。 ❷濃縮液の量を２倍にしたとき，同じ濃さになるよう水の量を考えていました。 ❸「麺つゆ」の濃さを比の関係で捉え，水の分量を調整することができました。
比の意味や表し方 C　変化と関係 イ　二つの数量の関係	●比の意味や表し方を理解し，数量関係を比で表すことができる。（知・技） ➡色の付いた溶液（濃縮液）を水と混ぜ，比の違いを色の違いとして観察できるようにする。	❶濃縮液１杯と水２杯，３杯と６杯を１：２，３：６と表し，同じだと分かりました。 ❷濃縮液の量を変え，同じ濃さになる水の量を，比で考えることができました。 ❸調理実習では味噌と味噌汁の濃さを比で捉え，人数分の分量を調整できました。
グラフから特徴を読み取ろう D　データの活用 ア　データの収集とその分析	●度数分布表や柱状グラフの用い方を知る。（知・技） ➡データを実際に集計する活動を通して，度数分布表や柱状グラフの理解を促す。	❶最高気温の度数分布表を見て10℃間隔で日数を集計していることを理解しました。 ❷度数分布表を基に，柱状グラフに表すことができました。 ❸グラフでは10℃間隔よりも５℃間隔の方が見やすいと意見を発表していました。

学習内容	●主なねらい　➡手だて	評価の記載例
データから特徴を読み取ろう D　データの活用 ア　データの収集とその分析	●代表値（中央値・平均値）などを用いて問題の結論について判断できる。（思・判・表） ➡通学時間など，身近な問題を取り扱い，結論の妥当性を検討しやすくする。	❶学年生徒全員の通学時間を集計し，柱状グラフにまとめることができました。 ❷中央値を求め，半数以上は30分以内であると見付けられました。 ❸通学時間の違いを通学方法ごとに集計し直し，視点を変えて考えました。
代表値と度数分布 D　データの活用 ア　データの収集とその分析	●データの分析には，目的によって扱う代表値が異なることを理解する。（知・技） ➡「靴メーカーは，次年度はどのサイズの靴を多く製造すべきか」などの問題を活用して適切な代表値を考えられるようにする。	❶平均値，中央値，最頻値の意味とそれらの違いを理解できました。 ❷「実際に製造する数を決める」ことから，真剣に話し合いが進み，最頻値が適していることに納得ができました。 ❸話し合いでは，「妥当性について批判的に考察すること」の経験ができました。
グラフを読み解き，説明しよう D　データの活用 ア　データの収集とその分析	●柱状グラフの見方を理解し，身の回りのデータの分析に活用する。（知・技／主） ➡年齢別人口グラフ（人口ピラミット）を使い，身の回りの問題と統計を結び付けるようにする。	❶横軸と縦軸の意味を読み取り，柱状グラフの見方を理解しました。 ❷ペア学習では，二つの人口グラフの年代ごとの特徴を話し合うことができました。 ❸柱状グラフから「少子高齢化」に着目し，自分の言葉で説明することができました。
樹形図を使い整理しよう D　データの活用 イ　起こり得る場合	●起こり得る場合を順序よく整理するための図や表などの用い方を理解する。（知・技） ➡起こり得る場合を人形やカード等を用いて樹形図に書き出すことができるようにする。	❶カードを用い，3人が一列に並ぶ場合を樹形図で全て書き出しました。 ❷好きな4曲を順番にかける組み合わせも樹形図を活用できると気付き，考えました。 ❸メインメニュー4種，飲み物3種，デザート3種から選べるセットの組み合わせを考えました。

（鈴木　泉子）

算数・数学

4 社 会

中学部（1段階・2段階）

評価のポイント

　新学習指導要領では，社会科の内容は従前の5項目から6項目で構成されることになった。

◎中学部　社会科の内容（1・2段階共通）

	新学習指導要領	これまでの社会科	改訂の趣旨
ア	社会参加ときまり	集団生活ときまり	自立と社会参加を目指すことを明確化
イ	公共施設と制度	公共施設	行政サービスも含める
ウ	地域の安全	（※新設）	地域安全・防災の観点
エ	産業と生活	社会の出来事	生産や販売，消費生活等も含める
オ	我が国の地理や歴史	地域の様子や社会の変化	地域社会の一員としての自覚を養う
カ	外国の様子	外国の様子	従前を引き継ぎ，異文化や習慣を理解・尊重

　内容の取扱いについては，「生徒にとって生活に即した分かりやすいものとなるようにできるだけ具体的な内容を取り上げる必要がある」とされている。また，配慮事項として，「各学校においては，地域の実態を生かして，生徒が興味・関心をもって学習に取り組めるようにするとともに，観察や見学，聞き取りなどの調査活動を含む具体的な体験を伴う学習を通し，自分の生活と結び付けて考えたことをまとめることで知識が深まるようにすること」とされている。具体的な体験を伴うという点では「各教科等を合わせた指導」において扱われる内容も多いと考えられることから，社会科では「学習内容」に「題材・単元例」として例を示すこととした。生徒の障害の状態や特性及び心身の発達の段階等を考慮し，指導の形態を適切に定めることが重要である。評価については，下記の評価の3観点及びその趣旨を踏まえ，具体的に定めた指導内容，実現状況等を箇条書き等により文章で端的に記述したものを例示する。

評価の観点及びその趣旨

①**知識・技能**…地域や我が国の国土の地理的環境，現代社会の仕組みや役割，地域や我が国の歴史や伝統と文化及び外国の様子について，具体的な活動や体験を通して理解しているとともに，経験したことと関連付けて調べまとめている。

②**思考・判断・表現**…社会的事象について，自分たちの生活と結び付けて具体的に考えたり，社会との関わりの中で，選択・判断したことを適切に表現したりしている。

③**主体的に学習に取り組む態度**…社会的事象について，国家及び社会の担い手として，よりよい社会を考え主体的に問題解決しようとしている。

※各教科等・各学年等の評価の観点等及びその趣旨（小学校及び特別支援学校小学部並びに中学校及び特別支援学校中学部）より抜粋。

学習内容	●主なねらい　➡手だて	評価の記載例
学級の係を決めよう ア　社会参加ときまり	●学級内の係活動について，各自の役割を果たすことのよさや意義を感じ取ることができる。（思・判・表） ➡どの係も学級の生活には必要なものであることを具体的に提示する。	❶「電気係」として毎日欠かさずに電気を消して下校することができました。 ❷教師が電気を消そうとしたところ，「やります」と自分の役割であると表していました。 ❸教師の声掛けを待たず，自分から進んで係活動に取り組むようになりました。
バスに乗って図書館に行こう イ　公共施設と制度	●身近な公共施設の役割や利用の仕方が分かる。（知・技） ➡実際の体験を繰り返すことで，その役割や利用方法を身に付けられるようにする。	❶バスに乗る際，自分で療育手帳を提示することができるようになりました。 ❷図書館には多くの本があり，読書が楽しめる場所であると表現していました。 ❸「またバスに乗って図書館に行きたい」と意思表示する場面が増えてきました。
手帳や保険証の使い方を知ろう イ　公共施設と制度	●療育手帳を提示すると受けられるサービスや，病院の受診時には保険証が必要であることなどを知る。（知・技） ➡レジャー施設の実際の利用を通して，体験的に理解できるようにする。	❶レクリエーションで利用したボウリング場で，手帳の提示により割引になることを理解することができました。 ❷病院では保険証の提示が求められることを家族の様子から思い出し，発表することができました。 ❸他の施設でも手帳の提示によりサービスが受けられるのではないかと予想する様子が見られました。
交通安全教室 ウ　地域の安全	●警察や地域の方々が協力して交通安全を守っていることが分かる。（知・技） ➡交通安全教室において，実際に警察官や地域の方々の話を聞き，イメージしやすくする。	❶身近な地域に警察署があり，多くの人々が働いていることが分かりました。 ❷交通安全には警察の果たす役割が大きいことを感じ，表現していました。 ❸登下校の際，警察や地域の方に進んで挨拶をするようになりました。
りんご園に行こう エ　産業と生活	●地域のりんご園での作業体験を通して，農家の生活や地域の産業を知る。（知・技） ➡除草作業や収穫など，時期を分けて訪問し，一連の過程を経験し，興味・関心が高まるようにする。	❶学校の周辺地域では，りんご農家が多いことが分かり，農家の方の作業内容も知ることができました。 ❷除草作業の大変さを教師や友達に伝えようとする様子が見られました。 ❸店頭に並ぶりんごを見て，体験したことを思い返し，身振りで嬉しそうに表現する様子が見られました。

社

会

学習内容	●主なねらい　➡手だて	評価の記載例
コースターを作って販売しよう エ　産業と生活	●販売活動では，消費者のことを考えながら工夫することが必要であることを感じ，表現することができる。（思・判・表） ➡自分たちがつくった製品を，より多く購入してもらうために，どのような工夫が必要かを，実際に商品化されているものを参考に，教師と一緒に考える場面を設ける。	❶手づくりコースターの販売では，教師の意見を参考にしながら，「違う色のものもつくる」など，売れるためのアイデアを出すことができました。 ❷一般に売られているコースターを見て，色使いやデザインの工夫に興味をもつ意見を発表しました。 ❸販売会では，お客様から「色がきれい」と評価され，満足そうな表情を浮かべていました。
学習発表会ポスターを貼りに行こう オ　我が国の地理や歴史	●学校周辺の店舗や公共施設の場所，名称等を知る。（知・技） ➡地域の店舗や公共施設の写真を事前に見て様子を把握し，見通しをもってポスター掲示の依頼に行くことができるようにする。	❶学校の近くにある公共施設の場所や名称を覚えることができました。 ❷学校周辺と自身の居住地との違いに気付き，表現することができました。 ❸ポスター掲示の依頼の際，地域の方に自分から関わろうとしていました。
留学生さんと交流しよう カ　外国の様子	●日本との文化や風習の違いを表現できる。（思・判・表） ➡地域に暮らす留学生の方をお招きして交流会を行い，直接ふれあうことで，自身との違いに気が付くことができるようにする。	❶留学生の方の服装や言葉に興味をもち，違いに気が付くことができました。 ❷家族に留学生の方の言葉遣いや服装の様子を伝えることができました。 ❸最初は緊張していましたが，別れを惜しみ，交流を楽しむことができました。

社会の指導計画と評価の文例　　2段階

学習内容	●主なねらい　➡手だて	評価の記載例
スーパーに買い物に行こう ア　社会参加ときまり	●レジで並ぶことや，支払いの方法などのルールが分かる。（知・技） ➡実際の買い物の活動を通して，ルールを守ることの意味や必要性を伝えるようにする。	❶スーパーではルールを守って買い物をすることができました。 ❷店内で困っている友達にルールを教えてあげる様子が見られました。 ❸きまりを守ることを他の場面でも意識するようになりました。
市民体育館に行こう イ　公共施設と制度	●地域にある公共施設の場所や役割を知る。（知・技） ➡地域の体育施設に出かけて実際に利用し，その役割を理解できるようにする。	❶身近にある公共施設の名称や役割を知ることができました。 ❷インターネットでバスの時刻を調べたり，施設予約したりできました。 ❸他の施設へも興味・関心を広げることができました。

学習内容	●主なねらい →手だて	評価の記載例
「税」って何だろう？ イ 公共施設と制度	●税金の意味について考え，その大切さを表現することができる。（思・判・表） ➡実際の買い物の中で，レシートに着目し，消費税について考える機会を設け，身近な問題として捉えられるようにする。	❶消費税のように，自分たちも税金を納め，それが社会のために役立てられていることを理解できました。 ❷学校にも税金が使われていることを知り，税金の大切さを友達に伝えることができました。 ❸家族に税金を納めているかを尋ねるなど，関心が高まりました。
避難経路を確認しよう ウ 地域の安全	●自然災害が発生した際の地域の避難場所や関係機関の役割を知る。（知・技） ➡実際に地域の避難経路や避難所等を確認し，これまでの災害を例に振り返るようにする。	❶避難の仕方や，消防署への通報などの対処法を知ることができました。 ❷過去の災害の様子と関係機関の対処について友達に伝えていました。 ❸安全に対する意識の高まりが感じられるようになりました。
リサイクルセンターに行こう エ 産業と生活	●地域におけるゴミ処理の実際の様子と役割を知る。（知・技） ➡リサイクルセンターの見学をとおして，地域の人々の役に立っていることが実感できるようにする。	❶ゴミがどのように分別，処理されているかについて，働いている方々の話や実際の様子から知ることができました。 ❷リサイクルセンターの必要性について自分なりに考えて発表していました。 ❸日々の生活でゴミの分別を意識するようになりました。
テレビ電話で交流しよう オ 我が国の地理や歴史	●自分たちの暮らす県の位置や特色について考えることができる。（思・判・表） ➡他県の学校との交流を通して，地理的環境の違いや特色などを意識できるようにする。	❶自分たちの暮らす県の特色を調べて伝えることで，位置や特色を理解することができました。 ❷他県との違いに気が付き，特色などを表現する様子が見られました。 ❸日本地図に対する興味・関心の広がりが見られるようになりました。
もうすぐオリンピック・パラリンピック カ 外国の様子	●外国の人々の生活の様子を大まかに理解し，表現することができる。（思・判・表） ➡東京で開催されるオリンピック・パラリンピックに関連して，興味をもった参加国のいくつかを例に調べる活動を取り入れる。	❶好きな競技の強豪国の文化や人々の暮らしを理解することができました。 ❷インターネットで調べた内容を積極的に発表する様子が見られました。 ❸より多くの国の様子を調べたいという意欲が感じられました。

（田淵　健）

社会

4 社　会

高等部（1段階・2段階）

　新学習指導要領では，高等部社会科の内容は以下の6項目で構成されることとなった。

新学習指導要領	これまでの社会科	改訂の趣旨
ア　社会参加ときまり	集団生活と役割・責任，きまり	「社会参加」とし，より広い範囲を視野に入れた
イ　公共施設の役割と制度	公共施設	行政サービスや政治や生活に関係の深い制度も含める
ウ　我が国の国土の自然環境と国民生活	（※新設）	中学部で学んだ地域防災の範囲を広げた
エ　産業と生活	社会的事象	食糧生産，工業生産，経済活動，産業と情報の関わり等も含めた
オ　我が国の国土の様子と国民生活，歴史	我が国の地理・歴史	我が国の国土に関する地理的な事象，歴史や伝統と文化を学ぶ
カ　外国の様子	外国の様子	従前を引き継ぎ，異文化や習慣を理解・尊重

　「内容の取り扱いについては中学部と同様である。（72ページ参照）」

　評価については，下記の評価の3観点及びその趣旨を踏まえ，具体的に定めた指導内容，実現状況等を箇条書き等により文章で端的に記述したものを例示する。

①**知識・技能**…「地域や我が国の国土の地理的環境，現代社会の仕組みや働き，地域や我が国の歴史や伝統と文化及び外国の様子について，様々な資料や具体的な活動を通して理解している」，「情報を適切に調べまとめる技能を身に付けている」

②**思考・判断・表現**…「社会的事象の特色や相互の関連，意味を多角的に考えたり，自分の生活と結び付けて考えたり，社会への関わり方を選択・判断したりしている」，「考えたことや選択・判断したことを適切に表現している」

③**主体的に学習に取り組む態度**…「社会に主体的に関わろうとしている」，「よりよい社会を考え学習したことを社会生活に生かそうとしている」，「多角的な思考や理解を通して，地域社会に対する誇りと愛情を感じている」，「地域社会の一員としての自覚が見られる」，「我が国の国土と歴史に対する愛情がある」，「我が国の将来を担う国民としての自覚が感じられる」，「世界の国々の人々と共に生きていくことの大切さについての自覚が見られる」

※「特別支援学校高等部学習指導要領解説（2）第2編第2部第5章第4節第2の2社会科の目標」を参考にして作成。

学習内容	●主なねらい　➡手だて	評価の記載例
地域の **清掃ボランティア活動** **に取り組もう** ア　社会参加ときまり	●地域の方々とのボランティア活動を通して，協力することの大切さや，自分たちができる役割について理解する。（知・技） ➡地域の方々と学校周辺の清掃活動に取り組み，協力すること，役割を果たすことを体験的に感じ取れるようにする。	❶共に働く地域の方々から感謝の声を掛けられ，協力することの大切さを理解することができました。 ❷地域にはお年寄りが多く，若者の力が求められていることを感じることができました。 ❸通学中に自らゴミを拾う様子が見られるようになりました。
ハローワークに行こう イ　公共施設の役割と制度	●職業安定所の役割を知り，自らの生活にとって必要があると感じることができる。（知・技） ➡地域のハローワークを訪問し，求人票を見たり，所内を見学したりするなどして，自分の近い将来のこととしての意識が高まるようにする。	❶職業安定所が仕事を紹介したり，相談に応じたりする機関であることを知ることができました。 ❷求人票の中に，自分の知っている企業名を見て，ここで実習したいという思いを教師に伝えていました。 ❸「仕事のことで困ったら，ハローワークに行く」と今後の利用についてのイメージをもっていました。
地域の避難経路を **確かめよう** ウ　我が国の国土の自然環境と国民生活	●災害が与える影響と，その対応策について考え，表現することができる。（思・判・表） ➡防潮堤を見学したり，地域の方から話を聞いたりするなどして，つくられた理由を周辺の自然環境から考えられるようにする。	❶地域の防潮堤を見学することで，地震や津波がもたらす被害の大きさを理解することができました。 ❷その場所に防潮堤がある理由を自分なりに考えることができました。 ❸家族に，災害時に注意すべきことや，避難の仕方についてなどを話すようになりました。
カフェを開こう エ　産業と生活	●レストラン等における調理の工程や食材の仕入れ，輸送，価格などに着目し，表現することができる。（思・判・表） ➡クラスで模擬店を開き，食材の仕入れなどを実際に行うことで興味・関心が高まるようにする。	❶模擬店では，電話で食材を注文する係を担当し，食材の値段や配送について理解することができました。 ❷模擬店の体験を通して，利益を出すことの大変さに気付き，そのことを表現することができました。 ❸地域のレストランなどを利用する際，従業員の働きぶりなどに興味をもつようになりました。

社
会

学習内容	●主なねらい ➡手だて	評価の記載例
交流校に紹介しよう —自分が暮らす県の特色 オ　我が国の国土の様子と国民生活，歴史	●自分たちが暮らす地域の気候や地形に着目し，気付いたことを表現することができる。（思・判・表） ➡人気のTV番組も参考に，他県の交流校とお互いの地域の様子を紹介し合う。	❶太平洋側に位置する県と日本海側とでは，海の位置が異なることや気候が異なることを理解することができました。 ❷自分の暮らす県と他の県との違いを自ら発見し，進んで発表する様子が見られました。 ❸自分の暮らす県のよさを感じ，誇らしく語る様子が見られました。
インターネットで 海外旅行してみよう カ　外国の様子	●外国の人々の生活の様子などに着目し，日本との違いについて考え，表現することができる。（思・判・表） ➡インターネットを用いた仮想の海外旅行を体験し，日本との違いを映像から視覚的に感じ取れるようにする。	❶四季がないことや，宗教上の慣習など，日本とは異なる外国の生活を理解することができました。 ❷外国の食生活，気候，服装など，自らが気が付いた日本との違いを積極的に発表していました。 ❸いつか海外に行きたいという希望をもち，雑誌やテレビで海外の様子に興味をもつようになりました。

社会の指導計画と評価の文例　　2段階

学習内容	●主なねらい ➡手だて	評価の記載例
生徒会役員選挙に 向けて ア　社会参加ときまり	●選挙で代表を選ぶということの意味を理解し，国民としての権利や義務について考え，表現することができる。（思・判・表） ➡生徒会役員選挙を例に，具体的にイメージしやすいようにする。	❶得票数で決まる選挙の仕組みが，生徒会選挙も，知事・議員の選出も同様であることを理解しました。 ❷選挙で選んだ生徒会役員に期待する気持ちを抱くことができました。 ❸実際の選挙にも興味をもち，早く投票に行きたいと話していました。
憲法と国民生活 ア　社会参加ときまり	●自分たちの暮らしが，法やきまりに基づいていて，その根本が日本国憲法であることを理解する。（知・技） ➡今の生活に密接に関わる法令を具体的に取り上げ，イメージしやすいようにする。	❶将来の仕事を自由に選ぶことなどが憲法で保障されていることを理解することができました。 ❷条文から，自身の生活に関連しているものを探すことができました。 ❸法律の難しい表現についても教師に尋ねながら理解しようとする姿勢が見られました。

学習内容	●主なねらい　→手だて	評価の記載例
卒業生の話を聞こう イ　公共施設の役割と制度	●卒業後の生活における，所得税や税金，利用可能な福祉サービスなどについての理解を深める。（知・技） ➡卒業生から，実際の生活の様子を見聞きすることで身近なこととして捉えられるようにする。	❶先輩の話から，実際に得られる収入額や利用できるサービスについて理解することができました。 ❷就職後を想像して，給料の使い道について考えることができました。 ❸卒業生に，給与の使い方などを進んで質問する様子が見られました。
防災ポスターを作ろう ウ　我が国の国土の自然環境と国民生活	●国土の環境，安全について，自分たちにできることを考えて表現する。（思・判・表） ➡防災ポスターをつくって掲示する活動を通して，表現したい，伝えたいという気持ちが高まるようにする。	❶津波や台風の被害が発生しやすい地域を調べることができました。 ❷災害から身を守るために必要なことを考え，ポスターとして表現することができました。 ❸防災訓練などに真剣に取り組む姿勢が見られるようになりました。
自動車工場を見学しよう エ　産業と生活	●工業生産に関わる人々が消費者の需要や社会の変化に対応し，優れた製品をつくる努力をしていることを知る。（知・技） ➡地域の自動車製造工場の見学を通し，どのような工夫や努力がなされているのかを具体的に知る機会を設ける。	❶安全機能が向上するなど，自動車産業では，急速に技術開発が進んでいることを知ることができました。 ❷工場見学では，それぞれの工程の重要性を感じ，働く方々の姿に感心する様子が見られました。 ❸他の業種の工場にも行ってみたいと話し，興味の幅が広がりました。
通信技術と情報の活用 エ　産業と生活	●情報技術の活用により，様々な産業が発展し，生活が便利になっていることを理解することができる。（知・技） ➡スマートフォンなど，身近な情報機器を例に，実際の生活がどのように便利になっているかを考えられるようにする。	❶電子マネーなど，情報技術により，生活が便利になっていることを理解することができました。 ❷「Society5.0」についてホームページで調べ，今後のさらなる技術革新に驚く様子が見られました。 ❸情報技術の活用により，さらに便利な社会になっていくことに期待感をもつことができていました。
地域の文化遺産を紹介しよう オ　我が国の国土の様子と国民生活，歴史	●歴史的に世の中の様子がどのように変化してきたかを考えることができる。（思・判・表） ➡地域にある文化遺産について調べる活動を通して，昔と今の様子の違いをイメージしやすくする。	❶製鉄業が人々の暮らしを支えていた地域のことを鉱山跡の見学や資料等から調べることができました。 ❷世界文化遺産をホームページで調べ，国内の様々な文化遺産に気付き，時代の変化を考えていました。 ❸休み時間にもパソコン室で文化遺産を調べる意欲が見られました。

社会

学習内容	●主なねらい　➡手だて	評価の記載例
国土と大陸 オ　我が国の国土の様子と国民生活，歴史	●我が国が地球上のどこに位置し，領土の範囲がどこまでであるかを理解することができる。（知・技） ➡地球儀やインターネット等の視覚教材を活用し，世界の全体像がイメージできるようにする。	❶日本の最北端や最南端等を地図から探し出し，領土の範囲を理解することができました。 ❷日本には島が多いことに気付き，発表することができました。 ❸日本の自然的特徴に気が付き，そのよさを感じることができました。
ユニセフ募金に協力しよう カ　外国の様子	●地球規模で発生している課題の解決に着目し，国際社会において我が国の果たす役割について考え，表現することができる。（思・判・表） ➡ユニセフ募金に協力するためのバザー活動に取り組み，ユニセフや国際連合などについての興味や関心が高まるようにする。	❶ユニセフは環境問題や医療問題に貢献していることを知り，バザーの収益金を寄付しました。 ❷寄付したお金をどのように役立ててほしいかを考え，自分なりのアイデアを発表することができました。 ❸「世界中が平和だといいな」と友達と話すなど，共生の大切さを感じている様子が見られました。

（田淵　健）

5 理 科

中学部（1段階・2段階）

　中学部理科の目標は「自然に親しみ，理科の見方・考え方を働かせ，見通しをもって，観察，実験を行うことなどを通して，自然の事物・現象についての問題を科学的に解決するために必要な資質・能力を育成することを目指す」である。育成を目指す資質・能力の，**知識及び技能**は「自然の事物・現象についての基本的な理解を図り，観察，実験などに関する初歩的な技能を身に付けるようにする」，**思考力，表現力，判断力等**は「観察，実験などを行い，疑問をもつ力と予想や仮説を立てる力を養う」，**学びに向かう力，人間性等**は「自然を愛する心情を養うとともに，学んだことを主体的に日常生活や社会生活などに生かそうとする態度を養う」とある。

　区分は下記に示す ABC の三つに整理された。「理科の見方・考え方」については，問題解決の過程において自然の事物・現象をどのような視点で捉えるかという「見方」と問題解決の過程においてどのような考え方で思考するかという「考え方」があり，下記の表の通りである。

理科の区分と「見方・考え方」

区分	主な見方	主な考え方
A　生命	A　多様性と共通性の視点	比較，関係付け，
B　地球・自然	B　時間的・空間的な視点	条件制御，
C　物質・エネルギー	C　質的・実体的な視点や量的・関係的な視点	多面的に考える

　小学部生活科，小学校生活科や理科との関連を図り，**1段階**は複数の自然の事物・現象を比較し，その差異点や共通点を捉えて，疑問をもつといった問題解決の力を育成する。**2段階**は自然の事物・現象同士を関係付けたり，自然の事物・現象と既習の内容や生活経験と関係付けたりすることで，予想や仮設を立てるといった問題解決の力を育成する。

　こうした理科における問題解決の力がどのように身に付いたか，①**知識・技能**，②**思考・判断・表現**，③**主体的に学習に取り組む態度**の3観点により，文章記述による評価を行う。

　なお理科については，指導の形態として「教科別の指導」「各教科等を合わせた指導」が考えられる。どちらも各教科の目標に準拠した評価の観点による学習評価を行うことが必要である。教科「理科」として指導する場合は，生活に即した活動を十分に取り入れつつ学んでいることの目的や意義が理解できるよう段階的に指導する必要がある。各教科等を合わせた指導として「理科」を扱う場合（中学部では主として「生活単元学習」）は，単元について各教科等に係る見方・考え方を生かし，働かせることのできる内容を含む活動を組織し，多種多様な意義のある経験ができるよう計画する。そのため，本稿では文例として，生活単元学習の中での単元名も併記している（単元設定は理科における複数の学習内容や社会科の題材とも関連）。

学習内容	●主なねらい　➡手だて	評価の記載例
春を見付けよう A　生命 ア　身の回りの生物 [生活単元学習]	●春の生物を探したり昆虫を育てたりして，生物の多様性や昆虫の育ち方を理解し，簡単な器具を用いた観察の仕方を身に付ける。（知・技） ➡直接観察することにより諸感覚で確認する。	❶チョウの幼虫を虫眼鏡で細部まで観察し，絵に描くことができました。 ❷蛹になったときに「次はどうなるのかな」と疑問をもつことができました。 ❸「アリはチョウのように変化するかな」と関心をもつことができました。
野菜を育てて収穫しよう A　生命 ア　身の回りの生物 [生活単元学習]	●身近な野菜を育てる中で，日常的に生物を大切にする気持ちや態度を育む。（主） ➡栽培が簡単で身近に見られるものを題材とする。日常生活の指導と関連して継続的に取り組んでいく。	❶ピーマンの変化の様子を調べてテープで紙に貼り，成長を実感できました。 ❷タンポポのように花が咲いたと植物の共通点を見付けることができました。 ❸毎日の係活動として，継続的に水やりをすることができました。
夏を見付けよう B　地球・自然 ア　太陽と地面の様子 [生活単元学習]	●校庭で日なたと日陰の様子を比較して気付いたことを通して，疑問をもち，表現することができる。（思・判・表） ➡地面に触れて感じ取ったり，温度計を用いて調べたりする。	❶温度計を使って日なたと日陰の地面の暖かさの違いを理解できました。 ❷夏の暑いときに涼しく過ごすにはどうしたらよいか疑問をもちました。 ❸校外学習でクールスポットを見付け，涼しく過ごす工夫に気付きました。
オリンピック・パラリンピックを知ろう C　物質・エネルギー ア　物と重さ [生活単元学習]	●物の形や体積が同じ物の重さを比較する活動を通して，物と重さの特徴に気付き，表現できる。（思・判・表） ➡形や大きさが同じ物を手で持つ感覚で比較したり，てんびんで量ったりする。	❶金，銀，銅メダルは形も大きさも同じですが重さが違うことを知ることができました。 ❷アルミニウムを使ってメダルをつくるとどうなるかと教師に伝えていました。 ❸友達のつくったアルミニウムメダルと比較して，工夫して作成していました。
つくってあそぼう C　物質・エネルギー イ　風やゴムの力の働き [生活単元学習]	●風とゴムの力の働きを調べる活動から学んだことを取り入れて工夫改善したり，生活に生かしたりする力を育む。（主） ➡ものづくりをし，友達や教師の意見を聞き，試行錯誤する時間をつくる。	❶風とゴムの力を利用しておもちゃが動くことを理解して作成できました。 ❷風の強さやゴムの伸ばし方を変えて何度もおもちゃを動かしていました。 ❸友達の意見を聞いて，おもちゃをつくり直したり，工夫したりしていました。
オリンピック・パラリンピックを知ろう C　物質・エネルギー ウ　光や音の性質 [生活単元学習]	●校庭で日光を鏡に当てたときの明るさや暖かさを調べて，学んだことを身近な現象に関連付けて考える。（主） ➡教師と一緒に日光を利用して調べる。調べる道具として平面鏡などを用いる。	❶日光を平面鏡に当ててはね返すとまっすぐ進むことが分かりました。 ❷日光が反射して明るくなる部分は暖かくなるか手を当てて調べていました。 ❸聖火は日光を利用して火を起こしていることを知ることができました。

学習内容	●主なねらい　➡手だて	評価の記載例
つくってあそぼう C　物質・エネルギー ウ　光や音の性質 [生活単元学習]	●音が出るときの物の振動に着目し，音の大小による振動を比較して，気付いたことを表現することができる。（思・判・表） ➡簡単なものづくりをし，物が震えている様子を分かりやすくする。	❶糸電話の糸の部分が声を出したときに震えていることに気付きました。 ❷大きな声を出すとどんなふうになるだろうと疑問をもって取り組みました。 ❸楽器を演奏するときに楽器が震えていることに気付くことができました。
リサイクルをしよう C　物質・エネルギー エ　磁石の性質 [生活単元学習]	●空き缶と磁石を用いて調べる活動から，磁石に引き付けられる物とそうでない物があることを理解する。（知・技） ➡磁石を用いて空き缶に近付けたときの物の様子や手ごたえに留意する。	❶鉄の缶に磁石を近付け，引き付けられることに気付くことができました。 ❷アルミニウムの缶に磁石を近付け，鉄との手ごたえの違いを感じていました。 ❸「他に磁石に付くものはあるのかな」と意欲的な様子が見られました。
リサイクルをしよう C　物質・エネルギー オ　電気の通り道 [生活単元学習]	●「電気を通すもの発見機」を用いて身の回りのどんな物が電気を通すか理解し，回路による調べ方を身に付ける。（知・技） ➡乾電池や豆電球を用いた回路を作成し，実験を通して実感させる。	❶回路にペットボトルをつないでも豆電球が光らないことに気付きました。 ❷豆電球の様子に注目して電気を通すかどうか表に〇×を付けていました。 ❸ゴミの分別で，身の回りの物の仲間分けをしたことを生かしていました。

理科の指導計画と評価の文例　　2段階

学習内容	●主なねらい　➡手だて	評価の記載例
オリンピック・パラリンピックを知ろう A　生命 ア　人の体のつくりと運動 [生活単元学習]	●自分の体のつくりや運動を理解し，人間や動物の体のつくりについて考えることができる。（主） ➡イメージしやすいよう自分の体を元に考える。身近なスポーツと関連付ける。	❶人の体には曲がるところと曲がらないところがあることを理解できました。 ❷自分の体のつくりについて絵を書いて表現し，発表することができました。 ❸陸上競技選手の話を知り，体のつくりをもっと知りたいと発言していました。
春を見付けよう A　生命 イ　季節と生物 [生活単元学習]	●身近な動物の様子を調べ，季節による違いを理解する。安全に留意して観察し，観察記録を書くなどの技能を身に付ける。（知・技） ➡季節ごとに継続的に観察し，画像と記録カードに保存していく。	❶春は冬より活動している動物の数が多く，活発であることに気付きました。 ❷校庭の池のおたまじゃくしは夏にどうなるか，予想して話し合いました。 ❸おたまじゃくしの季節の変化について，自ら資料を用いて調べていました。
野菜を育てて収穫しよう A　生命 イ　季節と生物 [生活単元学習]	●身近な野菜を育てる中で，生物を大切にする気持ちや態度，これまでの経験を生かして考える力を育む。（主） ➡身近な野菜であるナスを育てる。家庭科の調理学習と関連付ける。	❶ナスの茎の先の支柱のところに印を付けて長さを測り，成長を調べました。 ❷この後に花が咲くかなとこれまで野菜を育てた経験を基に予想できました。 ❸収穫したナスをどのように調理したいか家庭科の時間に話し合いました。

理科

学習内容	●主なねらい　➡手だて	評価の記載例
夏を見付けよう B　地球・自然 ア　雨水の行方と地面の様子 ［生活単元学習］	●降雨後の校庭の地面の様子を調べる活動から，既習内容や生活経験に関連付けて予想できる。（思・判・表） ➡観察から実感が伴うようにする。水たまりマップを用いてイメージしやすくする。	❶鉄棒下に水たまりが多い理由は比較的地面が低いからだと理解できました。 ❷水たまりの多さと地面の様子の違いに気付き，友達に伝えていました。 ❸学校周辺の水たまりマップもつくりたいと意欲的な発言が見られました。
野菜を育てて収穫しよう B　地球・自然 イ　天気の様子 ［生活単元学習］	●身近な野菜を育てる活動の中で天気や気温を継続して調べ，今後の天気の変化等を予想することができる。（思・判・表） ➡係活動として，毎日の天気や気温を観測する。温度計を用いる。	❶雲りの日は1日の気温の変化が少ないことに気付くことができました。 ❷日々の天気や気温を紙に書き，この後気温が上がるかなと予想していました。 ❸日々の気温の観測から，服装を時間によって調整できる日が見られました。
夏を見付けよう B　地球・自然 イ　天気の様子 ［生活単元学習］	●夏の高温多湿の気候を踏まえ，他の季節との違いや生活経験から，水や水蒸気と天気の様子について予想する力を育む。（思・判・表） ➡降雨後の水たまりの様子を観察し，実感が伴うようにする。	❶雨上がりのジメジメ感から空気中に水蒸気として水が含まれていると理解できました。 ❷晴れの日は気温が高いから水たまりが減るのが早いと予想していました。 ❸単元の授業がないときに雨上がりに水たまりを気にかける様子がありました。
移動教室に行こう B　地球・自然 ウ　月と星 ［生活単元学習］	●天体観測の仕方を学び，移動教室で月や星の位置と時間に留意しながら安全に観測することができる。（知・技） ➡地上のものを目印にして天体の位置を調べ，言語化する。	❶移動教室1，2日目の同じ時刻で同じ方向に月が見えることに気付きました。 ❷友達や教師に，星の明るさや色を伝えることができていました。 ❸移動教室後に，違う形の月が見えたと教師に報告してくれました。
夏を見付けよう C　物質・エネルギー ア　水や空気と温度 ［生活単元学習］	●温度計を用いた観察の技能や，水，水蒸気の変化と温度や体積との関係を理解する。（知・技） ➡水たまりの水の蒸発やコップの結露から温度や体積の変化についてイメージをもちやすくする。	❶温度計で水たまりやコップの中の水の温度を適切に測ることができました。 ❷友達の意見や教師の説明図を見て空気中の水蒸気をイメージできました。 ❸空気中の水蒸気を集めて冷やしたらどうなるかと考えていました。
リサイクルをしよう C　物質・エネルギー ア　水や空気と温度 ［生活単元学習］	●飲み物が入ったプラスチックの入れ物には凍らせると壊れることがあることを知り，リサイクル活動に生かすことができる。（主） ➡水を冷やすと氷になる活動から実感が伴うようにする。	❶水は冷やすと氷に状態が変わることを理解することができました。 ❷冷凍庫の温度に注目して，何度になったら氷になるか予想していました。 ❸飲み物を凍らせるときには注意が必要だと家族に伝えてくれました。

【参考文献】　東京書籍（令和2年）新しい理科3・4

理科における障害の程度が重い生徒への評価の文例

学習内容	●主なねらい ➡手だて	評価の記載例
春を見付けよう A 生命 ア 身の回りの生物 [生活単元学習]	●春の生物を探す活動を通して，身の回りの生命や自然，生物の多様性を理解し，諸感覚を用いた観察の仕方を身に付ける。（知・技） ➡直接観察することにより色や大きさや匂い等を確認する。	❶校庭の桜を観察し，桜のおおよその大きさを手で表すことができました。 ❷季節紹介カードづくりでは校庭で見付けた花の写真を選ぶことができました。 ❸季節紹介カードを他のクラスの教師に表情よく渡すことができていました。
野菜を育てて収穫しよう A 生命 ア 身の回りの生物 [生活単元学習]	●身近な野菜を育てる中で，教師や友達と一緒に生物を大切にする態度を育む。（主） ➡栽培が簡単で身近に見られるものを題材とする。日常生活の指導と関連して継続的に取り組んでいく。	❶ピーマンの変化を写真に撮り，教師と一緒に順番に並べることができました。 ❷友達の様子を真似して，自分一人でピーマンを収穫しようとしていました。 ❸毎日の係活動として，教師と一緒に継続的に水やりをすることができました。
夏を見付けよう B 地球・自然 ア 太陽と地面の様子 [生活単元学習]	●太陽の動きや日なたと日陰の様子を観察して気付いたことを表現する力を育む。（思・判・表） ➡建物を目印に太陽の位置を観察したり，地面に触れて日なたと日陰の違いを感じ取ったりする。	❶日なたの温度を聞くと驚き，日陰の地面を触ると涼しげな表情をしました。 ❷午後に太陽の位置を確認した際，午前中の位置を指さしで伝えていました。 ❸校庭での活動の際に自ら日陰を探し，教師を誘って涼む様子が見られました。
野菜を育てて収穫しよう B 地球・自然 イ 天気の様子 [生活単元学習]	●身近な野菜を育てる活動の中で天気や気温を教師と一緒に調べ，天気や気温の変化が分かる。温度計を用いた観測の仕方を身に付ける。（知・技） ➡係活動として毎日天気や気温を観測する。	❶外の様子を観察して，正しい天気カードを選べるようになりつつあります。 ❷雨天時に水やりが必要ないことを教師にジェスチャーで伝えていました。 ❸天気や気温発表後の着替えでは自分で服装の選択をしようとしています。
リサイクルをしよう C 物質・エネルギー ア 物と重さ [生活単元学習]	●物の重さを比較する活動から物と重さの特徴に気付き，リサイクル活動に生かすことができる。（主） ➡同じ空き缶の形を変えて重さに変化があるか確認したり，てんびんで量ったりする。	❶てんびんを使って重さを量る活動を教師と一緒にすることができました。 ❷アルミ缶は形を変えても重さの数値が変わらないことに気付きました。 ❸アルミ缶を足で潰してかさを減らしてリサイクルに出すことができました。
つくってあそぼう C 物質・エネルギー イ 風やゴムの力の働き [生活単元学習]	●風とゴムの力の働きを調べる活動から，自分で考えた工夫を表現することができる。（思・判・表） ➡教師と簡単なものづくりをする。友達の作品と比較し，自分の作品を振り返る。	❶風とゴムの力を利用した動きに気付き，おもちゃをつくることができました。 ❷風の強さやゴムの伸ばし方を変えて何度もおもちゃを動かしていました。 ❸友達の作品で遊んだ後，教師につくり直したい部分を指さして伝えていました。

（福田 麻子）

理科

5 理　科
高等部（1段階・2段階）

　高等部理科の目標は「自然に親しみ，理科の見方・考え方を働かせ，見通しをもって，観察，実験を行うことなどを通して，自然の事物・現象についての問題を科学的に解決するために必要な資質・能力を育成することを目指す」と，中学部理科と同じ表記である。育成を目指す資質・能力についても**知識及び技能，学びに向かう力，人間性等**は中学部理科とほぼ同じ表記であるが，**思考力，表現力，判断力等**は，「観察，実験などを行い，<u>解決の方法を考える力とより妥当な考えをつくりだす力を養う</u>」としている。高等部理科の内容は，小学校理科の高学年の内容にほぼ対応している。指導に際しては小学校の学習指導要領や教科書等を参考にできる。

特別支援学校高等部「理科」と小学校「理科」との区分内容の関係性

		A　生命		B　生命・地球	
特別支援学校高等部	1段階	植物の発芽，成長，結実　動物の誕生	第5学年	植物の発芽，成長，結実　動物の誕生	小学校
	2段階	人の体のつくりと働き 植物の養分と水の通り道　生物と環境	第6学年	人の体のつくりと働き 植物の養分と水の通り道　生物と環境	
		B　地球・自然			
	1段階	流れる水の働きと土地の変化　天気の変化	第5学年	流れる水の働きと土地の変化　天気の変化	
	2段階	土地のつくりと変化　月と太陽	第6学年	土地のつくりと変化　月と太陽	
		C　物質・エネルギー		A　物質・エネルギー	
	1段階	電流の働き	第4学年	電流の働き	
		物の溶け方	第5学年	物の溶け方 （振り子の運動　電流がつくる磁力）※小学校のみ	
	2段階	てこの規則性　電気の利用 燃焼の仕組み　水溶性の性質	第6学年	てこの規則性　電気の利用 燃焼の仕組み　水溶性の性質	

　「理科の見方・考え方」については，中学部で培ってきた「比較」，「関係付け」に加え，「条件を制御する」，「多面的に考える」という「考え方」を働かせることにより，問題解決を行うことができるようにすることが大切である。**1段階**では，主に予想や仮説を基に，解決の方法を考える，**2段階**では，主により妥当な考えをつくりだすといった問題解決の力の育成をする。

　こうした理科における問題解決の力がどのように身に付いたか，**①知識・技能，②思考・判断・表現，③主体的に学習に取り組む態度**の3観点により，文章記述による評価を行う。

　なお，「指導の形態」については，理科【中学部】の評価のポイントと同様であるが，障害の程度が軽度の生徒には教科「理科」として扱うこともあるため，2段階の学習内容については，単元名のみの記述とした。

　また，1段階の後半には障害の程度が重い生徒の評価の文例も2事例記載した。中学部理科の障害の程度が重い生徒の事例と同様，生徒の実態や生活年齢及び興味，関心を踏まえた上で，生徒の実態に応じて中学部の教科「理科」や小学部の教科「生活」の目標及び内容を参考にできるため，事例のうち一つは中学部理科の2段階の内容を記載している。

学習内容	●主なねらい　➡手だて	評価の記載例
生命のつながり A　生命 ア　植物の発芽，成長，結実 [生活単元学習]	●身近な植物の栽培から，生命を尊重して大切に育てる態度や，学んだことを栽培に生かそうとする態度を養う。（主） ➡植物の観察や栽培が比較的容易なインゲンマメやヘチマを用いる。	❶観察から，受粉するためには風や昆虫が関係していることに気付きました。 ❷発芽に必要な条件について，友達と話し合うことができました。 ❸水以外の条件はどうすればいいのかと実験を基に予想していました。
生命のつながり A　生命 イ　動物の誕生 [生活単元学習]	●メダカの卵の様子を時間の経過と関連付けて観察し，予想や仮説からメダカの卵の様子の変化や動物の誕生における特徴を表現できる。（思・判・表） ➡観察の計画を立て，継続的に調べる。	❶メダカの卵の変化を，実体顕微鏡を使い，観察，記録することができました。 ❷いつ頃にどんな変化があったか，時間の経過について発表できました。 ❸観察の経験から雌のお腹の袋には卵の養分があると予想ができました。
私たちのからだ A　生命 イ　動物の誕生 [生活単元学習]	●胎児が母体内で成長する様子等の資料を活用し，時間経過やメダカの卵の様子と関連付けて表現できる。（思・判・表） ➡資料を基に調べる計画を立てる。家庭科の授業と関連付ける。	❶資料を調べて胎児は母体内で成長してから生まれ出てくると分かりました。 ❷人とメダカの大きさから産まれるまでの時間を関連付けて考えていました。 ❸幼児期の成長を家庭科の授業でも考えたと関連付けて発言していました。
移動教室に行こう B　地球・自然 ア　流れる水の働きと土地の変化 [生活単元学習]	●流れる水の速さや量を変える実験により石や土の様子の違いに気付き，確認の仕方を表現できる。（思・判・表） ➡移動教室の現地学習では安全に留意する。事前事後学習でモデル実験を行う。	❶川の上流付近の石は大きくてゴツゴツしていることに気付きました。 ❷急な傾斜地ではどうなるかなとモデル実験で傾斜の角度を変えていました。 ❸海の近くの石も観察したいと意欲的な発言が見られました。
私たちの住む日本 B　地球・自然 ア　流れる水の働きと土地の変化 [生活単元学習]	●長雨や集中豪雨等の資料を用いて流れる水の働きと土地の変化を調べる活動から，生命を守るためにできることを考えることができる。（主） ➡映像などの資料を活用して自然災害に触れる。	❶増水で土地の様子が変化する場合があることを資料から理解していました。 ❷増水によってどのような災害が起こるか考え，友達と話し合っていました。 ❸自然災害から生命を守るために自分にできることをホームルーム活動で発表できました。
私たちのくらし B　地球・自然 イ　天気の変化 [生活単元学習]	●雲の量や動きを調べ，天気の変化や気温の様子と関連付けて考え，自分自身の生活やくらしに生かすことができる。（主） ➡実際に雲の様子を観測したり，映像などの気象情報を活用したりする。	❶雲が増えると悪天候になることに気付き，気象情報で確かめていました。 ❷学校から見える建物を基準として，雲の量を記録することができました。 ❸毎日の係活動で天気や気温を調べる中で，雲の量にも着目していました。

理
科

学習内容	●主なねらい　　➡手だて	評価の記載例
私たちの住む日本 B　地球・自然 イ　天気の変化 [生活単元学習]	●実際の観測や気象情報から，天気の変化の規則性や天気の予想の仕方を理解する。(知・技) ➡映像などの気象情報を活用する。長雨や集中豪雨，台風などの気象情報から，自然災害に触れる。	①気象情報を継続的に調べ，天気が西から東へ変わることに気付きました。 ②雨に関係する雲の名前を友達と協力して映像資料から探していました。 ③台風が近付いたらどのような行動をすべきか考えて発表していました。
私たちのくらし C　物質・エネルギー ア　物の溶け方 [生活単元学習]	●身近な砂糖を水に溶かす活動から物の溶け方の規則性を理解する。(知・技) ➡物が水に溶けるときに均一に広がる様子が視覚的に分かりやすいようにコーヒーシュガーを用いる。	①水が茶色くなる様子を通して均一に広がることを知ることができました。 ②砂糖は温かい飲み物によく溶けると生活経験を基に予想していました。 ③重さに着目して作業学習のカフェの飲み物を用意していました。
作って動かそう C　物質・エネルギー イ　電流の働き [生活単元学習]	●電流の大きさや向き，乾電池につないだ物による条件を予想し，表現できる。(思・判・表) ➡電流の働きを活用したものづくりを行う。図や絵，写真を用いて説明や考える活動を充実させる。	①乾電池のつなぎ方を変えると電流の向きが変わることを理解していました。 ②電流を大きくする条件の予想を絵に書いて説明していました。 ③学んだことを生かして友達や教師と一緒にクレーンゲームを楽しみました。

理科における障害の程度が重い生徒への評価の文例

学習内容	●主なねらい　　➡手だて	評価の記載例
私たちの住む地域を知ろう B　地球・自然 イ　天気の変化 [生活単元学習]	●気象情報を活用して天気予報や台風等の情報を調べ，自分自身の住む地域の特徴を考えたり，くらしを考えたりすることができる。(主) ➡映像などの気象情報を用いる。自然災害に触れる。	①気象情報を聞いて，雨が連日続いていることに気付くことができました。 ②友達と一緒に天気の記号や写真を変化の順に並べようとしていました。 ③台風が近付いたらどのような行動をすべきかカードを選んで考えました。
移動教室に行こう B　地球・自然 ウ　月と星 [生活単元学習] ※中学部理科2段階の内容	●天体観測の仕方を学び，移動教室で月や星の位置と時間に留意しながら安全に観測することができる。(知・技) ➡移動教室の当日だけでなく，事後にも家庭と連携して観察する。	①移動教室では月の位置を指さしで伝え，2日間同じ位置だと気付きました。 ②移動教室で見られた月の形と同じカードを選ぶことができました。 ③移動教室後に，違う形の月が見えたことをカードの選択で表現できました。

学習内容	●主なねらい　➡手だて	評価の記載例
動物の からだのはたらき A　生命 ア　人の体のつくりと働き	●人の体のつくりや呼吸，消化，排出及び循環の働きについて調べる活動を通して理解する。（知・技） ➡身近で安全な動物を用いて考える。魚の解剖や模型，標本等を活用して理解を深める。	❶メダカとは異なり，人は肺で呼吸していることを理解することができました。 ❷アジの解剖を行い，人との共通点や相違点を友達に伝えていました。 ❸家庭科の授業と関連させて，食べ物の消化・吸収について考えていました。
植物の からだのはたらき A　生命 イ　植物の養分と水の通り道	●植物の光合成や蒸散，水の通り道について調べ，体のつくりや養分をつくる働きについて表現できる。（思・判・表） ➡光合成や蒸散が調べやすいジャガイモやセロリを用いる。	❶セロリの葉と茎に赤い色水を吸わせる実験から水の通り道が分かりました。 ❷葉まで運ばれた水の行方を調べる方法について積極的に発言していました。 ❸日頃からジャガイモに日光が当たるように気を付けて育てていました。
生き物の くらしと環境 A　生命 ウ　生物と環境	●野菜の栽培から食べ物を通して生物が関わり合って生きていることを考え，生命を尊重する態度や生活と関連付けて考える力を育む。（主） ➡作業学習や家庭科と関連付けて考える。	❶人が野菜を食べる活動から生物の「食べる食べられる」の関係に気付きました。 ❷生き物と水の関わりについて考え，絵を描いて水の大切さを伝えていました。 ❸栽培した野菜をよく観察して，家庭科の調理学習を楽しんでいました。
生き物の くらしと環境 A　生命 ウ　生物と環境	●校庭の池の水や環境に関する資料を活用し人と環境との関わり方の工夫について考えることができる。（思・判・表） ➡映像等の資料を活用する。顕微鏡を用いて水中の小さな生物を調べる。	❶校庭の池の水を採取し，顕微鏡を用いて水中の小さな生物を観察できました。 ❷洗い物での洗剤量を減らす等，自分でできる工夫を見出して発表できました。 ❸水の汚れの資料を見て，もっと調べたいと意欲的に取り組んでいました。
私たちの住む日本 B　地球・自然 ア　土地のつくりと変化	●地層の観察から，土地のつくりやでき方，地層の様子を理解する。資料を活用し，火山や地震による土地の変化を理解する。（知・技） ➡移動教室等の機会を生かす。模型，標本等を活用する。	❶地質ボーリング資料を利用して地層の積み重なり方を理解できました。 ❷移動教室で実際の地層に触れ，気付いたことをレポートにまとめていました。 ❸地震によって土地が変化することを避難訓練のときに振り返っていました。
月の形と太陽 B　地球・自然 イ　月と太陽	●安全に留意して天体観測を行い，月の形の見え方と太陽と月の位置関係について考え，表現できる。（思・判・表） ➡移動教室等の機会を生かす。モデルや図で表し，視覚的に分かりやすくする。	❶月が輝いている側に太陽があることを，モデルを用いて理解できました。 ❷移動教室では太陽と月の位置，月の形の見え方を観測し，図で表現していました。 ❸移動教室の後には月の見え方をHRで発表してくれました。

理科

学習内容	●主なねらい　➡手だて	評価の記載例
身の回りの物質 C　物質・エネルギー ア　燃焼の仕組み	●木片等の物を燃やす体験を通して学んだことを，授業での実験や生活，行事に生かすことができる。（主） ➡物が燃える現象を十分に観察できるような体験の場を設ける。安全に十分留意する。	❶気体検知管を用いて，物が燃えると二酸化炭素ができることが分かりました。 ❷物が燃え続ける方法を自分で工夫して考え，実験に取り入れていました。 ❸移動教室の飯盒炊爨では教師と工夫してかまどの薪を燃やしていました。
身の回りの物質 C　物質・エネルギー イ　水溶液の性質	●水溶液の性質や働きを理解し，身近な水溶液を見付けたり，特徴を考えたりすることができる。（主） ➡身近な水溶液を利用する。結果を表などにまとめ，分かりやすくする。	❶炭酸水は二酸化炭素が溶けた水溶液だと実験から理解できました。 ❷見た目が似た水溶液の区別について実験を踏まえて友達と話していました。 ❸家庭用洗剤のラベルを見て，酸性の水溶液の特徴を教師に伝えていました。
てこのはたらき C　物質・エネルギー ウ　てこの規則性	●ものづくりや身近な道具からてこの規則性や道具の効果を日常生活と関連付けて理解する。（知・技） ➡ものづくりや調べ学習を通して，てこの規則性に関する実感が伴うようにする。	❶身の回りには，てこを利用した道具によって便利さを得ているものがあると分かりました。 ❷重い石を小さな力で動かす方法を実際の活動から予想できていました。 ❸作業学習のカフェに飾るモビールを積極的にたくさん作成してくれました。
電気と 私たちのくらし C　物質・エネルギー エ　電気の利用	●電気の変換や，発電，蓄電のしくみを理解し，自分の考えを表現することができる。（思・判・表） ➡ものづくりを通して電気をつくりだしたり蓄えたりすることができることを体験的に捉える。	❶携帯電話は電気を光や音等に変換していることを実感して理解できました。 ❷火力発電のしくみについて資料を調べて友達とレポートにまとめました。 ❸簡単な電気自動車をつくり，身近な自動車の特徴と比較していました。

【参考文献】東京書籍（令和２年）新しい理科５・６

（福田　麻子）

6 音　楽

小学部（1段階・2段階・3段階）

評価のポイント

　小学部音楽の内容構成は，これまでの「音楽遊び」「鑑賞」「身体表現」「器楽」及び「歌唱」から，改訂により「Ａ　表現」「Ｂ　鑑賞」及び〔共通事項〕で構成された。「Ａ　表現」には「音楽遊び（小学部のみ），歌唱，器楽，音楽づくり，身体表現」の五分野がある。小学部の目標は「表現及び鑑賞の活動を通して，音楽的な見方・考え方を働かせ，生活の中の音や音楽に興味や関心をもって関わる資質・能力を育成することを目指す」とある。評価としては，音楽を楽しむための素地を養う視点と楽曲や楽器を介したやり取りの様子が具体的に記されるとよい。

音楽の指導計画と評価の文例　　　1段階

学習内容	●主なねらい　➡手だて	評価の記載例
楽器の音を聴いてみよう Ｂ　鑑賞	●活動に見通しをもって参加し，楽器の音色に関心をもって静かに聴くことができる。（思・判・表） ➡活動内容を固定化し，絵カードで提示する。音色や音量の過敏に配慮し，本人の心地よい音を探る。	❶絵カードで活動の流れに見通しをもて，最後まで安定して参加できました。 ❷金属的な音に驚くことがありましたが，木製楽器の音は安心して聴けました。 ❸ウッドブロックやギロなどに関心を示し自ら音を鳴らそうとしていました。
いっしょに音を楽しもう Ａ　表現 ア　音楽遊び	●歌や器楽活動を介し，楽しみながら他者と関わり，順番に声を出したり音を鳴らしたりする。（主） ➡楽しい雰囲気の中で関わり，本人が表現やできたことを大いに称賛して自信や意欲につなげていく。	❶歌いかけや称賛に応え，笑顔で発声することができるようになってきました。 ❷マイクに向かって発声したり合図で音を鳴らしたりすることができました。 ❸自分の順番がくるのを期待して，自信をもって音を鳴らすことができました。
楽器を鳴らしてみよう 『虫のこえ』 Ａ　表現 ア　音楽遊び	●楽器の鳴らし方が分かり，教師の促しを受けて楽器に触れてみようとすることができる。（知・技） ➡教師が手を添えて一緒に楽器を鳴らしたり，本人の表現を待ち，できたことを称賛したりする。	❶ベルや鈴の音の鳴らし方が分かり，楽器を持続的に持って音を鳴らせました。 ❷楽器に関心を向け，自ら手を伸ばして何度も鳴らそうとするようになりました。 ❸教師の促しを受けて楽器を持ち，楽しそうに鳴らし続けることができました。
歌にあわせて声を出そう 『なまえ呼びの歌』 Ａ　表現 ア　音楽遊び	●曲中で発声する箇所が分かり，マイクを向けられて声を出そうとする。（思・判・表） ➡教師が歌いかけたり伴奏を止めて本人の表現を待ったりする。できたときは称賛して自信につなげる。	❶声を出すタイミングが分かり，マイクを向けられると「あ」と発声できました。 ❷曲に合わせて発声したり，歌詞の一部を歌ったりすることができました。 ❸教師の称賛を期待して表情よく何度も声を出そうとすることができました。

学習内容	●主なねらい　➡手だて	評価の記載例
楽器の音を聴こう 『みんなでみっつ』 Ａ　表現 イ　器楽 Ｂ　鑑賞	●楽器の音に関心を向け，楽器の種類や音色の違いに注意を向けて聴くことができる。（思・判・表） ➡合図で静かにすることを促してから音を鳴らす。楽器を箱や布で覆い，期待感がもてるようにする。	❶楽器の名前を覚え，手本を真似て鳴らすることができるようになりました。 ❷教師が鳴らした楽器と同じ楽器を選び同じ速さで鳴らすことができました。 ❸楽器の音が鳴ることを期待して静かに待つことができるようになりました。
速さの違いを感じよう 『ゆかいに叩こうよ』 『太鼓で返事』 Ａ　表現 イ　器楽 ウ　音楽づくり	●曲の速さやリズムを感じて，打楽器を音楽に合わせて鳴らそうとすることができる。（思・判・表） ➡最初は本人の速さに合わせて伴奏し，次に異なる速さで伴奏して速さの変化に気付けるようにする。	❶伴奏の速さが変化するのを感じ，自ら合わせて鳴らせるようになりました。 ❷速いときは楽器を連打し，遅いときは丁寧に鳴らすなど工夫して表現できました。 ❸テンポの違いを楽しみ，自ら速さの違う表現を工夫しながら演奏できました。
楽器の音を鳴らしてみよう 『ちゅうりっぷ』 Ａ　表現 イ　器楽	●木琴や太鼓の鳴らし方や扱い方を知り，ピアノ伴奏に合わせて楽器を鳴らすことができる。（知・技） ➡教師が手を添え一緒に音を鳴らし，徐々に支援を減らしていく。伴奏でテンポや強弱を強調する。	❶マレットやバチを自分で持ち，曲に合わせて音を鳴らせるようになりました。 ❷曲調によって音の強弱や速さを自分で合わせて演奏することができました。 ❸教師の称賛を期待して，表情よく意欲的に楽器を鳴らすことができました。
音楽に合わせて体を動かそう 『手と手と手と』 Ａ　表現 エ　身体表現	●曲のリズムに合わせて，手拍子をしたり自分で簡単な動きを表現したりすることができる。（主） ➡目の前で一緒に手を叩いたり合図を示したりする。自発的な動きを待ち，本人の表現を称賛する。	❶リズムに合わせて手拍子をしたり手を止めて休んだりすることができました。 ❷教師の体の部位や動かし方によく注目し，模倣して動くことができました。 ❸ハイタッチの場面では，タイミングよく嬉しそうに手を合わせられました。
みんなと一緒に歌おう Ａ　表現 ア　歌唱	●合図に合わせて発声したり，部分的に歌詞を覚えて歌ったりすることができる。（思・判・表） ➡本人の表現に伴奏を合わせ，マイクを向けて発声を促す。歌詞の先読みやジェスチャーを行う。	❶歌う部分が分かり，マイクを向けられるとタイミングよく発声できました。 ❷ジェスチャーを手掛かりに部分的に歌詞を思い出しながら歌えました。 ❷伴奏を止めて本人の表現を待つと，自分から自信をもって声を出せました。
いろいろな声を出してみよう Ａ　表現 ア　歌唱 ウ　音楽づくり	●声の大きさや高低を意識して発声することができる。（知・技） ➡伴奏の音量の加減や教師の手本や身振りで，音の大きさを伝える。音の大きさや高さを図表で視覚的に分かりやすく示し，理解を促す。	❶伴奏の音の大きさや高さをよく聴いて自分の声を調節している様子でした。 ❷音の大きさや高さの違いに気付いて自分の声の発し方を工夫していました。 ❸大きな声や小さな声を自分なりに調節しながら発することができました。

学習内容	●主なねらい　　➡手だて	評価の記載例
季節の音楽を聴こう 『春が来た』 『雪』 『さくらさくら』 B　鑑賞	●歌詞の意味を理解し，音楽の雰囲気や季節感を感じながら鑑賞することができる。（思・判・表） ➡写真や絵を用いて曲のイメージをもちやすくする。曲を聴きながら歌詞にまつわる装飾を制作する。	❶雪や桜に見立てた紙吹雪を曲調に合わせて優しくまくことができました。 ❷歌詞の中に出てくる言葉を伝えるなど，イメージをもって鑑賞できました。 ❸自分でつくった画用紙の花と写真の花を見比べながら嬉しそうに聴けました。
鍵盤楽器を 弾いてみよう 『きらきら星』 A　表現 イ　器楽	●音階カードの使い方が分かり，カードを見ながら隣同士の音を鳴らすことができる。（知・技） ➡鍵盤に色シールを貼り，カードの色と合わせて弾く練習をする。適宜カードや鍵盤を指さしする。	❶鍵盤の音の位置を覚え，3音を間違えずに正確に弾けるようになりました。 ❷『きらきら星』で「ソソファファミミレ」の隣同士の音を一人で弾けました。 ❸音階カードの使い方を理解し，新曲でも意欲的に練習に取り組めていました。
和太鼓を 演奏してみよう 『かがやきばやし』 A　表現 イ　器楽	●太鼓を打つ面やバチの正しい当て方を理解し，簡単なリズムを打つことができる。（知・技） ➡打つ面に印を付け，軽く手を添えて練習する。打つ回数などを視覚的に示す。最初は教師が示範する。	❶教師の手本を見て，和太鼓の鼓面と胴の部分を打ち分けて演奏できました。 ❷教師の構えを真似て，タイミングよく打つことができるようになりました。 ❸繰り返し練習するとリズムを覚え，自信をもってのびのびと演奏できました。
音楽に合わせて 体を動かそう 『手のひらを太陽に』 『バナナくんたいそう』 A　表現 エ　身体表現	●体の部位を認識し，音楽に合わせて体を動かしたり動きを覚えたりすることができる。（思・判・表） ➡動かす部位を視覚的に提示する。動きを確認しながらゆっくりと練習し，徐々にテンポを速める。	❶絵カードを見て次に動かす部位に見通しをもち，正確に体を動かせました。 ❷一度動き方を覚えると，曲の速さが変わっても合わせて体を動かせました。 ❸前奏や間奏の間も自分で曲に合わせて楽しそうに体を揺らしていました。
歌詞を覚えて 歌ってみよう 『気球に乗ってどこまでも』（学習発表会に向けて） A　表現 ア　歌唱	●歌詞や曲想に合う歌い方をイメージし，歌詞を覚えて自信をもって歌唱することができる。（主） ➡具体物や写真を示し歌詞を想起しやすくする。歌詞の最初の一文字を伝えたり，先読みしたりする。	❶教師の先読みに頼らず，歌詞を覚えて自信をもって歌えるようになりました。 ❷曲中で実物の花や写真を指して歌詞のイメージをもって歌えました。 ❸マイクを渡すと，自分から前に出て堂々と歌を発表することができました。
きれいな声を 出してみよう A　表現 ア　歌唱 ウ　音楽づくり	●声量や適切な声の出し方を意識し，できるだけ丁寧に発声しようとすることができる。（知・技） ➡声の大きさを視覚的に示し，曲に相応しい声量を伝える。適切な発声ができたときに大いに称賛する。	❶声の出し方に気を付けて発声できるようになり，きれいな声で歌えました。 ❷よりきれいな声で歌おうと，声の出し方を自分なりに工夫していました。 ❸曲に相応しい声量や声の出し方を意識して丁寧に歌えるようになりました。

（吉田　博子）

6 音 楽

中学部（1段階・2段階）

　新学習指導要領における中学部の「音楽」の目標は，「表現及び鑑賞の活動を通して，音楽的な見方・考え方を働かせ，生活や社会の中の音や音楽，音楽文化と豊かに興味や関心をもって関わる資質・能力を育成することを目指す」とある。中学部段階では，授業内での技能や知識，表現などの習得とともに，学校行事や他教科との学習内容，生活場面での興味・関心や楽しみにも関連付け，音楽に親しむ態度や豊かな情操の育成に視点を置いた評価ができるとよい。

音楽の指導計画と評価の文例　　1段階

学習内容	●主なねらい　➡手だて	評価の記載例
歌詞をイメージして歌ってみよう 『移動教室の歌』 A　表現 ア　歌唱	●歌詞の内容や情景をイメージし，自信をもってのびのびと歌唱することができる。（主） ➡写真を提示し，歌詞の内容を解説する。本人の表現の工夫を称賛し，自信につなげられるようにする。	❶『移動教室の歌』では歌詞にある日程や行程をしっかり覚えて歌えました。 ❷写真を見て情景をイメージし，歌詞に合う歌い方を工夫して表現できました。 ❸移動教室前は，授業以外の場面でもよく口ずさんで歌うようになりました。
正しい声の出し方を意識して歌ってみよう 『牧場の朝』『もみじ』 A　表現 ア　歌唱	●発声に適切な姿勢や，歌詞に相応しい表情を意識して歌唱することができる。（知・技） ➡姿勢を正しく保てるように体をほぐしたり，歌詞に合う表情をイラストで選択する機会を設けたりする。	❶正しい発声方法や姿勢を意識して丁寧に歌唱表現できるようになりました。 ❷はじめに注意するポイントを自ら確認し，最後まで姿勢を保って歌えました。 ❸歌唱以外の場面でも活動の始まりに姿勢を意識し正せるようになりました。
鍵盤楽器を演奏しよう 『歓びの歌』 A　表現 イ　器楽	●音階カードを見ながら，16小節程度の簡単な楽曲を一人で演奏できるようになる。（知・技） ➡はじめは音階カードを1音ずつ指さしして弾く音に注目を促し，少しずつ支援を減らしていく。	❶練習を重ねるにつれ，支援がなくても一人で『歓びの歌』を演奏できました。 ❷教師の伴奏に合わせられるようになり，テンポを崩さずに演奏できました。 ❸自信をもって演奏ができるようになり，新曲にも意欲的に挑戦できました。
リズムを感じて体を動かそう 『パプリカ』 （運動会に向けて） A　表現 エ　身体表現	●リズムの特徴や曲の雰囲気を感じ取って体を動かすことができる。（思・判・表） ➡教師が目の前で示範する。リズムごとの体の動きの変化を，声での合図やイラストの提示等で直前に伝える。	❶音楽のリズムを感じ，様々な動きを組み合わせて表現することができました。 ❷手本を見て，速度やリズムを意識しながら体を動かすことができました。 ❸動きを覚えると，楽しそうに何度も披露し，運動会でも生き生きと踊りました。

学習内容	●主なねらい　➡手だて	評価の記載例
楽器の音色を聴いてみよう 『さくらさくら』 B　鑑賞	●楽器の名称を知り，演奏の仕方や音色に関心をもって鑑賞する。（知・技） ➡楽器カードを用いて発問し，名称を覚えられるようにしていく。動画で演奏を聴き比べたり実際の楽器に触れたりする。	❶楽器の名称を覚え，その特徴や音色について理解することができました。 ❷箏やクラリネットの正しい演奏方法が分かり，大きな音を鳴らせました。 ❸授業以外の場面で鑑賞曲を聴いたとき，気付いて嬉しそうに話していました。

音楽の指導計画と評価の文例　　２段階

学習内容	●主なねらい　➡手だて	評価の記載例
歌詞の情景や曲想に相応しい歌い方を工夫しよう 『ふるさと』『こいのぼり』 A　表現 ア　歌唱	●歌詞の内容や曲想を理解し，楽曲の雰囲気に合った歌い方を工夫する。（思・判・表） ➡写真等を用いて歌詞を解説する。教師が様々な歌い方を示し，方法を選択する機会を設ける。	❶歌詞の内容に合わせて表情を変化させながら歌うことができました。 ❷曲想に合う声の強さを自分で考えて調整して歌えるようになりました。 ❸歌詞の内容を吟味して歌い方を工夫するようになりました。
臨時記号に気を付けながら演奏しよう 『威風堂々』『ふるさと』 『子守り唄』 A　表現 イ　器楽	●♯や♭の臨時記号の意味を理解し，曲の流れを止めずに演奏できる。（知・技） ➡音階カードに，♯には「○」，♭には「△」の印を付ける。臨時記号がある小節を取り出して繰り返し練習する。	❶『威風堂々』では♯と♭の扱い方を理解し，間違えずに演奏できました。 ❷曲の途中に臨時記号があっても，一定の速度を保ちながら演奏できました。 ❸『ふるさと』『子守り歌』の新曲でも臨時記号に気を付けながら弾けました。
友達に合わせて演奏しよう 『威風堂々』『ふるさと』 （学習発表会に向けて） A　表現 イ　器楽	●音の長さやシンコペーションのリズムの違いに気を付けながら演奏する。（知・技） ➡音の長さを視覚的に分かりやすく提示したり，合図を出したりして，リズムが合うようにする。	❶四分音符と八分音符等の長さの違いを理解して演奏することができました。 ❷付点四分音符やシンコペーション等の複雑なリズムも正確に打てました。 ❸学習発表会でも，練習の成果を生かし，テンポを揃えて演奏できました。
リズムの特徴や曲想を意識して体を動かそう 『GIFT』 A　表現 エ　身体表現	●非日常的な体の動かし方を知り，速度や曲想に合わせて表現できる。（思・判・表） ➡目の前で示範をしたり，難しい動きを取り出し練習したりして，音楽と動作が合うようにする。	❶細かい動きを覚え，リズムを感じながら正確に体を動かして表現できました。 ❷音楽をよく聴いて，曲の速度やリズムに合わせて表現することができました。 ❸友達と相談して動きを創作し，曲の一部で友達と動きを合わせて踊れました。
楽器や音色の特徴に気付いて鑑賞しよう 『越天楽今様』 （音楽鑑賞会に向けて） B　鑑賞	●楽器の音色や鳴らし方，楽曲の特徴や由来に興味をもち，曲の美しさを味わって鑑賞できる。（主） ➡動画を見ながら楽器の形状や奏法等の特徴を解説する。気付いたことや感想について発問する。	❶雅楽の楽器に関心を示し，その名称や特徴について覚えることができました。 ❷『越天楽今様』の鑑賞では楽器や旋律の特徴に興味をもって鑑賞できました。 ❸音楽鑑賞会では，学習した実物の楽器の音色に関心をもって聴き入りました。

（吉田　博子）

6 音　楽
高等部（１段階・２段階）

　新学習指導要領の中学部と高等部の目標の違いは，「生活や社会の中の音や音楽，音楽文化と豊かに興味や関心をもって関わる資質・能力を育成することを目指す（中学部）」と「（略）豊かに関わる資質・能力を育成することを目指す（高等部）」である。つまり高等部段階では，より実践的な表現方法を獲得し，音楽的構造の理解を深めるとともに，卒業後の社会生活における余暇や趣味につなげ，音楽に親しむ態度や情操の育成にも重点を置いて評価できるとよい。

音楽の指導計画と評価の文例　　１段階

学習内容	●主なねらい　➡手だて	評価の記載例
歌い方を工夫して歌ってみよう 『赤とんぼ』 『修学旅行の歌』 Ａ　表現 ア　歌唱	●歌詞をイメージし，声の強弱や歌い方を工夫して歌唱表現することができる。（思・判・表） ➡フレーズごとに練習をしたり，音の強弱や強調する旋律の箇所を伴奏の速さで導いたりする。	❶音の強弱に意識が向くようになり，曲に合わせて歌い方を変えられました。 ❷伴奏をよく聴いて，歌詞の最後の部分をゆっくり丁寧に歌えました。 ❸曲に合った歌い方を意識し，自ら表現を工夫するようになりました。
手話の動きを覚えて歌ってみよう 『花は咲く』 『語り合おう』 Ａ　表現 ア　歌唱	●手話の動きの意味を理解し，旋律や歌詞のタイミングに合うように表現できる。（知・技） ➡手話の動きと歌詞の意味を関連づけて覚えられるように解説する。難しい部分は繰り返し練習する。	❶手話の動きの意味を理解でき，歌詞に合わせた手話表現で歌唱できました。 ❷動きの開始が遅れないように，手本の動きに注視して手話表現できました。 ❸授業で覚えた手話の単語を，他の場面でも応用的に使うことがありました。
楽譜の読み方を知ろう 『荒城の月』 Ａ　表現 イ　器楽	●１オクターブ程度の音程を一人で譜読することができるようになる。（知・技） ➡板書で１音ずつ音符と階名を照らし合わせて伝える。プリント学習で再確認しながら理解につなげていく。	❶一度覚えると自信をもって取り組み，ミスなく解答できるようになりました。 ❷『荒城の月』では自分で楽譜を読みながら単音の演奏をすることができました。 ❸譜読の際に，用語や記号の意味を質問する等，楽譜に関心をもてていました。
民舞を踊ってみよう 『さんさ踊り』 （修学旅行に向けて） Ａ　表現 エ　身体表現	●太鼓の音や掛け声に合わせて，体を動かす。（思・判・表） ➡DVDを観ながら踊り方を解説する。手足の動きを部分練習をした後に，ゆっくりしたテンポで全体練習を開始し，徐々に速度を速める。	❶最初は複雑な動きに苦戦しましたが，次第に上手に踊れるようになりました。 ❷教師の手本や周囲の友達を見て，動きを合わせて表現することができました。 ❸岩手の民舞に関心をもち，その掛け声の意味を自分で調べて発表できました。

学習内容	●主なねらい　➡手だて	評価の記載例
楽器の特徴や音色の違いを聴いてみよう 『日本の民謡』 B　鑑賞	●異なる楽器の音を聴き分けたり，楽器の名称や特徴を理解して鑑賞することができる。（知・技） ➡CDと楽器カードを用い，音色の聴き比べをする。プリントで楽器の名称や特徴を解説する。	❶プリント学習では主要な楽器の名称をほぼ覚えることができていました。 ❷三味線と三線の素材や生産地，音の違い等に関心をもって鑑賞できました。 ❸実際に楽器に触れる機会では，楽器に耳を近付けて音をよく聴いていました。

音楽の指導計画と評価の文例　　2段階

学習内容	●主なねらい　➡手だて	評価の記載例
情景をイメージして表現してみよう 『花』『心の瞳』 『荒城の月』 『COSMOS』 A　表現 ア　歌唱	●歌詞の内容や曲想を理解し，感情を込めて表情豊かに歌唱する。（思・判・表） ➡歌詞の情景のイメージを発問したり，写真や言葉で解説したりする。手鏡を使用して歌うときの表情の確認を行う。	❶鏡をチェックしながら，歌詞に相応しい表情を自分で考えて表現できました。 ❷楽曲や歌詞に対し，自分なりにしっかりとイメージをもって歌唱できました。 ❸感想の発表で友達に称賛されて，自信をもって歌えるようになってきました。
友達に合わせて二部合奏しよう 『カノン』 （卒業式の曲） A　表現 イ　器楽	●友達の演奏や伴奏を聴き，タイミングを合わせて演奏できる。（知・技） ➡難しい箇所は取り出して練習する。旋律の始まりが合うように指揮への注目を促したり，カウントや合図を出したりする。	❶指揮によく注目し，ペアの友達と息を合わせて演奏することができました。 ❷演奏の難しい箇所では，指揮に注目し合図を待って弾くことができました。 ❸ペアの友達が変わってもタイミングを意識して演奏することができました。
音を組み合わせて曲を作ってみよう 『LET IT BE』 （文化祭に向けて） A　表現 ウ　創作	●旋律に合う和音を組み合わせることができる。（主） ➡C，F，Gなどのコードを視覚的に分かりやすいよう色分けし，簡単な旋律と同時に鳴らす。どの色が旋律に合うかを発問して理解を促す。	❶コードの音の性質を理解し，旋律に合う和音を選択することができました。 ❷自分で和音の組み合わせを考え，旋律に合った音を選択して鳴らせました。 ❸ギターを使って和音合わせを試みる等，興味をもって取り組んでいました。
かっこよく踊ってみよう 『Girls Like You』 （文化祭に向けて） A　表現 エ　身体表現	●曲の速度やリズムに合わせ，ダイナミックに体を動かせるようになる。（主） ➡はじめは動きを取り出して個別にゆっくり練習し，できるようになったら，速度を少しずつ速めて動きを合わせていく。	❶ボックスステップではリズムを意識して正確に動けるようになりました。 ❷動きの大きさや速さを的確に模倣でき，音楽に合わせた表現ができました。 ❸所々で自らアレンジした動きを取り入れて，工夫して表現できました。
自分のお勧めしたい曲を紹介しよう **友達の好きな曲を聴いてみよう** （プレゼン発表） B　鑑賞	●自分の好きな曲の特徴やよさを友達に説明したり，共感したりすることができる。（主） ➡タブレット端末のプレゼンテーションアプリを使って，個別に紹介したい内容を聞き取りまとめていく。	❶曲の構造や作者の意図を自分で調べ，曲への理解を深めることができました。 ❷友達に分かりやすく伝わるように，発表方法を工夫して資料をまとめました。 ❸発表するに当たり，自分で下調べをしたり発表の練習をしたりしていました。

（吉田　博子）

　図画工作の内容は「Ａ　表現」「Ｂ　鑑賞」〔共通事項〕から構成されている。「Ａ　表現」と「Ｂ　鑑賞」は本来一体である内容の二つの側面としての領域であることと，〔共通事項〕は，この二つの領域の活動において共通に必要となる資質・能力であり，指導事項であることから，評価においては領域ごとに分けて表記することよりも包括的に表記することが望ましい。そのため図画工作では「学習内容」を「題材例」として示すことにする。そして「題材例」を基に下記の評価の3観点を照らし合わせて評価例を作成，提示していく。

①**知識・技能**…「形や色への注目について」，「材料や用具の使用について」「表し方の工夫について」への評価を行う。

②**思考・判断・表現**…「形や色などから自分のイメージをもっているか」「対象を感じて，よさ，美しさ，表したいことや表し方への思考ができているか」「作品への発想や構想をしているか」「鑑賞を通して見方や感じ方を広げているか」への評価を行う。

③**主体的に学習に取り組む態度**…「つくりだす喜びを味わえているか」「主体的に表現及び鑑賞の学習活動に取り組もうとしているか」への評価を行う。

※各教科等・各学年等の評価の観点等及びその趣旨（小学校及び特別支援学校小学部並びに中学校及び特別支援学校中学部）を参考に作成。

※題材例の下に関連する学習指導要領の内容に関する領域等を記号で示している。

学習内容	●主なねらい　➡手だて	評価の記載例
葉っぱであそぼう Ａ　表現・ア（イ） Ｂ　鑑賞・ア（ア） 共通事項・ア（イ）	●身近なものを並べる，組み合わせるなどして，数量や図形の組み合わせといった構成感覚を培う。（思・判・表） ➡葉っぱは形や色，大きさが様々なものを集める。ちぎる，切ることで形を加工できることを示す。	❶手やはさみなどを使い，形の加工をするなどの工夫ができました。 ❷葉っぱの並べ方を考えて，お面のような作品を構成することができました。 ❸自ら素材に触れ，形を変える，配置を工夫するなどと意欲的に取り組みました。

学習内容	●主なねらい　➡手だて	評価の記載例
好きな模様をかこう！すろう！ モノタイプ A　表現・ア（ア） B　鑑賞・ア（ア） 共通事項・ア（ア）	●指等で描いた模様が紙に写るという体験を通して，版画の仕組みに気付き，興味関心をもつ。（知・技） ➡ラミネートやプラ板の上に絵の具を塗り，指やヘラで模様を付けやすいようにする。	❶指やヘラなどの用具によって表れる模様の違いに気付き，活用しました。 ❷ヘラで付ける模様を好み，ヘラの模様を多用して作品画面を構成できました。 ❸刷った版をめくる活動に期待感をもち，繰り返し行うことができました。
色水で遊ぼう A　表現・ア（イ） B　鑑賞・ア（ア） 共通事項・ア（イ）	●色と色の合成をしたり，色を薄めたりする変化を楽しむ。（知・技） ➡ペットボトルを用意して，色の変化に注目しやすくする。つくった色のペットボトルを並べて鑑賞する。	❶ペットボトルをよく振り，色の変化を促そうとすることができました。 ❷でき上がった色を見て「お茶みたい」と感想を述べることができました。 ❸完成した作品の展示の仕方を自分なりに試行錯誤して決めることができました。
さかなをつくろう A　表現・ア（ア） B　鑑賞・ア（ア） 共通事項・ア（イ）	●手指を使って紙粘土をこねる，ちぎるなどができる。（知・技） ➡魚型にくり抜いた粘土にうろこなどの装飾をするようにする。魚に塗る色を選べるように様々な色の魚の写真を用意する。	❶うろこの形をよく観察して楕円状に粘土を加工することができました。 ❷うろこを規則正しく並べることによさを感じてつくることができました。 ❸ニスで仕上げた作品を見て，何度も表面の感触を確かめ，でき上がりを喜ぶことができました。

図画工作の指導計画と評価の文例　　２段階

学習内容	●主なねらい　➡手だて	評価の記載例
ミノムシをつくろう 毛糸を使った枝の装飾 A　表現・ア（イ） B　鑑賞・ア（ア） 共通事項・ア（イ）	●松ぼっくりや枝など，毛糸を巻く素材による印象の違いを楽しむ。（思・判・表） ➡できた作品は並べて鑑賞し，違いを楽しめるようにする。	❶松ぼっくりの凹凸に注目して毛糸を巻くことができました。 ❷ぶら下がるひもの長短を変えて三つ作品をつくるなどの構想ができました。 ❸自分のミノムシをぶら下げる場所を考えて飾ることができました。
丸，三角，四角でつくろう 紙版画 A　表現・ア（イ） B　鑑賞・ア（ア） 共通事項・ア（ア）	●形を組み合わせることによって模様になったり，具体物になったりすることを知る。（思・判・表） ➡形の選択やその配列に好みが表れている場合には，認めて称賛する言葉掛けを行う。	❶三角と四角を縦に交互に並べて木を表現しようとする工夫が見られました。 ❷森のイメージをもち，三角と四角で構成した木を並べることができました。 ❸刷り終わった版画を並べて眺め，気に入った１枚を選ぶことができました。

図画工作・美術

学習内容	●主なねらい　➡手だて	評価の記載例
季節の絵をかこう モダンテクニックを使って A　表現・ア（ア） B　鑑賞・ア（ア） 共通事項・ア（イ）	●スタンピングなどで表れる模様を雨や花火などに見立てる。（思・判・表） ➡テーマに沿った見立てやすい色の絵の具等を用意する。用具の正しい使い方の手本を示しながら伝える。	❶うちわを使い，赤，黄色，青の色を重ねて花火を再現することができました。 ❷自分が表現した花火の絵を見て「きれい」と感想を述べることができました。 ❸花火を表現しようと色の組み合わせを考えて活動することができました。
もちばなをつくろう 年のはじめを祝おう A　表現・ア（イ） B　鑑賞・ア（ア） 共通事項・ア（ア）	●紅白以外にも様々な色の粘土団子をつくり，装飾を楽しむ。風習を知る。（主） ➡水色，朱色などを用意する。年はじめの校舎内や教室等に飾り，様子の変化を味わう。	❶針金に付ける粘土団子の形が崩れないように丁寧に扱うことができました。 ❷粘土団子を一列に並べてみるなど，完成のイメージをもって活動できました。 ❸作品を教室の様々な場所に飾ってみるなど，積極的な態度が見られました。

図画工作の指導計画と評価の文例　　3段階

学習内容	●主なねらい　➡手だて	評価の記載例
季節のちぎり絵をしよう 花，花火，紅葉，雪等をモチーフにして A　表現・ア（ア） B　鑑賞・ア（ア） 共通事項・ア（イ）	●輪郭線を描くなど，花などのモチーフの形を意識する。（知・技） ➡輪郭線を描くことが難しい場合は型紙を使用するなどの工夫をする。	❶つくりたい形に合ったちぎった紙を選び，貼り合わせることができました。 ❷茎と花びらの関係に注目して，配置を工夫しながら花を表現できました。 ❸実物の花を自分から見たり触れたりして形や色の観察ができました。
イモ版画 A　表現・ア（イ） B　鑑賞・ア（ア） 共通事項・ア（ア）	●さつまいもの柔らかさを生かし，切り口を彫るなどの工夫をする。（思・判・表） ➡ニードルの安全な使い方を練習する。文字などを彫る場合は，鏡文字になることを，例示する。	❶左手でイモを押さえながら慎重にニードルを使うことができました。 ❷イモの切り口の形を組み合わせ，車の絵をつくることができました。 ❸押したイモ版を見て模様を彫り直すなど意欲的に活動ができました。
こんなペン立てあったらいいな 陶土による器物 A　表現・ア（イ） B　鑑賞・ア（ア） 共通事項・ア（イ）	●目的に合わせて，形のイメージを膨らませて制作をし，発想と構想をする力を培う。（思・判・表） ➡ウニやハリネズミなどのイメージがつながりやすい例を示す。	❶鉛筆がしっかり立つように穴の深さを調整してつくることができました。 ❷木の棒をさして，完成のイメージを確かめながら活動することができました。 ❸友達の作品に興味を示し，試しに使ってみるなど，鑑賞することができました。

学習内容	●主なねらい　➡手だて	評価の記載例
墨絵であそぼう **墨絵，にじみ絵，垂らしこみ** A　表現・ア（ア） B　鑑賞・ア（ア） 共通事項・ア（ア）	●墨の濃淡による表れ方の違い 　を感じる。（知・技） ➡墨の濃さを3種類ほど用意し 　て濃淡に気付けるようにする。 　墨の濃淡を生かした作品を鑑 　賞する。	❶墨のにじむ様子に注目して慎重に筆を動 　かすなど工夫ができました。 ❷薄い墨から使って書いてみるなど計画的 　に活動することができました。 ❸工夫した筆の使い方を友達に伝えるなど 　対話をしながら活動ができました。

独立した鑑賞について　図画工作・美術共通

　今回題材例として掲載した単元はどれも表現と鑑賞が一体となったものになっているが，図画工作や美術においては，指導の効果を高めるために必要がある場合には，児童生徒の関心や実態を十分考慮した上で，鑑賞を独立して扱うことができる。その際，次の点に配慮する必要がある。

　第一に，児童生徒がよさや美しさなどについて関心をもって感じ取ったり考えたりし，一人一人の感じ方や見方を深めることができるような内容であること。

　第二に，鑑賞する対象は発達の段階に応じて児童生徒が関心や親しみのもてる作品などを選ぶようにするとともに，作品や作者についての知識は結果として得られるものであること。

　第三に，児童生徒が対象について感じたことなどを言葉にしたり友人と話し合ったりするなど，言語活動を充実すること。

（三上　宗佑）

7 図画工作・美術

中学部（1段階・2段階）

　美術の内容は「Ａ　表現」「Ｂ　鑑賞」〔共通事項〕から構成されている。「Ａ　表現」と「Ｂ　鑑賞」は本来一体である内容の二つの側面としての領域であることと，〔共通事項〕は，この二つの領域の活動において共通に必要となる資質・能力であり，指導事項であることから，評価においては領域ごとに分けて表記することよりも包括的に表記することが望ましい。そのため美術では「学習内容」を「題材例」として示すことにする。そして「題材例」を基に下記の評価の3観点を照らし合わせて評価例を作成，提示していく。

※独立した鑑賞については小学部「図画工作」の項（p.101）を参照のこと。

評価の観点及びその趣旨

①**知識・技能**…「造形的な視点について理解している」「表したいことに合わせて材料や用具を使い，表し方を工夫する技能を身に付けている。」

②**思考・判断・表現**…「造形的な特徴などからイメージを捉えながら，造形的なよさや面白さ，美しさ，表したいことや表し方などについて考えている」「経験したことや材料などを基に，発想し構想したり，造形や作品などを鑑賞し，自分の見方や感じ方を深めたりしている。」

③**主体的に学習に取り組む態度**…「創造活動の喜びを味わい，主体的に表現及び鑑賞の学習活動に取り組もうとしている。」

※各教科等・各学年等の評価の観点等及びその趣旨（小学校及び特別支援学校小学部並びに中学校及び特別支援学校中学部）より抜粋。

美術の指導計画と評価の文例　　1段階

※題材例の下に関連する学習指導要領の内容に関する領域等を記号で示している。

学習内容	●主なねらい　➡手だて	評価の記載例
〔絵画〕 **星空をつくろう** Ａ　表現・ア（ア） Ｂ　鑑賞・ア（イ） 共通事項・ア（ア）	●星空の美しさを感じ，その様子を再現することを通して美を愛好する心情を培う。（思・判・表） ➡黒画用紙を使い，絵の具の色が映えるようにする。作品に関連した写真や映像を事前に鑑賞する。	❶ブラシと網を画用紙から近くで使ったり，離したりして調整ができました。 ❷見た星空の色を表現しようとして混色に取り組むことができました。 ❸作品と写真を見比べながら，繰り返し制作に取り組むことができました。
〔工芸〕 **和紙で飾ろう** 金銀砂子細工 Ａ　表現・ア（イ） Ｂ　鑑賞・ア（ア） 共通事項・ア（ア）	●和紙などの伝統的な模様を生かし組み合わせて壁掛けの装飾をすることができる。（知・技） ➡様々な柄の和紙を用意して模様に注目して選択できる場面を設定する。	❶金紙を糸状に切る，粒状に刻む工夫をして，金箔や金粉を再現できました。 ❷構成した画面の色味を考えて，金紙を使うか銀紙を使うか選択ができました。 ❸伝統工芸の技を見て真似てみるなど，見たことを生かそうとしました。

学習内容	●主なねらい →手だて	評価の記載例
〔立体〕 マイタワーをつくろう A 表現・ア（イ） B 鑑賞・ア（ア） 共通事項・ア（イ）	●様々な形の木片に注目し，積み方などを工夫して制作を行う。（知・技） ➡実態に応じて扱う木材の大きさを調整し，積みやすくする。積み方の例を示してイメージをもたせる。	❶土台に大きな木片を置き，上部に小さな木片を置くなどの工夫ができました。 ❷四角の板を青い色に塗り，窓に見立てて貼り付けるという表現ができました。 ❸完成した塔に名称を付けるなど，作品に親しむことができました。
〔工芸〕 ランプシェイド A 表現・ア（イ） B 鑑賞・ア（イ） 共通事項・ア（ア）	●セロハンや和紙の組み合わせを考えることができる。（思・判・表） ➡好きな形や色のセロハンを選びながら制作ができるようにする。ランプシェイドを使う場面を見てイメージをもたせる。	❶和紙とセロハンをラミネートフィルムに配置を考えてはさみ，パウチすることができました。 ❷月明かりをイメージし，黄色のセロハンを円，半円などに加工できました。 ❸ランプシェイドの周りを歩いてみるなど，光が映す模様に興味をもてました。

美術の指導計画と評価の文例　　2段階

学習内容	●主なねらい →手だて	評価の記載例
〔絵画〕 行事の 思い出コラージュ A 表現・ア（ア） B 鑑賞・ア（ア） 共通事項・ア（ア）	●他の人の作品を鑑賞して，よい点や工夫点に気付き，伝えることができる。（主） ➡完成作品を鑑賞する時間を設けて，見つけたよい点を発表できるようにする。	❶輪郭線に沿ってはさみを使い，写真を丁寧に切り取ることができました。 ❷走る人の写真を並べ，ゴールを絵で描き，徒競走の場面を表現できました。 ❸友達の表現方法に関心をもち，よかったことを伝えることができました。
〔版画〕 模様をつくろう コラグラフ A 表現・ア（イ） B 鑑賞・ア（ア） 共通事項・ア（イ）	●様々な材料の特徴を生かして版の構成を創意工夫する。（思・判・表） ➡コラグラフ版画の特徴や刷り方の要点を例示する。版がきれいに刷れるようプレス機を使用する。	❶版に表したい形の下絵を鉛筆で描き，計画的に構成することができました。 ❷エアパッキンを服の模様に見立てる表現方法を考えることができました。 ❸素材が見せる版に表れる特徴を楽しんで活動することができました。
〔彫刻〕 お面をつくろう A 表現・ア（イ） B 鑑賞・ア（イ） 共通事項・ア（ア）	●お面のテーマやモチーフを意識して制作をする。（思・判・表） ➡制作に入る前に，モチーフを選んだりアイデアスケッチをしたりする時間を設ける。伝統的なお面を数種類提示する。	❶鬼のお面をつくり，角を大きくつくるために芯材を入れる工夫ができました。 ❷鬼のお面の作品例を観察し歯をつくるなど，作品に生かすことができました。 ❸片付け時に慎重に作品を乾燥棚に入れるなど，大切に扱うことができました。
〔工芸〕 うちわづくり 垂らしこみ A 表現・ア（イ） B 鑑賞・ア（イ） 共通事項・ア（ア）	◆垂らしこみの技法と筆を使っての描画を行うことができる。（知・技） ➡細筆を用意し，描画がしやすいようにする。描画は簡単な模様と複雑な模様を例示する。	❶垂らしこみの技法に親しみ，用具を正しく使うことができました。 ❷夏のイメージを表す形を考え，型紙をつくることができました。 ❸「家に持ち帰って使いたい」と感想を述べるなど，作品を愛好できました。

（三上　宗佑）

図画工作・美術

7 図画工作・美術

高等部（1段階・2段階）

評価のポイント

　美術の内容は「Ａ　表現」「Ｂ　鑑賞」〔共通事項〕から構成されている。「Ａ　表現」と「Ｂ　鑑賞」は本来一体である内容の二つの側面としての領域であることと、〔共通事項〕は、この二つの領域の活動において共通に必要となる資質・能力であり、指導事項であることから、評価においては領域ごとに分けて表記することよりも包括的に表記することが望ましい。そのため美術では「学習内容」を「題材例」として示すことにする。そして「題材例」を基に下記の評価の3観点を照らし合わせて評価例を提示していく。

評価の観点及びその趣旨

①**知識・技能**…「自分の感じ方で形や色彩のイメージや作風を捉えている」「発想や構想したことなどを基に材料や用具を生かし工夫している。」

②**思考・判断・表現**…「目的や条件を基に、自分の表したいことを適切に表現しようとしている」「作品等から表現の意図や工夫、美術の働きや美術文化について考えている。」

③**主体的に学習に取り組む態度**…「創造活動の喜びを味わい、個性的に自己を発揮し、他者の考えを認め合うなど主体的に表現及び鑑賞の学習活動に取り組もうとしている。」

※「特別支援学校高等部学習指導要領解説（知的障害者教科等編（下））第2編第2部第5章第4節第6の2美術科の目標」を参考にして作成。

美術の指導計画と評価の文例　　1段階

※題材例の下に関連する学習指導要領の内容に関する領域等を記号で示している。

学習内容	●主なねらい　➡手だて	評価の記載例
〔写生〕 **植物の絵葉書** **インクと水彩絵の具** Ａ　表現・ア（イ） Ｂ　鑑賞・ア（ア） 共通事項・ア（イ）	●植物の特徴を意識して力強く線を描く。（知・技） ➡割りばしを削ったペンとインクを用意することで大まかな形を捉えて線を描く感覚を身に付けられるようにする。	❶植物の節を太く力強い線で表現することができました。 ❷力強く伸びた植物の絵に合わせ、「元気です」という文字を書けました。 ❸絵葉書を出す相手を具体的に想定しながら活動に取り組めました。
〔デザイン〕 **文化祭のポスター** **共同制作** Ａ　表現・ア（ア） Ｂ　鑑賞・ア（イ） 共通事項・ア（ア）	●テーマに合わせてレタリングやイラストの配置や配色を考え、画面構成をする。（思・判・表） ➡昨年度のポスターや、オリンピック等のポスターを鑑賞してイメージをもてるようにする。	❶ポスターに適した書体としてゴシック文字を選び、定規を活用して文字を書くことができました。 ❷学校のテーマカラーに合う注目しやすい文字色について考えることができました。 ❸よいと思った友達の意見に賛成するなど、共同して活動ができました。

学習内容	●主なねらい　➡手だて	評価の記載例
〔工芸〕 **キーホルダーづくり** 革工芸 A　表現・ア（ア） B　鑑賞・ア（イ） 共通事項・ア（ア）	●刻印棒などの用具を使用して装飾をすることができる。（知・技） ➡刻印棒や鉄筆を練習する機会と時間を十分に設ける。	❶練習をする中で，装飾の図案をシンプルにするなどの調整ができました。 ❷落としたときに役立つように，キーホルダーにイニシャルを刻印する工夫を自発的に行いました。 ❸刻印したイニシャルの理由を発表時に伝えることができました。
〔彫刻〕 **運動会** 塑像 A　表現・ア（イ） B　鑑賞・ア（ア） 共通事項・ア（ア）	●人体の構造を意識して，躍動感のある動きの形について創意工夫する。（思・判・表） ➡芯材を針金で組み，動きのイメージを操作しながら固められるようにする。	❶表現したい競技における動きを，芯材を動かしながら試し，決めることができました。 ❷徒競走を選び，写真を見てポーズの構想を練ることができました。 ❸友達の作品づくりを見て，よい点を取り入れようとする姿が見られました。

美術の指導計画と評価の文例　　2段階

学習内容	●主なねらい　➡手だて	評価の記載例
〔絵画〕 **生活絵巻** A　表現・ア（ア） B　鑑賞・ア（ア） 共通事項・ア（イ）	●日本の伝統的な絵画技法について理解し，表現する。（知・技） ➡絵巻物を鑑賞した後，日常生活というテーマを設定して物語のある絵を描けるようにする。	❶テーマを理解して朝，日中，昼食，夕方と四つの場面を描き分けられました。 ❷絵巻にヒントを得て日常場面に多くの人物の姿を描くことができました。 ❸家の場面の絵で，自分の気に入っている家具を大きく書く工夫ができました。
〔絵画〕 **2点透視図法** A　表現・ア（イ） B　鑑賞・ア（イ） 共通事項・ア（ア）	●消失点を意識して，製図の基礎に親しむことができる。（知・技） ➡2点透視図法の作例や描き方を提示し，練習を重ねる。	❶消失点を意識して定規を使ってビル群を描き込むことができました。 ❷画面中央に大きなビルを描きたいという思いをもって活動ができました。 ❸友達が描いた宙に浮くブロックに関心をもち，称賛することができました。
〔デザイン・鑑賞〕 **作品発表会** A　表現・ア（ア） B　鑑賞・ア（イ） 共通事項・ア（ア）	●作成した作品をどのように陳列するか班ごとにレイアウトを工夫することができる。（思・判・表） ➡実際に地域の美術館に行き，イメージをもてるようにする。	❶キャプションに注目して，見やすい色や配置について工夫ができました。 ❷展示方法を考え，立体作品を台の上に展示したいと伝えることができました。 ❸他班の展示を見て意見を伝えたり，展示を手伝ったりすることができました。
〔工芸〕 **薬味皿** A　表現・ア（イ） B　鑑賞・ア（イ） 共通事項・ア（ア）	●薬味皿のイメージをアイデアスケッチで練ってから制作を行うことができる。（思・判・表） ➡薬味皿の製品を触れてみることで，大きさや使いやすさにも考えが及ぶようにする。	❶花形の薬味皿を制作しました。醤油等を注ぐ部分の深さを調整することができました。 ❷レモン，醤油，胡椒と入れるものを想定して形を考えることができました。 ❸発表の場で，皿の使い方について身振りを交えて紹介することができました。

（三上　宗佑）

8 体育・保健体育
小学部（1段階・2段階・3段階）

　新学習指導要領では，小学校体育科の目標との連続性を踏まえて，体育や保健の見方・考え方を働かせ，課題に気付き，その解決に向けた学習過程を通して，心と体を一体として捉え，生涯にわたって心身の健康を保持増進し，豊かなスポーツライフを実現するための資質・能力の育成を目標としている。育成を目指す資質・能力を「知識及び技能」，「思考力，判断力，表現力等」，「学びに向かう力，人間性等」の三つの柱で整理し段階ごとに目標を設定している。学習評価はそれに対応し，三つの観点で評価することとなる。

　体育科の内容は，小学校体育科との連続性を踏まえて，六つの運動領域と一つの保健領域として示されている。内容は，下記のように1段階と，2段階及び3段階で異なっている。

小学部　体育の内容　【1段階】	【2段階及び3段階】
A　体つくり運動遊び	A　体つくり運動
B　器械・器具を使っての遊び	B　器械・器具を使っての運動
C　走・跳の運動遊び	C　走・跳の運動
D　水遊び	D　水の中での運動
E　ボール遊び	E　ボールを使った運動やゲーム
F　表現遊び	F　表現運動
G　保健	G　保健

①**知識・技能**…遊びや基本的な運動の行い方について知っているとともに，基本的な動きを身に付けている。また，身近な生活における健康について知っているとともに，健康な生活に必要な事柄を身に付けている。

②**思考・判断・表現**…遊びや基本的な運動についての自分の課題に気付き，その解決に向けて自ら行動し，考えているとともに，それらを他者に伝えている。また，健康についての自分の課題に気付き，その解決に向けて自ら考えているとともに，それらを他者に伝えている。

③**主体的に学習に取り組む態度**…遊びや基本的な運動に楽しく取り組もうとしている。また，健康に必要な事柄に取り組もうとしている。

※小学校，中学校，高等学校及び特別支援学校等における児童生徒の学習評価及び指導要録の改善等について（通知）別紙4「各教科等・各学年等の評価の観点等及びその趣旨」から引用。

学習内容	●主なねらい　➡手だて	評価の記載例
転がる・はう A　体つくり運動遊び	●手足を伸ばして転がったり，左右交互に手を出して這う動きを行ったりすることができる。（思・判・表） ➡隣で一緒に動きを示したり，動きに合った言葉掛けを行ったりする。	❶左右交互に手を出して，3m這って動くことができました。 ❷出した手を力強く引き戻すと前に進むことが分かりました。 ❸自分から手や足を動かして活動する場面が増えました。
しゃがむ・跳ぶ A　体つくり運動遊び	●その場でしゃがんだり，跳んだりするなど，脚を使っての活動ができる。（思・判・表） ➡しゃがむ・跳ぶ動きをしっかり体感できるように，はじめは教師と手をつないで行う。	❶脚を曲げてしゃがんだり，2回連続で跳んだりすることができました。 ❷脚を少し広げるとバランスを崩さずにしゃがめることに気付きました。 ❸しゃがむスピードや時間，跳ぶ強さや回数を工夫するようになりました。
上る・下りる B　器械・器具を使っての遊び	●ジャングルジムを登ったり，下りたり，ぶら下がったりしながら，体を動かすことができる。（知・技） ➡手を添えてつかむ場所を示したり，体や足を支えたりする。	❶高さ2段目まで登ったり，下りたりして体を動かすことができました。 ❷次につかんだり足をかけたりする箇所を見て体を動かすようになりました。 ❸落ちないようにしっかり手すりを握るようになりました。
マットで転がる B　器械・器具を使っての遊び	●マットに背中や腹などをつけ，転がったり，移動したりして遊ぶことができる。（思・判・表） ➡転がりやすいように，斜めに角度がついたマットを使用する。	❶自分から体を動かし，連続して転がることができました。 ❷自分から斜めに角度がついたマットを選び，活動するようになりました。 ❸スピードをつけて転がるなど，いろいろ工夫して遊ぶことができました。
走る C　走・跳の運動遊び	●教師と一緒に，ゆっくり走ったり，早く走ったりすることができる。（思・判・表） ➡走る速さやリズムに応じた言葉掛けを行ったり，隣で一緒に走り，速さの加減を視覚的に示したりする。	❶教師と手をつないで，2分間，ゆっくり走ることができました。 ❷教師の近くに寄り，追いかけてほしいことを伝えることができました。 ❸外遊びでは，自分から教師や友達を追いかけて遊ぶようになりました。
跳ぶ C　走・跳の運動遊び	●教師と一緒に，その場で上方に両足で跳んだり，前方に跳んだりすることができる。（思・判・表） ➡正面に立って両手をつなぎ，両手を下げて跳ぶ姿勢から，「ピョン」の掛け声に合わせて跳ぶ。	❶教師とつないだ両手を上方に引っ張ると，力強く跳ぶことができました。 ❷つないだ両手を下げると，膝を曲げて跳ぶことを意識するようになりました。 ❸教師の「ピョン」の掛け声に合わせて，前方に跳ぶことができました。

体育・保健体育

学習内容	●主なねらい　➡手だて	評価の記載例
水遊び D　水遊び	●水をすくったり，前や上に向かって飛ばしたりすることができる。（主） ➡浅い深さのプールの中で，教師が手本を見せたり，手を取って一緒に活動したりする。	❶手を丸めて水をすくい，何度も前や上に水を飛ばすことができました。 ❷水を勢いよくすくい上げると高く飛ぶことが分かりました。 ❸教師と水をかけ合うなどのやり取り場面が増えました。
転がす・捕る E　ボール遊び	●いろいろなボールを転がしたり，捕ったりして楽しく体を動かす。（思・判・表） ➡捕りやすいように，大きいボールや少し空気を抜いたボール，鈴が入ったビーチボールなどを用意する。	❶両手でボールを押さえ，力強くボールを転がすことができました。 ❷転がってくるボールを見て手を動かすと，捕れることが分かりました。 ❸動く教材や物に興味を示すようになりました。
的当て E　ボール遊び	●イラストが描かれた的に向かって，ボールを転がしたり，投げたり，蹴ったりして遊ぶ。（知・技） ➡的の大きさや的までの距離，的に当たったときの音などを工夫する。	❶１ｍ先の的に向かって，ボールを投げることができました。 ❷投げやすい大きさのボールを選んで投げるようになりました。 ❸「えい」と言いながら，的をねらってボールを投げることが増えました。
自由な動き F　表現遊び	●音楽を感じながら，楽しく自由に体を動かす。（思・判・表） ➡はねたり跳んだりする動きにはリズミカルな曲を，左右に体を動かす動きにはのびやかな曲を選曲し，組み合わせる。	❶音楽に合わせ，手や体を左右に大きく動かすことができました。 ❷いろいろな動きの組み合わせを考え，発表することができました。 ❸様々な音楽に興味を示すようになりました。
うがい G　保健	●教師と一緒に，水を口に含んで吐き出したり，うがいをしたりすることができる。（知・技） ➡隣で，「ブクブク」「ガラガラ」「ペー」などの言葉掛けを行い，手本を示す。	❶水を口に含み，「ペー」の言葉掛けに合わせて吐き出すことができました。 ❷鏡に映った教師の口を見て，同じように口を閉じるようになりました。 ❸手洗い後は，自分からコップを持ってうがいの準備をするようになりました。
保健室 G　保健	●体調が悪いときなど，教師と一緒に保健室へ行き，言葉や表情，サイン，絵カードなどで伝える。（思・判・表） ➡体の部位や状態を示した絵カードを用意する。	❶教師の手をとって誘導しベッドで休みたいことを伝えることができました。 ❷保健室カードを手渡すと，保健室で対応してくれることが分かってきました。 ❸辛い表情で伝えたり，頭に手を当てたりするなどの様子が見られました。

学習内容	●主なねらい　➡手だて	評価の記載例
体ほぐし運動 A　体つくり運動	●リズムに乗り，たくさん体を動かす。（思・判・表） ➡太鼓や手拍子などでリズムに強弱をつけたり，軽やかな曲や動きやすい曲を選んだりする。	❶軽やかに走ったり，伸び伸びと手を動かしたりすることができました。 ❷這う動きでは，リズムの強弱を手掛かりに，手を前に出して進めていました。 ❸各リズムに合わせた動きを自分から行うようになりました。
多様な動きをつくる運動 A　体つくり運動	●大また・小また，横歩き・後ろ歩きなど，いろいろな方法で歩く。（思・判・表） ➡「大きく・大きく」「横・横」など，動きを表す言葉掛けと大きな動作で示す。	❶バランスを取り，大またで歩いたり後ろに歩いたりすることができました。 ❷床に貼った線を意識して，足を左右に動かして横歩きができました。 ❸動きを表す言葉を言いながら，いろいろな動きに取り組むようになりました。
平均台 B　器械・器具を使っての運動	●左右交互に足を出し，幅が広い低い平均台を渡ることができる。（知・技） ➡平均台の上に，左右に色分けした足型を貼り，交互に足を出すことを視覚的に示す。	❶体全体でバランスをとりながら，左右交互に足を出して平均台を渡れました。 ❷左右に色分けした足形を見て，慎重に足を交互に出していました。 ❸幅が狭い平均台や少し高さがある平均台にも挑戦するようになりました。
跳び箱 B　器械・器具を使っての運動	●跳び箱に両手を着き，またぎ乗ったり，またぎ下りたりする。（知・技） ➡手を支点に体重を移動する感覚が分かるように，後方から軽く体を押す。	❶両手でしっかり体を支えながら，またぎ下りることができました。 ❷両手で力強く体を前に引き寄せると，前に進むことが分かりました。 ❸高さや長さが違う跳び箱の中から自分で選び，取り組むようになりました。
走る運動 C　走・跳の運動	●30m先のゴールに向かって走る。（知・技） ➡ラインを引いて走るレーンを分かりやすくしたり，テープやコーンなどを使ってゴール（終わり）を視覚的に示したりする。	❶途中で立ち止まらずに最後まで走ることができました。 ❷走る前に，ゴール（終わり）を確認してから走る構えをとっていました。 ❸50m走やトラック1周など，少しずつ長い距離も走れるようになりました。
跳ぶ運動 C　走・跳の運動	●ミニハードルをまたいだり，跳び越えたりする。（知・技） ➡高さの違うミニハードルを複数用意したり，1回に取り組む回数を少なくしたりして行う。	❶少し助走をつけながら，ミニハードル5台を跳び越えることができました。 ❷ミニハードルに足が引っかからないように，足を高く上げていました。 ❸少し高さのあるハードルを設定したコースを選ぶようになりました。

体育・保健体育

学習内容	●主なねらい　➡手だて	評価の記載例
まねっこ遊び D　水の中での運動	●水につかり，様々な動物の真似をしながら歩く。（思・判・表） ➡必要に応じて，水底板で水面の高さを調整し，水に対する抵抗を和らげる。	❶ワニ歩きでは，ひざなどを一直線に伸ばし，手を使って４ｍ前に進めました。 ❷プールサイドを走らない，順番を守るなど，約束を守って運動できました。 ❸水中で一列に並び，プールの端から端まで走ることができました。
水中かけっこ D　水の中での運動	●水の抵抗を感じながら歩いたり，走ったりして遊ぶ。（思・判・表） ➡水中で大きな輪になって左右に回って歩いたり，一列になってプールの端まで走ったりする。	❶「１・２」など，自分で声を出しながら，10m歩くことができました。 ❷水中を走るときは，力強く手足を動かすことが分かりました。 ❸水中に浮かんだボールを早く取ろうと，力強く手足を動かして走れました。
基本的な運動 E　ボールを使った運動やゲーム	●ボールを蹴る，止めるなどの簡単なボール操作をする。（知・技） ➡ボールが動かないように，少しボールの空気を抜いたり，リングの上にボールを置いたりする。	❶左足で体のバランスをとりながら，右足でボールを蹴ることができました。 ❷転がってくるボールを見て，右足でボールを止めることができました。 ❸転がってくるボールの方向に移動して蹴ることができるようになりました。
ボールを使ったゲーム E　ボールを使った運動やゲーム	●ボール送りゲームでは，ボールを落とさずに友達に手渡したり，運んだりする。（思・判・表） ➡手渡す際は，「はい」などの言葉掛けを行い，相手の注意を促すようにする。	❶ボールを落とさずに友達と手渡しながら，ゴールできました。 ❷相手が受け取りやすいように「はい」と言ってから投げることができました。 ❸３人１組で，体育館の端まで交代でボールを手渡しながらゴールできました。
リズムと動き F　表現運動	●音楽やリズムに合わせて，弾む・回る・ねじるなどの運動を行う。（思・判・表） ➡弾んで踊れるような軽快なリズムの曲や児童が関心を示しやすい曲を取り上げる。	❶音楽に合わせて，素早く回る・左右に大きく体をねじることができました。 ❷音楽が始まったら動く，音楽が止まれば動きを止めるきまりを守れました。 ❸連続して回ってみたり，ねじる速さを変えてみたりする様子が見られました。
健康な生活 G　保健	●自分の体調を意識したり，体調が悪いことやけがをして痛いことを伝えたりする。（思・判・表） ➡腹痛や頭痛など，体の不調を示した絵カードやサインなどを活用したりする。	❶近くにいる教師に，お腹を押さえて腹痛であることを伝えられました。 ❷手の汚れに気付き，汚れが落ちるように手を合わせて洗うことができました。 ❸身体測定では，教師と測定カードを確認しながら，静かに測定できました。

学習内容	●主なねらい　➡手だて	評価の記載例
多様な動きをつくる運動 上下 A　体つくり運動	●友達と手をつないだり背中を合わせたりして，立ったり座ったりする。（思・判・表） ➡相手の動きに合わせて自分の動きを調整できるように，活動場面を映像に撮って確認する。	❶「せーの」と声を出し合い，タイミングを合わせて立つことができました。 ❷活動場面の映像を見て，相手の動きに合わせて自分の動きを調整できました。 ❸「次は座るよ，せーの。」などと，自分たちで動きを決めて取り組みました。
多様な動きをつくる運動 短なわ A　体つくり運動	●両足をそろえ，ゆっくり揺らした短なわを跳ぶ。（知・技） ➡動く短なわに注目できるよう，紙でつくった筒をなわにくくり付け，徐々に筒を短くしたり，揺らす速さを調整したりする。	❶後ろ向きでも，揺らした短なわを跳べるようになりました。 ❷揺れる短なわのスピードに合わせて，跳ぶことができました。 ❸５回続けて回旋した短なわを，跳ぶことができました。
前転 B　器械・器具を使っての運動	●両手をしっかりマットに着き，前方に回転する。（知・技） ➡しゃがんだ姿勢から始める・体を小さく丸めながら後頭部・背中などの順に回転するなど，前転のポイントを絵カードで示す。	❶一人で前方に１回転し，立ち上がることができました。 ❷前の友達が終わってから前転するなど，安全のきまりを守れました。 ❸友達と一緒に，マットの準備や片付けを行うことができました。
鉄棒 B　器械・器具を使っての運動	●低鉄棒に跳び上がったり，支持した状態から体を前後に振ったり，前回りしたりする。（知・技） ➡お腹が当たる鉄棒の箇所にタオルを厚めに巻いたり，体をしっかり支えたりする。	❶両手でしっかり体を支持し，両足を前後に２回振ることができました。 ❷前回りでは，最後まで手を離さないことを理解して取り組めました。 ❸スピードをつけて回転し，２回続けて前回りができるようになってきました。
走る運動 C　走・跳の運動	●リレーでは，友達に走りたい順番を伝えたり，走順を考えてみたりして走る。（主） ➡友達や教師に伝えやすいように，顔写真カードや走る順番ボードを用意する。	❶友達と考えた順番通りにバトンを手渡し，リレーすることができました。 ❷バトンの受け渡しでは，周りにぶつからないように並び，受け取れました。 ❸１回目の結果を参考に，２回目に走る順番を考え，友達に伝えられました。
跳ぶ運動 C　走・跳の運動	●３m先のゴールまで，ケンパー跳び，片足と両足での連続跳びなどで進む。（思・判・表） ➡丸マットやリングを用意し，床に置くときの距離や個数などは，個々の実態に応じて設定する。	❶「ケン・ケン・パー」と言いながら，リズムよく跳ぶことができました。 ❷片足３回・両足２回など，跳ぶ回数を自分で考え，発表できました。 ❸丸マットがなくても，ケンパー跳びで５m前に進むことができました。

体育・保健体育

学習内容	●主なねらい　➡手だて	評価の記載例
水中でのゲーム D　水の中での運動	●水中での石拾いや輪くぐりなどを通して，もぐる，目を開ける，水中で息を吐くことなどに慣れる。（知・技） ➡少しもぐったり，少し目を開けたりするなど，できる活動から取り組む。	❶水中で目を開け，ねらった石をたくさん拾うことができました。 ❷水中で目を開けると，目標物が見え，より活動できることが分かりました。 ❸息を吸ってからもぐり，口から少しずつ息を吐きながら輪をくぐれました。
ばた足 D　水の中での運動	●壁や補助具につかまり，ばた足を行う。（知・技） ➡映像やイラストで，ももの付け根から足を伸ばして行うことを，映像や絵で確認してから取り組む。	❶10秒間，足を伸ばし，力強くばた足を行うことができました。 ❷ばた足やかえる足のポイントを理解して取り組むことができました。 ❸補助具に手を乗せ，ばた足で3m進むことができるようになりました。
ベースボール型ゲーム E　ボールを使った運動やゲーム	●キックベースボールでは，ねらったところにボールを転がしたり，蹴ったりしてゲームをする。（思・判・表） ➡ねらい通りに活動できたら，すぐ褒め，できた評価を強化する。	❶守備と守備の間をねらい，力強くボールを蹴って1塁まで走れました。 ❷守備の位置を見て，蹴るボールの力加減を調整して蹴っていました。 ❸準備では，ベースの設置場所を友達と確認しながら置いていました。
しっぽ取りゲーム E　ボールを使った運動やゲーム	●逃げる相手を追いかけ，しっぽ（マーク）を取る。（思・判・表） ➡取りやすいように，しっぽの長さや大きさを工夫したり，逃げる範囲を狭くしたりする。	❶ゲーム終了まで集中し，逃げる友達や先生のしっぽを取ることができました。 ❷周りを見回し，しっぽを取る相手を見付けて取ることができました。 ❸速く走ったり，急に曲がったりするなど，工夫をしながら逃げていました。
リズムと動き F　表現運動	●友達と一緒に，簡単な振り付けをしたダンスを踊る。（思・判・表） ➡スキップの場面では，軽快なリズムの曲で行うなど，動きを促すような選曲をする。	❶リズムに乗り，スキップしたり，手を叩いたりして踊ることができました。 ❷ダンスの映像を確認する場面では，友達に気付いたことを伝えていました。 ❸いろいろなダンスに興味を示すようになりました。
健康な生活 G　保健	●自分の歯の状態に関心を示したり，変化を教師などの身近な大人に伝えたりする。（主） ➡歯を磨かないとむし歯になる，むし歯になると痛いなど，絵カードを使って注意を促す。	❶「歯がぐらぐら動く」など，言葉や歯を指さして伝えることができました。 ❷「むし歯予防のためには歯を磨く」ことを理解しています。 ❸「食べた後は歯磨き」と言いながら，歯磨きの準備をするようになりました。

（今野　美穂）

8 体育・保健体育
中学部（1段階・2段階）

　新学習指導要領では，中学校保健体育科の目標との連続性を踏まえて，体育や保健の見方・考え方を働かせ，課題を見付け，その解決に向けた学習過程を通して，心と体を一体として捉え，生涯にわたる心身の健康の保持増進や豊かなスポーツライフの実現を重視する目標としている。育成を目指す資質・能力を「知識及び技能」「思考力，判断力，表現力等」「学びに向かう力，人間性等」の三つの柱で整理し段階ごとに目標を設定している。学習評価はそれに対応し，三つの観点で評価することとなる。

　保健体育科の内容は，1・2段階ともに体育分野として7領域，保健分野として1領域があり，新たに示された「武道」も含め全て取り扱うことに留意する必要がある。

中学部　保健体育の内容【1段階及び2段階共通】（　）は当該段階のみ	
A　体つくり運動	体ほぐしの運動，体の動きを高める運動
B　器械運動	マット運動，鉄棒運動，跳び箱運動，平均台を使った運動（1）　など
C　陸上運動	短距離走・リレー，長距離走，（小型）ハードル走　など
D　水泳運動	もぐる・浮く運動，浮いて進む運動，泳ぐ運動　など
E　球技	ゴール型，ネット型，ベースボール型　など／ボール操作，ボールを持たないときの動き
F　武道	柔道，剣道，相撲　など
G　ダンス	リズムダンス，フォークダンス
H　保健	けがや病気の予防に関すること，健康な生活に必要な習慣や態度を身に付けること　など

①**知識・技能**…各種の運動の特性に応じた技能等及び自分の生活における健康・安全について理解するとともに，基本的な技能を身に付けるようにする。

②**思考・判断・表現**…各種の運動や健康・安全についての自分の課題を見付け，その解決に向けて自ら思考し判断するとともに，他者に伝える力を養う。

③**主体的に学習に取り組む態度**…生涯にわたって運動に親しむことや健康の保持増進と体力の向上を目指し，明るく豊かな生活を営む態度を養う。

※特別支援学校学習指導要領解説から引用。

学習内容	●主なねらい　➡手だて	評価の記載例
体つくり運動 A　体つくり運動	●各運動を正しい行い方で取り組むことができる。（知・技） ➡ポイントを写真で提示する。	❶手押し車などの運動のポイントを理解して取り組むことができました。 ❷自分の体力の課題や体力の高まりに気付くことができました。 ❸体力の高まりに応じて運動の強度や回数を増やすことができました。
マット運動 B　器械運動	●後転が正しくできる。（思・判・表） ➡動かす部位を補助し，具体的な体の使い方を伝える。	❶しゃがみ姿勢から体を丸め，尻・背中の順番にマットに置くことができました。 ❷後方へ倒れるタイミングや手を置く位置を考えて練習できました。 ❸連続技や開脚前転にも挑戦して繰り返し練習することができました。
短距離走・リレー C　陸上運動	●一定の距離（30〜60m）をリズムのよいフォームで走ることができる。（思・判・表） ➡写真で提示したり，ポイントとなる部位を伝えたりする。	❶肘の位置に気を付けた腕振りを意識して走ることができました。 ❷前傾の姿勢やよい腕振りができ，走り続けることができました。 ❸本で学んだりオリンピック選手の動きを真似したりするようになりました。
長距離走 C　陸上運動	●フォームやペースなど，正しい走り方を理解することができる。（思・判・表） ➡よい走り方と悪い走り方を動画等で例示する。	❶フォームやペースなどに気を付けて取り組め，走り続けることができました。 ❷教員の助言から，よい走り方に気付き，改善することができました。 ❸表彰されるなど，走る活動が楽しくなり，目標を設定できるようになりました。
水泳 D　水泳運動	●け伸びで5m進むことができる。（知・技） ➡体がまっすぐになるように手で補助するなど前に進む感覚を伝える。	❶あごを引き，腕で頭を挟んで体を一直線にして5m進むことができました。 ❷手や足の動作で水の抵抗の違いに気付き，抵抗の少ないけ伸びができました。 ❸友達の股の下をくぐり抜けるなどして進むことができました。
サッカー E　球技	●ボールを足の裏で止めて，相手に向かって蹴ることができる。（主） ➡相手との距離を段々と遠くする。	❶足裏のどこにボールが触れているかを理解した後に蹴ることができました。 ❷ボールを蹴るときに強さや方向を決めることができました。 ❸軸足やつま先の向きに気を付け，正確にコントロールすることができました。

学習内容	●主なねらい　➡手だて	評価の記載例
柔道 F　武道	●柔道の行い方や伝統的な考え方が分かる。（知・技） ➡オリンピックや柔道入門のビデオを見て意欲を高める。作法や受け身のお手本を模倣し，自分や友達の録画を視聴する。	❶横受け身では，両脚と一方の腕全体で畳を強くたたくことを理解できました。 ❷膝車などの技をかけたり受け身をとったりすることができました。 ❸柔道の伝統的な礼法や技に興味をもち，録画等を見るようになりました。
相撲 F　武道	●相撲の基本となる技の押しを身に付けることができる。（知・技） ➡動画等で確認した後に押す側と受ける側を決め，基本の型を練習する。	❶中腰の構えを維持することやすり足で前に出るポイントを理解できました。 ❷有効な押し方として低い姿勢から押す大切さに気付くことができました。 ❸学習した押し方で相手と押し合い，試合を楽しむことができました。
ダンス G　ダンス	●ダンスのステップや振り付けを覚えて踊ることができる。（思・判・表） ➡イラストや端的な言葉で書かれた振り付け表を提示する。	❶ステップや決められた振り付けを覚えて踊ることができました。 ❷曲のリズムの特徴を捉えてアクセントをつけて踊ることができました。 ❸得意なステップを発表したり友達のよかったことを発表したりできました。
病気の予防 H　保健	●健康に過ごすよさに気付き，手洗い，うがいができる。（思・判・表） ➡汚れをブラックライトに当てて見たり，視覚的な資料を提示したりする。	❶手洗いの歌に合わせて，手の甲などを丁寧に洗うことができました。 ❷手の汚れや喉の汚れを知り，手洗いやうがいの大切さが分かりました。 ❸手洗い，うがいの重要性を理解して進んで実践できるようになりました。

学習内容	●主なねらい　➡手だて	評価の記載例
体力を高める運動 A　体つくり運動	●巧みな動きを高めるための運動や力強い動きを高める運動ができる。（知・技） ➡活動のエリアを分かりやすくし，活動のポイントを提示する。	❶ペットボトル運動は，腕の筋力を高めることを理解し，実践できました。 ❷ジャンプでは自分に合った課題を選び，安全に気を付けることができました。 ❸友達のよい動きを取り入れ，体力に合った負荷の運動が設定できました。
マット運動 B　器械運動	●連続後転や開脚後転などの技ができる。（知・技） ➡意識するポイントをキーワードで提示したり動かす部位を補助したりする。	❶開脚後転では，マットを両手で押して膝を伸ばし，開脚立ちができました。 ❷「手を前に」などを意識して行い方を身に付けることができました。 ❸技をスムーズにつなげて最後にポーズを決める演技が発表できました。
小型ハードル C　陸上運動	●一定の間隔に並べられた小型ハードルを同じ歩数で乗り越えることができる。（思・判・表） ➡ハードルを踏み切る位置に印を付ける。	❶踏み切る位置を意識して，インターバルを同じ歩数で走ることができました。 ❷自分に合ったインターバルを選んで，リズムよく走ることができました。 ❸ハードルを走り越えた後もゴールまで全力で走りぬくことができました。
長距離走 C　陸上運動	●時間や距離を決め，目標を設定して走り続けることができる。（思・判・表） ➡目標をグラフにした学習カードに記入する。	❶自分に合った距離や距離に応じた目標設定が分かるようになりました。 ❷学習カードのグラフを見て目標設定をして走り続けることができました。 ❸自分に合った種目のマラソン大会・駅伝に出場するようになりました。
クロール D　水泳運動	●手を左右交互に前に出して水をかくストロークができる。（主） ➡側について腕の動かし方や水との抵抗を確認する。	❶腕の動かし方や水との抵抗が分かり，ストロークを意識できました。 ❷正しいストロークが実践できるようになり，前に進む感覚が分かりました。 ❸ストロークとリズムがよい息継ぎができ，泳ぐことが楽しくなりました。
ワンベースキック E　球技	●得点されない守備の仕方が理解できる。（主） ➡ポイントとなる動作については言葉掛けを行いながら確認する。	❶転がってきたボールを捕球して，一塁に正確に送球ができました。 ❷ボールが転がってくる方向，速度に合わせて守備をすることができました。 ❸打球や送球に対してより速くボールを追いかけて捕球ができました。

学習内容	●主なねらい　➡手だて	評価の記載例
柔道 F　武道	●前回り受け身の感覚を身に付けることができる。（知・技） ➡ロールマットやバランスのとりやすい大きなボール（Gボール）等の補助具を使用する。	❶手の着き方や顔を向ける方向を意識して受け身をとることができました。 ❷お腹との空間を意識して障害物を跳び越え，前回り受け身ができました。 ❸安全に前回り受け身等で受け身がとれるようになりました。
リズムダンス G　ダンス	●体をねじったり回ったりし，リズムよく続けて踊ることができる。（思・判・表） ➡動きのよい友達をお手本にしたり，動画でポイントを確認したりする。	❶動きのポイントを意識してアクセントをつけて踊ることができました。 ❷友達のよい動きを見つけて自分の動きに取り入れて踊ることができました。 ❸友達のよさを認め合い，楽しみながら練習や発表をすることができました。
病気の予防 H　保健	●健康によい１日の生活の仕方を考えることができる。（主） ➡具体例を示したり提示物を使用したりして理解を促す。	❶食事，運動，睡眠の調和のとれた生活を続ける必要性を理解しました。 ❷学習したことを自分の生活と比べ，規則正しい生活に気付けました。 ❸食事，運動，睡眠に気を付けて健康によい生活を実践するようになりました。
体の発育・発達 H　保健	●体は，年齢や男女によって変化があることを理解することができる。（思・判・表） ➡動画や男女のシルエット等の資料を提示する。	❶子供と大人のシルエットを見て胸や肩幅の違いに気付くことができました。 ❷大人の体つきの特徴をがっしりや丸みがあるとまとめることができました。 ❸成長は個人差があることが分かり，大人への期待感をもつことができました。

自分に合った
インターバルだ。

（竹田　憲功）

8 体育・保健体育

高等部（1段階・2段階）

　新学習指導要領では，高等学校保健体育科の目標との連続性を踏まえて，体育や保健の見方・考え方を働かせて，課題を発見し，合理的・計画的な解決に向けた主体的・協働的な学習過程を通して，心と体を一体として捉え，生涯にわたって心身の健康の保持増進や豊かなスポーツライフを継続するための資質・能力の育成を目指している。目標は，「知識及び技能」「思考力，判断力，表現力等」「学びに向かう力，人間性等」の三つの柱で整理し，段階ごとに目標を設定している。学習評価はそれに対応し，三つの観点で評価することとなる。

　保健体育科の内容は，1・2段階ともに体育分野として8領域，保健分野として1領域がある。「体育理論」「武道」「保健」も含めて，全領域を取り扱うことに留意する必要がある。

高等部　保健体育の内容【1段階及び2段階共通】（　）は当該段階のみ	
A　体つくり運動	体ほぐしの運動，体の動きを高める運動
B　器械運動	マット運動，鉄棒運動，平均台運動，跳び箱運動
C　陸上競技	短距離走・リレー，長距離走，ハードル走（障害物走（1）），走り幅跳び及び走り高跳び　など
D　水泳	クロール，平泳ぎ，背泳ぎ及びバタフライ（2）　など
E　球技	ゴール型，ネット型，ベースボール型　など
F　武道	柔道，剣道，相撲　など
G　ダンス	創作ダンス，フォークダンス，現代的なリズムのダンス
H　体育理論	運動やスポーツの効果と学び方，安全な行い方，文化としてのスポーツの意義
I　保健	けがや疾病の予防，心身の機能の発達に関すること，ストレスへの対処，交通安全や自然災害などへの備えと対応　など

①**知識・技能**…各種の運動の特性に応じた技能等並びに個人生活及び社会生活における健康・安全についての理解を深めるとともに，目的に応じた技能を身に付けるようにする。

②**思考・判断・表現**…各種の運動や健康・安全についての自他や社会の課題を発見し，その解決に向けて仲間と思考し判断するとともに，目的や状況に応じて他者に伝える力を養う。

③**主体的に学習に取り組む態度**…生涯にわたって継続して運動に親しむことや，健康の保持増進と体力の向上を目指し，明るく豊かで活力ある生活を営む態度を養う。

※特別支援学校学習指導要領解説から引用。

学習内容	●主なねらい　➡手だて	評価の記載例
体の動きを高める運動 A　体つくり運動	●自分の体力に関する課題が分かり，それを補う運動に取り組むことができる。（知・技） ➡体力の課題別にシートを用意して選択して組み合わせるようにする。	❶体力を高める運動の必要性を理解し，運動に取り組むことができました。 ❷体力テストの結果を見て，課題を意識して運動に取り組むことができました。 ❸自分の体力に合った運動の計画ができるようになりました。
マット運動 B　器械運動	●自分に合った組み合わせ技ができる。（知・技） ➡友達と技のポイントを伝え合えるように視覚資料を準備する。	❶自分の力に合った技が安定してできるようになりました。 ❷自分の力に合った組み合わせを考え，技を雄大に見せることができました。 ❸技を高めるために工夫して楽しさや達成感を感じることができました。
長距離走 C　陸上競技	●自己の体力や技能に合ったペースを維持することができる。（主） ➡動画やお手本となる友達の動きを見せる。	❶力みのないフォームで一定のペースで走ることができました。 ❷友達の呼吸法を参考にして安定した呼吸法を実践することができました。 ❸記録更新を楽しみに意欲的に取り組むことができました。
ハードル走 障害物走 C　陸上競技	●インターバルを3歩又は5歩で走ることができる。（思・判・表） ➡インターバル走のリズムが意識できるコースを設置する。	❶決められた足で踏み切ってハードルを走り越すことができました。 ❷自分に合ったインターバルを選び，指定の歩数で走り越すことができました。 ❸ハードルが好きになったり友達と競争したりすることが楽しくなりました。
平泳ぎ D　水泳	●手と足の動きに呼吸を合わせ，泳ぐことができる。（知・技） ➡イラストでポイントを確認する。台にうつ伏せになったり，プールサイドに座ったりして確認する。	❶キックの後に息を止めてしばらく伸びの姿勢ができました。 ❷自分の課題に気付き，手と足の動きや呼吸動作を確認するようになりました。 ❸泳ぎが上手になるように泳ぎのポイントを確認し何度も実践しました。
ティーボール E　球技	●得点につながる出塁ができる。（思・判・表） ➡得点につながる動画を見せ，作戦を考えるようにする。	❶得点ができる方向にボールを打つことができました。 ❷友達と作戦を考えてどこにボールを打てばよいかを考えられました。 ❸友達に得点につながる作戦を伝えることができました。

体育・保健体育

学習内容	●主なねらい　➡手だて	評価の記載例
バドミントン E　球技	●シャトルが来る方向に体を向けたり移動したりして打ち返すことができる。（思・判・表） ➡体の正面にシャトルを投げて捕る活動から始める。	❶シャトルが来る方に体を向けると上手く打ち返せることが分かりました。 ❷ステップを踏むことでスムーズに打ち返すことができるようになりました。 ❸ラリーが続くようになり簡単なゲームを楽しむことができました。
柔道 F　武道	●相手の体勢を不安定にして大外刈りで投げることができる。（主） ➡技を時系列に小刻みに分けてイラストで提示する。	❶刈り上げた足が天井を向くと勢いが落ちないことが分かりました。 ❷相手を引き寄せるなどして相手の重心を傾け，技をかけることができました。 ❸攻防や技をかける楽しさを感じることができました。
現代的なリズムのダンス G　ダンス	●変化のある動きを組み合わせて全身でリズムにのって踊ることができる。（思・判・表） ➡円形からスタートをして友達のリズムの特徴を捉えられるようにする。	❶手拍子，足拍子などでリズムの特徴を捉え，踊ることができました。 ❷友達のよい動きを見付けて自分の踊りに取り入れることができました。 ❸誰とでも組んでリズムを合わせて楽しく踊ろうとしていました。
運動やスポーツの効果と学び方 H　体育理論	●運動やスポーツには多様な関わり方があることを理解し，今後の関わり方について考えることができる。（思・判・表） ➡イラストで提示して思考の助けとなるようにする。	❶スポーツは，大会を企画するなどの関わり方もあることが分かりました。 ❷意見を聞いて今後の関わり方について発表することができました。 ❸スポーツ大会のボランティアとして関わりたいと思うようになりました。
心身の機能の発達に関すること I　保健	●思春期の男女の心身の変化について理解できる。（思・判・表） ➡変容の動画，身長や体重のデータで理解を促す。	❶乳幼児期から思春期の男女の変化について理解できました。 ❷動画の視聴を通して心身の変化を理解して発表することができました。 ❸話し合いを通して考えたことを身近な人へ伝えることができました。

ステップを踏むと
上手く打ち返せる。

学習内容	●主なねらい　➡手だて	評価の記載例
体の動きを高める運動 A　体つくり運動	●つけたい体力に見合った運動ができる。（思・判・表） ➡正しい姿勢や回数などを意識できるようにワークシート等に記入する。	❶運動の正しい姿勢や強度に気を付けて取り組むことができました。 ❷自分の体力の課題に気付き，体力の高まりに気付くことができました。 ❸自分の体力的な課題を意識して日常的に取り組むことができました。
マット運動 B　器械運動	●側方倒立回転を安定して取り組んだりバランスの崩れを復元したりすることができる。（知・技） ➡タブレットを活用し，ポイントのイラストを見せる。	❶腰を高く上げるなど，体の各部位に注意して練習することができました。 ❷タブレットを見て自分の課題に気付き練習することができました。 ❸友達に技を見てもらうなどして技を磨くことができました。
短距離走・リレー C　陸上競技	●スピードを落とさずにバトンを渡すことができる。（思・判・表） ➡バトンパスのポイントの写真を提示して仲間と考えるようにする。	❶腕を伸ばしバトンをもらうことや走り始める位置を理解できました。 ❷チームの友達に声を掛けてポイントを伝えられるようになりました。 ❸記録の向上を喜び，バトンパスのコツを調べるようになりました。
走り幅跳び C　陸上競技	●遠くに跳ぶための助走や踏み切りの仕方が理解できる。（思・判・表） ➡走り出しマーカーやロイター板を使い，感覚をつかみやすくする。	❶遠くに跳ぶためには助走と踏み切りが大切であることに気付きました。 ❷力強い踏み切りから視線を下げずに跳ぶことができました。 ❸練習の成果を生かして，記録会を楽しむことができました。
クロール D　水泳	●手や足の動き，息継ぎに気を付けて速く泳ぐことができる。（知・技） ➡ポイントをイラストで提示する。	❶顔の動かし方を意識してスムーズに息継ぎができるようになりました。 ❷手や足の動かし方を教員に確認して速く泳ぐ動きを実践できました。 ❸自ら目標タイムを設定してスタートすることができるようになりました。
ハンドボール E　球技	●仲間からボールを受け取ることができる場所に動くことができる。（思・判・表） ➡よい動きの動画を見せて動き方を確認する。	❶敵と味方の位置を見てパスを出すことができました。 ❷ボールを受け取るまでの動きによって得点につながることが分かりました。 ❸ボールを受け取るまでの動きについて仲間と考えることができました。

体育・保健体育

学習内容	●主なねらい　➡手だて	評価の記載例
バレーボール E　球技	●味方が操作しやすい位置にボールをつなぐことができる。（思・判・表） ➡膝や肘の使い方を繰り返し練習する。	❶膝のバネを使ってボールを押し上げてパスができるようになりました。 ❷ボールと味方の位置を考えてパスができるようになりました。 ❸味方と協力し声を掛けながら練習やゲームができるようになりました。
柔道 F　武道	●相手と確認しながら横四方固めで抑えることができる。（思・判・表） ➡イラスト付きのチェックリストで確認をする。	❶右手で相手の後ろの襟を握るなど，技のポイントが理解できました。 ❷抑え込みができているかを相手と確認するなど技の精度を高められました。 ❸横四方固め以外の固め技を学ぼうと積極的になりました。
創作ダンス G　ダンス	●テーマにふさわしい動きを表現することができる。（思・判・表） ➡表現のヒントとなる動きをイラストで提示する。	❶表現したいイメージを具体的に挙げることができました。 ❷仲間のアイデアや表現を取り入れてひと流れにまとめることができました。 ❸動きにかえて誇張したり変化をつけたりして表現を工夫できました。
運動やスポーツの多様性 H　体育理論	●運動やスポーツが社会性の発達に及ぼす効果について考えることができる。（思・判・表） ➡身近なスポーツを題材にして，よい点などをイラスト等を併用して伝える。	❶自分のやっているスポーツのよい点などに気付けるようになりました。 ❷ストレスの解消などの心理的な効果が期待できると分かりました。 ❸ルールを工夫してみんなが楽しめるスポーツを企画することができました。
自然災害への備えと対応（地震） I　保健	●二次災害に備え，周囲の状況から判断して安全に避難する方法が分かる。（主） ➡状況をイメージしやすい動画やイラストで理解を促す。	❶危険な状況をイメージして靴を履く大切さを理解することができました。 ❷屋内と屋外では，取る行動が違うことを理解することができました。 ❸学校や家で起きた場合の避難ルートを調べて確かめることができました。

（竹田　憲功）

❾ 職業・家庭〔職業分野〕

中学部（1段階・2段階）

評価のポイント

　中学部職業・家庭は，中学校技術・家庭との内容の関連等を図るために，新たに「職業分野」と「家庭分野」に整理された。職業分野の内容構成は，下表のとおりである。

内容構成	内容　（①1段階　②2段階）
A　職業生活	ア　働くことの意義（①知る，気付く，達成感を得る）（②理解する，考える，取り組む） イ　職業（①知る，気付く，工夫する）（②理解する，身に付ける，考える）
B　情報機器の活用	ア　コンピュータ等の情報機器（①初歩的な操作）（②扱いに慣れる） イ　情報機器に触れ，体験したこと（①他者に伝える）（②考えを表現する）
C　産業現場等における実習	ア　職業や進路に関わること（①関心をもち調べる）（②調べて理解する） イ　職業や職業生活，進路に関わること（①気付き伝える）（②考えを発表する）

　1段階は，作業を成し遂げることを通して，自分の役割を果たす達成感や他者の役に立とうとする気持ちを育むこと，職業に関する体験により初歩的な知識や技能を身に付けること，職業生活につながる生活面での工夫をしようとする態度を養うことなどをねらいとしている。

　2段階は，1段階で育成した資質・能力を踏まえ，活動の場を地域に広げ，さらに主体的に学び，課題を解決する力や生活を工夫しようとする実践的な態度の育成をねらいとしている。

　上記のねらいを踏まえ，将来のよりよい職業生活の実現に向けた　**①知識・技能**，**②思考・判断・表現**，**③主体的に学習に取り組む態度**の3観点により学習状況を評価する。

職業分野の指導計画と評価の文例　　1段階

学習内容	●主なねらい　➡手だて	評価の記載例
クラスの会社で働こう 係活動をとおして A　職業生活	●クラスでの仕事（係仕事）を通して，自己の役割に気付き，働く喜びを感じる。（思・判・表） ➡仕事（係活動）を〇〇会社とすることで，責任や達成感をもつことができるようにする。	❶クリーン会社の社員として，毎日，教室のごみ捨てを行うことができました。 ❷教員からの声掛けがなくても，忘れずに自己の役割を果たしました。 ❸謝意を伝えると笑顔で嬉しそうにうなずく場面がありました。
働くってどんなこと バスの運転手さんにインタビューしてみよう A　職業生活	●社会（学校の外）にはどんな仕事があるのかを知り，進んで学ぼうとする。（主） ➡インタビュー用のプリントを用意して，実際にバス会社に訪問して理解ができるようにする。	❶バス会社の仕事内容について自分の言葉で質問することができました。 ❷インタビューを通して，バス会社の役割について考えることができました。 ❸バス会社以外で働いている人にも質問をしたいと話す姿がありました。

学習内容	●主なねらい　➡手だて	評価の記載例
キーホルダーを つくろう A　職業生活	●道具の使い方を知り，正しく安全に使うことができる。（知・技） ➡治具や補助具を用意するとともに，安全に取り組むことができるよう示範を行う。	❶のこぎりを正しく使ってキーホルダーの部材を切り出すことができました。 ❷正確に切ろうとまっすぐにのこぎりを引くことを意識できました。 ❸示範をよく見て，自ら積極的に取り組もうとしていました。
事務用品を 使ってみよう A　職業生活	●事務用品（はさみ・のり）の使い方と役割を知る。（知・技） ➡治具や補助具を用意するとともに，実際に学校の事務室などで使用されている様子や写真を見て，実感がもてるようにする。	❶はさみとのりを使って，封筒にあて名を貼ることができました。 ❷はさみを使う際は，封筒の中身を切らないように気を付けて切っていました。 ❸他の事務用品にも興味をもち，使ってみようとしていました。
タブレット端末を 使ってみよう B　情報機器の活用	●タブレット端末に関心をもち，進んで使い方を知ろうとする。（主） ➡操作の容易なアプリを用い，興味・関心がもてるようにする。	❶楽器アプリを使うことができました。 ❷タッチの仕方を工夫して，たくさんの音を出していました。 ❸絵本アプリにも興味をもち，進んで絵本を読みました。
コピー機を 使ってみよう B　情報機器の活用	●事務機器の役割に関心をもち，進んで使用しようとする。（主） ➡コピー機利用の手順と留意点を絵や写真で示したカードを用意し，工程を確かめながら進める。	❶手順どおりに進め，一人で指定された枚数をコピーすることができました。 ❷角を合わせることを意識できました。 ❸今度は拡大・縮小のコピーをしてみたいと意欲的に取り組む姿がありました。
校内実習に 取り組もう 花壇をつくろう C　産業現場等における実習	●校内実習に取り組み，働くことに関心をもつ。〔主〕 ➡道具の使い方や工程の進め方について，写真付きのワークシートを用意して分かりやすく取り組むことができるようにする。	❶スコップを正しく使い，天地返しをすることができました。 ❷まっすぐに並べることを意識して，パンジーの苗を植えることができました。 ❸次は耕運機を運転したいと意欲的に意思を示す姿がありました。
現場実習 福祉施設で実習を 体験してみよう C　産業現場等における実習	●福祉施設での実習を通して，働くことについて知る。実習をやりきる。（知・技） ➡活動の流れ，課題の内容や数等を事前指導で練習をし，見通しをもって実習に臨むようにする。	❶ウォーキング活動では長い距離を最後まで歩くことができました。 ❷音楽活動では他の利用者と一緒に楽器演奏に取り組むことができました。 ❸どんな活動にも嫌がることなく，全ての活動に積極的に参加できました。

学習内容	●主なねらい　➡手だて	評価の記載例
職場見学をしよう A　職業生活	●職場見学を行い，社会にはいろいろな仕事があることを知る。（知・技） ➡事前に「見学で見たいこと・聞きたいこと」などを話し合い，自分の課題をもって見学に臨む。	❶お弁当工場で働く人の数や，１日の生産量などを知ることができました。 ❷工場内にはつくる仕事や運ぶ仕事などがあることに気付くことができました。 ❸職場見学を通して，調理関係の仕事に興味をもつようになりました。
高等部生の話を聞こう A　職業生活	●高等部生の進路学習の様子を聞き，自分の将来について考える。（思・判・表） ➡高等部生の話を聞き，「将来」「自立」等の抽象的な言葉が分かる写真や図を用意する。	❶高等部でビルクリーニングやロジスティックスを学ぶことを理解しました。 ❷将来に向けて，挨拶練習を頑張ろうと考えることができました。 ❸高等部生の話を聞いて，「将来は会社で働きたい」という目標を立てました。
園芸活動に取り組もう A　職業生活	●植物の生育を通して，主体的に園芸活動に取り組む態度を育てる。（主） ➡主体的な活動を促すため，毎回の授業の流れ（朝礼→準備→作業→片付け→終礼）を固定する。	❶クラフトばさみを使って，正しく花を摘むことができました。 ❷雑草と花苗を見分けて，除草することができました。 ❸昼休みにもかん水（水やり）を行うなど，進んで生育活動に取り組みました。
パソコンに触れてみよう B　情報機器の活用	●パソコンに関心をもち，パソコンの使い方を理解する。（知・技） ➡写真やイラスト入りの手順書を用意する。操作できたら「報告」，分からなときは，「手を挙げ質問」などのルールを明確に示す。	❶指定された文字を探して，キーボードを打つことができました。 ❷マウスで描いた三角形や四角形のイラストを発表することができました。 ❸入力できる文字を増やそうとタッチタイプを練習する姿がありました。
校内実習 協力していすをつくろう C　産業現場等における実習	●各工程における自分の作業（分担）を理解し，主体的に自己の役割を果たそうとする。（主） ➡作業場を模擬工場のようにしてラインをつくり，自己の分担を明確に意識できるようにする。	❶自己の仕事分担である電動ドリルでの穴あけ作業を確実に行いました。 ❷協力して製品をつくることの大切さをプリントにまとめることができました。 ❸校内実習報告会では「自分の分担がしっかりできて嬉しい」と発表しました。
現場実習 スーパーマーケットで実習を体験してみよう C　産業現場等における実習	●スーパーマーケットでの実習を通して，働くことに関心をもつ。（主） ➡実習日誌や実習計画を活用し，終了後は報告会を開催し，自分の感想を発表する機会を設定する。	❶実習では青果部門での仕事を体験することができました。 ❷指定された個数を意識して，野菜の袋詰めに取り組むことができました。 ❸レジの仕事など他の仕事にも興味関心を広げるようになりました。

（石川　智史）

職業・家庭

❾ 職業・家庭〔家庭分野〕
中学部（1段階・2段階）

　中学部職業・家庭は，中学部技術・家庭との内容の関連等を図るために，新たに「職業分野」と「家庭分野」に整理された。家庭分野の内容構成は，下表のとおりA〜Cで構成されるが，二つの各段階で取り扱う内容が一部異なっているので，留意されたい。

内容構成	1段階の内容		2段階（1段階との違い）
A　家族・家庭生活	ア　自分の成長と家族 ウ　家庭生活における余暇	イ　家庭生活と役割 **エ　幼児の生活と家族**	**エ　家族や地域の人々との関わりに変更。**
B　衣食住の生活	ア　食事の役割 ウ　衣服の着用と手入れ	イ　調理の基礎 エ　快適な住まい方	**イ　栄養を考えた食事が**追加，エが**オ　快適で安全な住まい方**となり**5項目**
C　消費生活・環境	ア　身近な消費生活　イ　環境に配慮した生活		1段階と同じ

　1段階は，家族と自分の関係に気付き，家庭生活の様々な事象に関心をもち，体験や実践を通して，よりよく物事を成し遂げることができるようになることをねらいとしている。

　2段階は，家族や地域の人々との関わり，生活に必要な物との関わり，生活の中で行う様々な事柄との関わりを通して，自分の存在や役割を理解し，よりよい生活の実現に向けて自ら考え，判断し，表現することをねらいとしている。

　上記のねらいを踏まえ，将来のよりよい家庭生活の実現に向けた　①**知識・技能**，②**思考・判断・表現**，③**主体的に学習に取り組む態度**の3観点により学習状況を評価する。

　なお本稿では，比較的障害の重い生徒に対する評価の文例も，1段階の後半に加えている。

学習内容	●主なねらい　➡手だて	評価の記載例
お手伝い券をあげよう A　家族・家庭生活 イ　家庭生活と役割	●家庭生活の中で自分にできることを考えて行うことで家族の役に立つことを実感する。（思・判・表） ➡母の日用にお手伝い券をつくる。母親が家でどんな家事をしているかを知り，自分にできることを考える。	❶母親がしている家の仕事を10個以上，話すことができました。 ❷どんな仕事をいつできそうか自分で考えることができました。 ❸お手伝い券がなくなっても玄関掃除を続けたいと話すなど，家庭の中の役割を果たす気持ちが高まりました。

学習内容	●主なねらい　➡手だて	評価の記載例
幼稚園交流 A　家族・家庭生活 エ　幼児の生活と家族	●幼児との遊びを通して，幼児と自分との違いに気付いたり，自分の幼い頃を振り返ったりする。（思・判・表） ➡幼稚園と事前に打ち合わせを行い安全にみんなで遊べるゲームを用意する。	❶体の大きさや力の強さなど，自分との違いを感じ，優しく接していました。 ❷「ひげじいさん」などの手遊びを幼児と一緒に楽しむことができました。 ❸自分の小さい頃の遊びや様子を思い出し，自分の成長を感じる様子が見られました。
カップケーキづくり B　衣食住の生活 イ　調理の基礎	●短時間で簡単にできるおやつづくりを通して調理の過程やでき上がりに対する関心を高める。（主） ➡カップケーキの見本とつくり方の動画を用意し，調理への期待感を高める。	❶粉をこぼさないように気を付けてボールに入れることができました。 ❷水の分量が多くても少なくてもよくない理由を話すことができました。 ❸「簡単に美味しくできた，他のおやつもつくってみたい」と調理への関心や期待が高まりました。
活動にあった衣服 B　衣食住の生活 ウ　衣服の着用と手入れ	●季節や気温に応じた衣服の選択や汚れた衣服の始末について考えることができる。（思・判・表） ➡日常生活の指導と関連付けて行う。	❶季節にふさわしい服装を正しく分類することができました。 ❷教室の温度計が25℃以上になったら半袖になる習慣が身に付いてきました。 ❸衣服に汚れがつくと気にする様子が見られるようになりました。
快適な環境で勉強しよう B　衣食住の生活 エ　快適な住まい方	●換気係，カーテン係，照明係，黒板係などの係活動を通して，快適な環境について考える態度を育てる。（主） ➡日常生活の指導と関連付けて行う。	❶係活動の種類や内容について自分の言葉で説明することができました。 ❷照明係を選択して，移動教室の前にスイッチを切ることができました。 ❸暑いとき，まぶしいときには，自分から環境を整えようとしていました。
リサイクルと分別 C　消費生活・環境 イ　環境に配慮した生活	●リサイクル工場の見学を通して，ごみの分別や再利用について知り，ごみを正しく分類したり大切に物を使ったりしようとする態度を養う。（主） ➡日常的な活動と関連付けを行う（リサイクル委員会など）。	❶ごみが素材別に分類されていることに気付き，プリントにまとめました。 ❷磁石を使ってアルミ缶とスチール缶を分類することができました。 ❸全校朝会時に「ごみを正しく分類しよう」とリサイクル工場の見学で学んだことを発表することができました。

職業・家庭

学習内容	●主なねらい　➡手だて	評価の記載例
ジュースづくり B　衣食住の生活 イ　調理の基礎	●季節の果物のジュースづくりを通して，調理活動への関心を高める。（主） ➡大型スイッチを使用し，自立活動の時間に数回行う。料理器具を消毒する，手袋，マスクをつけるなど，衛生面についても配慮する。	❶蓋が閉まったことを確認してからスイッチを押すことができました。 ❷視線でりんごを選択し，確認の問い掛けに笑顔で反応することができました。 ❸ジュースづくりのときはマスクを嫌がらずにつけていることから，調理をしようとする態度が身に付いてきました。
場面にあった衣服の選び方 B　衣食住の生活 ウ　衣服の着用と手入れ	●衣服と社会生活の関わりを知り，場面や目的に応じた衣服を選択できる。（思・判・表） ➡日常生活の指導の中で行う。朝の会で今日の予定を確認し，その時間に着用する衣服カードを黒板に貼る。	❶制服を着る場面をほぼ間違いなく選択できるようになりました。 ❷今日の天気マークを見て，運動着を長袖にするか半袖にするか，考えていました。 ❸更衣室への移動がスムーズになりました。着替えが気持ちの切り替えにもつながっているようです。
給食の準備・片付けをしよう B　衣食住の生活 エ　快適な住まい方	●快適な住まいには，清掃が大切であることに気付くことができる。（思・判・表） ➡給食前後のテーブル拭きの係活動として行う。消しゴムのかすや水滴が残っていると，不快であることに気付かせる。	❶手動脱水機のハンドルを連続して回すことができるようになりました。 ❷テーブルの上のごみや汚れに自分で気付くことが増えました。 ❸布巾を手渡すと，自分のテーブルを自分から拭くようになりました。きれいになると気持ちがよいことを継続して伝えたいと思います。

学習内容	●主なねらい　➡手だて	評価の記載例
地域の活動について調べよう A　家族・家庭生活 エ　家族や地域の人々との関わり	●自分の地域の活動を調べたり地域の人々と関わったりすることを通して，地域の人々との関わりを大切にする気持ちを高める。（主） ➡市や町の広報や情報誌を用意し，地域の催し物を調べる。休日に保護者と地域の催しに参加する。	❶地域活動には，福祉，環境，防災，国際交流などの多くの活動があることに気付くことができました。 ❷資源回収や町内のお祭りの体験から地域の人々が協力し合う大切さを発表することができました。 ❸日記の中で地域の防災訓練に参加し，近所のお年寄りのことを心配するなど，地域への関心が育ちました。

学習内容	●主なねらい　➡手だて	評価の記載例
健康的な食生活 B　衣食住の生活 ア　食事の役割	●自分の食生活に関心をもち，健康によい食事の摂り方について気付き，考えることができる。（思・判・表） ➡保護者に協力をお願いし，3日間に食べた料理を記録する宿題を出す。栄養教諭より講話。	❶食べた料理の材料を栄養素の表にまとめることができました。 ❷栄養教諭の講話から，自分の食生活の改善点について考え，プリントにまとめることができました。 ❸給食で苦手な食材も「健康のため」と自分から食べようとしていました。
計ってつくろう B　衣食住の生活 ウ　調理の基礎	●計量カップや計量スプーン，デジタルはかりの使い方や火加減に注意してホットケーキをつくることができる。（知・技） ➡数学の時間に教室で計量の練習を何度か行う。ガスコンロ（火）の使い方や注意点を事前に学習する。	❶牛乳，水，サラダ油，砂糖を正確に計量することができました。 ❷初めて使うガスコンロでしたが，炎の大きさを自分で確認しながら弱火に合わせて上手に焼き上げました。 ❸自信をもって計量に取り組むことができました。計量する作業が楽しかったと話していました。
手順を考えてつくろう B　衣食住の生活 ウ　調理の基礎	●献立に沿って，調理の手順や仕方，作業の分担を工夫することができる。（思・判・表） ➡宿泊学習で調理する夕食の献立に従って，班ごとに調理計画を立てる。衛生面に関する指導を行う。	❶献立に沿って，それぞれの調理に必要な用具や手順をプリントに整理することができました。 ❷班の中で，効率よく作業するための手順や分担を話し合うことができました。 ❸班長として全体の調理の流れについても意識する姿が見られました。
大掃除をしよう B　衣食住の生活 オ　快適で安全な住まい方	●整理・整頓を通して，快適で安全な住環境の大切さについて考え，行動することができる。（思・判・表） ➡作業学習で使用している教室の整理をする。道具の整理や管理を通して快適で安全な実習室になるよう工夫する。	❶カッター，筆，ペンなどの道具を正しく整理することができました。 ❷「よく使うものは手前に置く」「筆は太さで分ける」などのアイデアを出すことができました。 ❸片付いた教室を見て「気持ちがいい。作業がはかどりそう」と環境の大切さについて考えを深めることができました。
資源を大切にしよう C　消費生活・環境 イ　環境に配慮した生活	●身近な生活を振り返り，資源やエネルギーを大切にするために自分ができることを考えることができる。（思・判・表） ➡グループで3Rの取り組みの具体例を出し合う。自分ができる活動を考え，発表する。	❶リデュース，リユース，リサイクルの説明を書き表すことができました。 ❷グループの中で，自分の体験を発表することができました。 ❸ゴミの分別とマイバックの持参，物をなくさないように管理することを頑張りたいとみんなの前で発表しました。

（佐藤　修子）

10 職 業

高等部（1段階・2段階）

職業の目標は「職業に係る見方・考え方を働かせ，職業など卒業後の進路に関する実践的・体験的な学習活動を通して，よりよい生活の実現に向けて工夫する資質・能力を育成する」となった。

学習内容は，「A　職業生活」「B　情報機器の活用」「C　産業現場等における実習」で構成されている。従前の内容，「働くことの意義」「道具・機械等の取扱いや安全・衛生」「役割」「職業に関する知識」「産業現場等における実習」「健康管理・余暇」「機械・情報機器」から大きく整理がなされた。

評価の記載例では，以下の3観点をもとに，文例を示すことにした。

①**知識・技能**…職業に関する事柄について理解を深めるとともに，将来の職業生活に係る技能を身に付けるようにする。

②**思考・判断・表現**…将来の職業生活を見据え，必要な事柄を見いだして課題を設定し，解決策を考え，実践を評価・改善し，表現する力を養う。

③**主体的に学習に取り組む態度**…よりよい将来の職業生活の実現や地域社会の貢献に向けて，生活を改善しようとする実践的な態度を養う。

職業の指導計画と評価の文例　　1段階

学習内容	●主なねらい　　➡手だて	評価の記載例
福祉施設での職場見学をしよう A　職業生活	●職場見学を通して，将来の職業生活について考える。（思・判・表） ➡仕事について「自分でもできる・頑張ればできる・難しそう」の基準をもって見学に臨む。	❶公園清掃，広告折り，菓子製造の仕事について，事後に報告ができました。 ❷「体を動かす仕事が自分に向いている」と考えることができました。 ❸卒業生の姿を見て，自分も社会人になりたいと思うようになりました。
福祉事務所を訪問しよう A　職業生活	●職業生活を支える福祉事務所の役割を理解する。（知・技） ➡実際に福祉事務所を訪問するとともに，担当職員と打ち合わせをすることで，卒業後のスムーズな移行ができるようにする。	❶市役所にある福祉事務所の場所や役割について知ることができました。 ❷「困ったことがあったら福祉事務所に相談する」と考えることができました。 ❸「卒業後はよろしくお願いします」と積極的に挨拶することができました。

学習内容	●主なねらい　➡手だて	評価の記載例
封入作業に取り組もう A　職業生活	●事務用品の正しい使い方を意識して作業を行い，手指の巧緻性を高める。（知・技） ➡各事務用品に関する治具や補助具を用意し，使用する際は指導者が示範する。	❶用紙の指定された場所にステープラーで留める作業を行うことができました。 ❷封筒を汚さないことを意識して，のりづけをすることができました。 ❸「次はもっと正確な作業をしたい」と感想を述べることができました。
健康管理について 考えよう A　職業生活	●健康管理をするための工夫について考えることができる。（思・判・表） ➡1日のスケジュール表を例示して自分の行動を図示することで，イメージをもちやすくする。	❶朝起きてから夜寝るまでの自分のスケジュール表をつくることができました。 ❷「調子が悪いときは早めに寝る」と健康管理の工夫を考えることができました。 ❸「朝6時に起床，夜9時に就寝」という目標を立てることができました。
余暇について考えよう A　職業生活	●職業生活を充実させるためには，余暇が大切な役割を果たすことを知る。（知・技） ➡ワークシートを用意して自分の趣味を書き出し，具体的に考えることができるようにする。	❶カラオケ，サイクリングなどの自分の趣味を書き出すことができました。 ❷休日はクラブやサークルに所属したいと考えることができました。 ❸仕事以外にボランティア活動に取り組みたいと発表することができました。
職業生活で コンピュータを 使えるようにしよう B　情報機器の活用	●情報セキュリティを大切にしながら，パソコンで記録，計算，通信ができる。（知・技） ➡パソコンで行う仕事の基本を知る。企業の方から，情報セキュリティの大切さを聞く。	❶仕事上のメールは必ず複数で確認して送ることが大事だと知りました。 ❷表計算ソフトの便利なところを知り，友達と協働しデータ入力をしました。 ❸作業学習の出来高や数量管理にパソコンを使いたいと発表しました。
販売会の広告を パソコンでつくろう B　情報機器の活用	●各種ソフトウエアを使用して，販売会での広告を作成する。（思・判・表） ➡各種ソフトウェアのフォーマットを用意しておき，数字を入力するなど，取り組みやすくする。	❶生産したジャガイモの数を表計算ソフトに入力することができました。 ❷販売会での広告を文書作成ソフトを使って作成することができました。 ❸広告係として先頭に立って作業を進めることができました。
現場実習に向けての 準備をしよう C　産業現場等における実習	●現場実習や自分の実習先について知る。（知・技） ➡実習先となる福祉施設の写真や画像を用意して，具体的イメージをもてるようにする。	❶服装，持ち物，通勤方法について確認することができました。 ❷菓子づくりの仕事に向け，衛生面に気を付けようと考えることができました。 ❸挨拶練習を何度も行い，意欲的に取り組む姿が見られました。

職業

学習内容	●主なねらい　➡手だて	評価の記載例
現場実習 福祉施設での実習 C　産業現場等における実習	●現場実習を通して，積極的に将来の進路先について考える。（主） ➡具体的な毎日の目標，全体の目標を立て，進路先となる予定の福祉施設での実習に臨む。	❶一番の目標であった「5日間，無遅刻無欠席で通所する」が達成できました。 ❷創作活動（紙すき）では，丁寧さを意識して，5枚の葉書をつくりました。 ❸卒業後は「この福祉施設に通所したい」と考えるようになりました。
現場実習の振り返りをしよう C　産業現場等における実習	●現場実習から学ぶことができた働く上で大切なことについて考える。（思・判・表） ➡実習先からのアドバイスをプリントや映像にまとめて活用できるようにする。	❶実習日誌に出発から帰宅までの1日の流れをまとめることができました。 ❷実習先のコメントから，気持ちの安定が課題だと気付くことができました。 ❸次の実習は「紙折りの仕事を頑張ろう」と目標を立てることができました。

職業の指導計画と評価の文例　　2段階

学習内容	●主なねらい　➡手だて	評価の記載例
先輩の仕事について知ろう A　職業生活	●社会の仕組みを知り，将来の職業生活について主体的に考える。（主） ➡卒業生の職場見学や調べ学習などを通して，2年後のイメージをもつことができるようにする。	❶先輩の働く物流，製造，事務，サービス業の実際の仕事を理解できました。 ❷住んでいる地域にはサービス業の職場が多いことに気付きました。 ❸「将来はスーパーマーケットで働きたい」と考えることができました。
将来の生活の場について考えよう A　職業生活	●将来の生活の場について考えることができる。（思・判・表） ➡実際に通勤寮などの施設訪問を行い，具体的イメージをもって考えることができるようにする。	❶通勤寮，社員寮，グループホームの実際と違いを理解することができました。 ❷一人暮らしには，給料管理，食事，清掃，洗濯などが大切だと考えました。 ❸「3年後に一人暮らしをする」という目標を立てるようになりました。
製本作業に取り組もう A　職業生活	●全体の作業工程を意識しながら，担当の作業に取り組み，仕事の質を高めることができる。（思・判・表） ➡始業前の打ち合せ，自己の作業の点検・報告，終業時の振り返りを確実に行う。	❶印刷機や裁断機を指示書どおりに，正しく安全に使用することができました。 ❷作業が滞っている工程を手伝うなど，全体の状況を意識して作業できました。 ❸無駄な動きをなくそうと進んで作業方法を改善する姿がありました。
ビジネスマナーを身に付けよう A　職業生活	●社会人にふさわしいビジネスマナーを身に付けることができる。（知・技） ➡外部講師を招き，ロールプレイングを取り入れ，その成果を日常に生かせるようにする。	❶正しい言葉遣いや場に応じた服装を身に付けることができました。 ❷挨拶練習では声の大きさや話すスピードを意識することができました。 ❸「相手の目を見て話す」という課題を改善しようとする姿が見られました。

学習内容	●主なねらい ➡手だて	評価の記載例
金銭管理について 考えよう A 職業生活	●金銭管理について，収入と支出を意識しながら考えることができる。（思・判・表） ➡実際に小遣い帳の記入を続け，貯金や節約できる金額，貯金の目的等を意識できるようにする。	❶1学期中の生活における小遣い帳を記入することができました。 ❷生活費や貯金などのバランスを意識した給料の使い方を発表できました。 ❸クレジットカードやネット通販に気を付けたいと考える様子がありました。
いろいろな ソフトウェアを 使ってみよう B 情報機器の活用	●各種ソフトウェアの特性や機能について理解する。（知・技） ➡手順書を活用してソフトウェアを操作し，目的に応じた文書作成を達成できるようにする。	❶表計算ソフトの使い方を理解し，自分の小遣い帳を作成できました。 ❷ショートカットの活用など効率よく処理することができました。 ❸パソコン検定の資格に挑戦してみたいと発表することができました。
情報セキュリティと 情報モラルについて 考えよう B 情報機器の活用	●情報セキュリティと情報モラルの重要性について，自分の考えを発表する。（思・判・表） ➡ webページや新聞記事を活用し，被害に巻き込まれないためのグループ討論を行う。	❶ネットワーク接続に必要なIDやパスワードの役割と重要性を理解しました。 ❷インターネットには不正な情報や有害な情報があることを発表できました。 ❸氏名，住所，写真などの発信には気を付けたいと考える様子がありました。
現場実習に向けて 事前訪問をしよう C 産業現場等における実習	●事前訪問を通して，実習までに準備しておくべきことを知り，準備ができるようにする。（思・判・表） ➡訪問前に聞くこと，訪問後に分かった課題をまとめる。	❶事前訪問では志望動機，通勤方法について担当者に述べることができました。 ❷事前訪問を通して，自己の適性と仕事内容が合っていると考えました。 ❸実習に向けて「在庫・タグ・納品」などの専門用語を覚える姿がありました。
現場実習 **企業での実習** C 産業現場等における実習	●現場実習を通して，自己の職業適性について考える。（思・判・表） ➡実習日誌などで，よかったこと・今後に生かす反省を明確にし，課題克服への意欲を高める。	❶2週間の実習では，名刺やダイレクトメール作成の仕事に取り組みました。 ❷社員に認められ，事務の仕事は自分に向いていると考えることができました。 ❸実習した会社の採用選考に応募したいと目標を立てることができました。
現場実習報告会を しよう C 産業現場等における実習	●報告会を通して，主体的に自己の職業生活について考える。（主） ➡友達の発表をワークシートにまとめ，自分と比較して，自己の長所と課題を考える。	❶現場実習中の仕事内容，出来事，感想をまとめることができました。 ❷「失敗を改善することが自己の成長につながる」との意見を発表できました。 ❸入社後はキャリアアップを目指したいと抱負を述べる姿がありました。

（石川　智史）

職業

11 家 庭

高等部（1段階・2段階）

　家庭の内容は「Ａ　家族・家庭生活」「Ｂ　衣食住の生活」「Ｃ　消費生活・環境」から構成されている。生涯にわたって自立し共に生きる生活を創造するために、「家族や家庭、衣食住、消費や環境などに係る生活事象を、協力・協働、健康・快適・安全、生活文化の継承・創造、持続可能な社会の構築等の視点で捉え、よりよい生活を営むために工夫すること」を生活の営みに係る見方・考え方として育成し、実際の生活と関連させながら育てられるよう、家庭や地域との連携を意識した指導と評価を行うことが求められている。

　評価の記載例では次の3観点をもとに文例を作成した。

①**知識・技能**…家族や家庭の機能について理解している。生活の自立に必要な家族・家庭、衣食住、消費や環境等についての基礎的な知識と技能を身に付けている。

②**思考・判断・表現**…家庭や地域における生活の中から問題に気付き、課題を設定しようとしている。解決策を考え、実践を評価・改善し、考えたことを表現している。

③**主体的に学習に取り組む態度**…家族や地域の人々との関わりを考え、家族の一員として、よりよい生活の実現に向けて生活を工夫し考えながら学習活動に取り組もうとしている。

　本稿では、比較的障害の重い生徒に対する評価の文例も、1段階の後半に加えている。

　知的障害の程度の重い生徒や障害が重複している生徒に対しては、小学部生活科、中学部職業・家庭の目標や内容を参考にしながら、当該学部の家庭科の目標や内容に置き換え、その生徒の実態に合った題材を適切に設定していく必要がある。最重度の生徒への指導では、外部からの刺激を受容する力を高め、周囲への関心を高めていくことをねらいとし、健康面に配慮した心身の安定が図れる環境づくりや関わり方を大切にする。題材の設定に当たっては、生徒の今までの経験が生かされるものであること、生徒の生活に密着したものであること、その生活年齢に求められるものであること、安全・衛生的であること等を考慮する。

　評価に当たっては、数単位時間の指導では変容が見られなかったり、定着が図られなかったりすることが考えられるので、十分な機会を確保して何度も繰り返し行えるような単元評価の計画を立てること、生徒の期待される変容の姿を具体的に表すこと、自分の生活を自分でよりよい生活にしていこうとする意欲や態度を育てること等に留意する。

学習内容	●主なねらい　　➡手だて	評価の記載例
私の小さなころ A　家族・家庭生活 ア　自分の成長と家族	●自分の成長と家族の関わりをまとめ，家庭が協力し合って生活していることを表現する。（思・判・表） ➡乳幼児期の写真やエピソードカードを持参し，小さい頃の自分のイメージをもてるようにする。	❶写真を時系列に並べ替えることができました。 ❷自分の周りにいる家族を指さし，感じたことを伝えることができました。 ❸家族への感謝の気持ちを表情や言葉で伝えることができました。
いろいろなおにぎりをつくろう B　衣食住の生活 イ　日常食の調理	●基礎的な日常食について知り，簡単な調理ができる。（知・技） ➡おにぎりの型を使用する。学校で使い方を練習し，家庭でも同じ型を使っておにぎりをつくり，友達に紹介する（タブレット端末を使用する）。	❶つくってみたいおにぎりの具材の案を三つ出すことができました。 ❷おにぎりの型にちょうどよい量のご飯をつめることができました。 ❸友達がつくったおにぎりの報告を聞き称賛したり，次につくってみたいおにぎりを話したりすることができました。
場面にあった衣服の選び方 B　衣食住の生活 ウ　衣服の選択	●衣服と社会生活の関わりを知り，場面や目的に応じた衣服を選択することができる。（思・判・表） ➡自宅（日常着）と職場・学校，冠婚葬祭などの衣服の画像を用意しイメージをもちやすくする。	❶普段着と改まった場で着用する衣服を分類することができました。 ❷職業による衣服の違いと理由を友達と考え，まとめることができました。 ❸結婚式で改まった衣服を着用する理由を大きな声で発表することができました。
あづま袋をつくろう B　衣食住の生活 エ　布を用いた製作	●用具の安全な使い方を知り，手縫いで簡単な小物を製作することができる。（知・技） ➡見本を用意してイメージをもちやすくする。手ぬぐいで製作し，縫う部分を少なくする。	❶縫い目が等間隔になるよう意識してまっすぐに縫うことができました。 ❷針を使うときの注意事項を友達と考え，確認し合うことができました。 ❸でき上がったあづま袋の使いみちを工夫して考え発表することができました。
住まいの働き B　衣食住の生活 オ　住居の基本的な機能と快適で安全な住まい方	●住居の基本的な機能を知り，家族みんなが気持ちよく住むための工夫を考えることができる。（思・判・表） ➡アニメの主人公の家の間取り図を用意し，生活行為と住まいの空間についてのイメージをもちやすくする。	❶住まいの基本的な働きを知り，和式と洋式の違いについてプリントにまとめることができました。 ❷共同で使う空間と個人で使う空間に分け，それぞれの用途をまとめることができました。 ❸みんなが気持ちよく住むためのルールを考えて発表することができました。

家庭

学習内容	●主なねらい ➡手だて	評価の記載例
商品の選択と計画 C 消費生活・環境 ア 消費生活	●商品の選択に必要な情報を収集する方法や購入方法の特徴を知り，計画的な金銭管理の必要性に気付くことができる。（思・判・表） ➡大型量販店に行き，一人暮らしに必要な物品や値段をメモし，消費生活のイメージをもたせる。インターネットで値段を調べる。	❶同じような商品でも大きさや機能が違うことや値段も大きく異なることに気付くことができました。 ❷予算が限られている場合は，小さいものにしたり，次の機会に買ったりするなどの工夫を考えることができました。 ❸計画的に購入することの大切さや理由を自分の言葉で発表することができました。

家庭における障害の程度が比較的重い生徒への評価の文例　　　1段階

学習内容	●主なねらい ➡手だて	評価の記載例
私の小さなころ A 家族・家庭生活 ア 自分の成長と家族	●幼い頃を思い出し，自分の成長を支えてくれている家族の存在を大切に感じることができる。（思・判・表） ➡乳幼児期の写真やビデオ（自分と家族が写っているもの）と小さい頃に使ったおもちゃを用意してもらう。	❶3歳の頃の自分の写真を見て，自分の写真だと気付くことができました。 ❷複数のおもちゃの中から自分が遊んでいたおもちゃをつかみ，音を出して見せてくれました。 ❸ビデオの中のお母さんの声に反応し，教員にもビデオを見るよう顔を動かして教えてくれました。
地域の 伝統的な料理を 知ろう B 衣食住の生活 ア 食事の役割	●地域の伝統食である「ずんだもち」をつくることを通して，食への関心を広げることができる。（主） ➡ずんだあんづくり，餅つきを体験することで，五感を通して「ハレの日」の食事を感じられるようにする。生活単元学習「収穫祭」と関連させる。	❶煮た枝豆の匂いに驚きましたが，徐々に慣れて，友達と一緒にすりこぎで豆をつぶすことができました。 ❷餅つきを臼のそばで見学し，杵の音や掛け声に反応して，体を揺らす様子が見られました。 ❸収穫祭に初めて参加することができました。ずんだのつぶつぶの食感も抵抗なく食べることができました。
ネームタグづくり B 衣食住の生活 エ 布を用いた製作	●布を用いた簡単な小物づくりができる。（知・技） ➡修学旅行に向けて自分の持ち物の目印になる札をフェルトでつくる。自分の好きな模様を選び，フェルトの部品を衣類用のボンドで貼り合わせてつくる。	❶筆を使ってフェルト全体にたっぷりとボンドを塗ることができました。 ❷花の模様を選択し，明るい色の丸いフェルトを自分で並べました。 ❸でき上がった自分の作品を何度も眺め，とても満足そうでした。

学習内容	●主なねらい　➡手だて	評価の記載例
買い物をしよう C　消費生活・環境 ア　消費生活	●指示された商品と個数を買い物かごに入れることができる。（思・判・表） ➡近くのスーパーで調理実習の材料を購入する。商品の写真を用意する。なじみのある銘柄の商品にする。事前の写真撮影などは、スーパーに協力を依頼する。	❶指示カードの写真をよく見て、指示された個数（三つ）をかごに入れることができました。 ❷最初、辛口のルーを選びましたが、甘口のルーとじっくり見比べて、正しい方のルーを選ぶことができました。 ❸予定表のカレーの絵を指さし、調理実習を楽しみにする様子が見られました。

家庭における障害の程度がさらに重い生徒への評価の文例　　1段階

学習内容	●主なねらい　➡手だて	評価の記載例
いろいろな刺激を楽しもう A　家族・家庭生活 ウ　家庭生活における健康管理と余暇	●感覚を刺激するいろいろな玩具等との関わりを通して、一人の時間を楽しもうとすることができる。（主） ➡自立活動の課題の一つとして休み時間等にも取り組む。玩具は軽量で壊れづらいもの、単純な形のものを用意する。	❶ボタンによって鳴る音が違うことに気付いている様子が見られました。 ❷テンポのよい明るいメロディーのボタンを何度も押していました。 ❸なじみのある音楽が流れると目を開いたり動かしたりする様子が見られるので、音楽を楽しむ余暇につなげることができないかと考えています。
みんなで食べるとおいしいね！ B　衣食住の生活 ア　食事の役割	●親しい人と一緒に食事を摂ることを通して、他者への関心や食事への関心を高める。（主） ➡「お誕生会」や季節の行事での会食等の中で取り組む。	❶いつもよりもしっかりと嚥下することができていました。 ❷会食の雰囲気に徐々に慣れ、穏やかな表情で過ごす時間が増えてきました。 ❸友達の食べる様子をじっと見て、笑顔を見せていました。

家庭の指導計画と評価の文例　　2段階

学習内容	●主なねらい　➡手だて	評価の記載例
高齢者との交流 A　家族・家庭生活 エ　乳幼児や高齢者などの生活	●高齢者の生活や身体的な特徴を知り、よりよい関わり方について考え工夫することができる。（思・判・表） ➡老人疑似体験の実施と高齢者施設を訪問し、高齢者と直接ふれあう機会を設ける。	❶加齢によって見づらくなったり、動きが制限されたりすることを感じることができました。 ❷高齢者と一緒に童謡を歌ったり、折り紙を折ったりすることができました。 ❸身近な高齢者にしてあげたいことをまとめ、発表することができました。

学習内容	●主なねらい　➡手だて	評価の記載例
1日の献立を考えよう B　衣食住の生活 ア　必要な栄養を満たす食事	●必要な栄養素の種類と働きを知り，1日分の献立について考え工夫することができる。（知・技） ➡食品成分表を活用しながら，栄養教諭から栄養のバランスについての講義を受ける。	❶五大栄養素の名称や主な働きと食品を表にまとめることができました。 ❷自分が1日に食べた献立を栄養教諭と一緒に食品群に分け，標準の摂取基準量と比較することができました。 ❸バランスよく食事をするために野菜を多く摂りたいと発表しました。
衣服の選択と購入 B　衣食住の生活 ウ　衣服の手入れ	●取り扱い絵表示を見て，衣類の材料や状態に応じた日常着の手入れの方法が分かる。（知・技） ➡自分の制服（ワイシャツ，ブレザー）と運動着の洗濯表示タグを確認する。	❶取り扱い絵表示の記号の種類や意味がほぼ分かるようになりました。 ❷洗濯機で洗える衣類とクリーニングに出す衣類を自分で判断できました。 ❸衣服を購入するときは取り扱い絵表示を見て管理が楽なものを選ぶようにしたいと発表しました。
タブレットケースをつくろう B　衣食住の生活 エ　布を用いた製作	●型紙に合わせて裁断し，ミシンを使って自分のタブレットケースを工夫してつくることができる。（思・判・表） ➡見本を用意しイメージをもちやすくする。飾り付けの方法を複数提示し選択できるようにする。	❶ミシンの糸かけを一人でできるようになりました。型紙のとおりに裁断できました。 ❷大きなボタンを飾り兼留め具になるよう工夫しました。 ❸次の工程を見通しながら，積極的に作業を進めることができました。
安全な住まい方 B　衣食住の生活 オ　住居の基本的な機能と快適で安全な住まい方	●様々な年代の家族が安全に生活するために必要な住まいの工夫について考えることができる。（思・判・表） ➡赤ちゃんのいる家，高齢者のいる家，ペットのいる家で工夫すべきことを話し合う。	❶家庭内の事故の原因やバリアフリーについて調べることができました。 ❷友達の意見に補足したり，みんなの意見をまとめたりすることができました。 ❸保育園交流や高齢者施設での体験をもとに自分の意見をまとめることができました。
賢い消費者になるために C　消費生活・環境 ア　消費生活	●インターネットでの購入や現金払い以外の支払い方法，悪質商法対策について知り，自立した消費者として必要な責任ある態度を考えることができる。（主） ➡消費生活に関するビデオ教材を活用し，悪質商法のロールプレイを行う。卒業生の事例も紹介し，身近な問題であることに気付かせる。	❶便利な購入方法がたくさんあることや知らないことで困ることをプリントにまとめました。 ❷悪質商法のロールプレイを通して，はっきりと断ることや誰かに相談することの大切さを考えることができました。 ❸その月に使える限度額を設定したり，小遣い帳をつけたりすることで使いすぎないようにしたいと発表しました。

（佐藤　修子）

12 外国語活動・外国語
小学部

　知的障害のある児童においても，日常生活の中で外国の言語や文化に触れる機会が増えてきており，今回の学習指導要領改訂で，小学部に外国語活動が新設された。その目標は，「外国語によるコミュニケーションにおける見方・考え方を働かせ，外国語や外国の文化に触れることを通して，コミュニケーションを図る素地となる資質・能力を育成することを目指す」である。

　特別支援学校における外語国活動，教科「外国語」は，次のように扱うこととされた。

対象	小学部		領　域	中学部・高等部
知的障害のある児童・生徒	〔外国語活動〕第3学年以上※	〔2領域〕	「聞くこと」「話すこと」	教科〔外国語〕
準ずる課程の児童・生徒	〔外国語活動〕第3・4学年	〔3領域〕	「聞くこと」「話すこと〔発表〕」「話すこと〔やり取り〕」	〔5領域〕※※「聞くこと」「話すこと〔発表〕」「話すこと〔やり取り〕」「書くこと」「読むこと」
	教科〔外国語〕第5・6学年	〔5領域〕	※※中学部・高等部と同じ	

※国語科の3段階の目標・内容を学習する児童が学ぶことができるよう，目標・内容設定。

　知的障害の児童に対する指導については，各教科等を合わせて指導を行うことができる。

　児童の障害の状態によっては聞くこと，話すことの言語活動が困難である場合もあるため，音声によらない言語活動などの工夫，例えば，外国語の歌や身近な語を聞いたり，ネイティブ・スピーカーと触れ合ったりするなど児童一人一人の状態に合わせた指導の工夫が求められる。外国語活動を通して，児童がコミュニケーションの楽しさを知り，「聞くこと」や「話すこと」の意欲を高める動機付けとなる学びを工夫し，評価していくことが求められる。

　学習内容に対する評価のポイントについては，次のとおりである。

①**知識・技能**…日本語と外国語の音声の違いなどに気付き，外国語の音声に慣れ親しむことができたかを評価する。

②**思考・判断・表現**…①で身に付けた知識・技能（相づち，ジェスチャーも含む）をやり取りの中で児童がどのように使い，伝え合うことができたかを評価する。

③**主体的に学習に取り組む態度**…①②の力を身に付ける中で，授業中や学校生活で見られるコミュニケーションへの意欲や外国文化に対する気付き等を評価する。

　具体的な言語活動として，「聞くこと」「話すこと」の2領域があるが，学習活動において相互に関連することから，領域を分けず評価例を示すこととする。

外国語活動の指導計画と評価の文例

学習内容	●主なねらい　➡手だて	評価の記載例
英語の挨拶や語などを聞き，話す活動 あいさつをしよう ・Hello Song 　（日本語版，英語版） 数えてあそぼう ・7 Steps Song 　（日本語版，英語版）	●英語の歌や日常になじみのある語などを聞き，音声やリズムに親しむ。外国の生活や行事に触れ，日本との違いを知る。（知・技） ➡なじみのある歌や事物等を扱う。日本語版と英語版を比較することで，音声の違いに気付けるように促す。	❶「Hello Song」ではアニメーション動画を見ながら，意味をイメージして英語を聞いていました。 ❷「Hello」など，教師が話す音声をよく聞いて，模倣することができました。 ❸「7 Steps Song」では，授業以外の場面でも歌うようにステップを踏むことがあり，英語の歌に親しんでいる様子が見られました。
英語が表す内容を実物や写真などと結び付ける活動 これは，なあに？ ・English Quiz	●日常生活の中で触れる機会の多い語のうち，簡単な英語で表すことができるものの音声表現を知る。（知・技） ➡実物や写真を見せながら音声表現することで関連性に気付きやすくする。	❶音声を聞きながら，身近な物の写真と文字（「MILK」など）をマッチングできるようになりました。 ❷「Dog」「Cat」など写真カードを見ながら音の違いを感じて聞いていました。 ❸ALTの身振りや表情に注目しながら，よく聞こうとしていました。聞いた後，自ら真似するなど意欲的でした。
自分の名前や好きなものなどを伝える活動 自分の名前を伝えよう すきなものを伝えよう ・Introduce	●言語を用いてコミュニケーションを図ることの楽しさを知り，身近なことについて簡単な英語を使って表現する。（知・技）（思・判・表） ➡児童になじみのある歌や事物等を扱う。イラストカード等を用い，イメージしながら表現できるよう促す。	❶「Introduce」では，話型カードを用いながら，自分の名前を英語で表現しました。 ❷教師の音声表現を模倣して，「I like rice.」と教師や友達に伝えることができました。 ❸「ごはん」のイラストカードを自ら選び，進んで言語でのコミュニケーションをとろうとする姿勢が見られました。
歌やダンス，ゲームで，簡単な語や身振りなどを使って表現する活動 しあわせなら手をたたこう ・If you're happy and you know it	●身近で簡単な事柄について，注目して見聞きしようとし，相手の働きかけに応じようとする。（思・判・表） ➡知っている手遊び歌等の英語版を扱い，リズムに合わせて身振りや動作とともに発語できるよう促す。	❶「If you're happy and you know it」では前奏からリズムをとり，親しんでいる様子が見られました。 ❷英語の手遊び歌の中で，タイミングよく手を打つことができました。 ❸英語での表現が思いつかないときは，日本語や身振りも合わせて表現し，やり取りを楽しむ姿勢が見て取れました。

（齋藤　仁美）

12 外国語活動・外国語

中学部

評価のポイント

　外国語を使って何ができるようになるかという視点に立つとき，知的障害のある生徒に外国語（英語）を指導するねらいは，外国語によるコミュニケーションに触れる活動を通して，社会性やコミュニケーションを図ろうとする力を身に付け，将来の社会参加を促すことであるとも言える。外国語によるコミュニケーションに触れる活動には，絵カードや実物を使ってのやり取りや自己紹介，簡単な外国語表現による発表等がある。さらに，外国語指導助手との直接のコミュニケーションは，挨拶ややり取りをするだけでなく，外国文化に触れる意味でも学びとなる。指導に際しては，他の教科等との関連も意識しながら，既習の語句や表現を使って，コミュニケーションを図ることができるよう工夫することが大切である。

　学習内容に対する評価のポイントについては次のとおりである。

①**知識・技能**…外国語を用いた体験的な活動を通して，外国語の音声や基本的な表現に慣れ親しんでいる。（外国語の音声を真似て声を出したり，基本的な表現や語句の表す内容を知り，使ったりすることができたか。）

②**思考・判断・表現**…身近で簡単な事柄について，外国語で聞いたり話したりして自分の考えや気持ちなどを伝え合っている。（①で身に付けた知識・技能（相づち，ジェスチャーも含む）をやり取りの中で生徒がどのように使い，伝え合いができたか。）

③**主体的に学習に取り組む態度**…外国語を通して，外国語やその背景にある文化の多様性を知り，相手に配慮しながらコミュニケーションを図ろうとしている。（授業中や学校生活で見られるコミュニケーションへの意欲や外国文化に対する気付き等。）

　具体的な言語活動として，「聞くこと」「話すこと［発表］」「話すこと［やり取り］」「書くこと」「読むこと」の5領域があることから，領域を意識した評価例を示すこととする。

外国語の指導計画と評価の文例

学習内容	●主なねらい　➡手だて	評価の記載例
文字の発音を聞き文字と結び付ける活動 **挨拶や簡単な指示に応じる活動** ・Matching Games ・Simple Song ・Music & Movement ア　聞くこと	●英語の音声を聞き，英語の音声や文字も事物の内容を表したり，要件を伝えたりする働きがあることに気付く。（知・技） ➡写真やイラストのカードや身振りと合わせて示すことなどにより，音声が指す事柄等をイメージしやすくする。	❶音声を聞き，写真と文字（ball など）をマッチングできる単語が二つから五つに増えました。 ❷音楽を聞きながら，音声の指示のみで"Walk""Stop"等の動作ができました。 ❸授業で聞いた歌について休み時間に身振りとともにハミングするなど，英語の歌に親しんでいました。

外国語活動・外国語

学習内容	●主なねらい ➡手だて	評価の記載例
自分の名前，年齢，好みなどを表現する活動 身近な事物の様子等を基本的な表現やジェスチャーを用いて表現する活動 ・Introduce ・Gesture Game イ　話すこと［発表］	●自分の名前と好きな物（食べ物，動物，色）などについて，音声言語で表現する。（思・判・表） ➡話型カードを用意し，繰り返し音声で表現してモデルを示すことで，生徒が自信をもって発表できるように促す。写真カードなどを用意し，生徒が選択肢の中から選ぶことができるようにする。	❶自分の好きな物を表現するときは，"I like～."と話すことを覚えました。 ❷白いカードを選び，"I like white."と表現するなど，自分で考えて話すことができました。 ❸自己紹介では"I"と表現をするときに自分の胸に手を当てるなど，身振りとともに分かりやすく相手に伝えようとしていました。
挨拶をし合う活動 自分の考えや気持ちを伝え合う活動 簡単な質問に，英語や身振り等で応じる活動 ・Hello Songs ・English Quiz ウ　話すこと［やり取り］	●質問に対して，自分で判断し，英語の音声や身振りで表現する。（思・判・表） ➡イラストカード等を使って選択肢を示したり，表情やジェスチャーと合わせてモデルを示したりすることで，イメージをもちやすくする。	❶歌を通して英語の挨拶についての理解が進みました。 ❷相手からの質問を受け"I'm good.""I'm tired."のイラストカードから，自分の状態について選び，身振りと音声言語で表現することができました。 ❸英語で上手く表現できなくても表情やジェスチャーにより相手に伝えようとする姿に成長を感じました。
身近な事物を表す文字を書く活動 例示を見ながら自分の名前を書き写す活動 ・Let's Write! エ　書くこと	●アルファベット文字で自分の名前を書くことができる。（思・判・表） ➡名前のアルファベット文字を全て例示し，次第に例示の文字数を軽減して書き写すことができるよう促す。用紙に適切な幅の罫線や大きさの枠を示すなど，書字しやすい環境を工夫する。	❶例示を指でなぞること等を通して，自分の名前を構成するアルファベット文字の形を知ることができました。 ❷用紙の上段に示したアルファベット文字を見て，音声言語で表現し，下段に正確に書き写すことができました。 ❸校内掲示のポスターの"Olympic"の表記に気付き，指でなぞるなど，アルファベット文字に関心を寄せる様子が頻繁に見られました。
身の回りで使われている文字や単語を見付ける活動 日本人の名前や地名の英語表記を読む活動 ・Matching Games ・English Quiz オ　読むこと	●自分の身近な人の名前や事物，地名の英語表記について読むことができる。（思・判・表） ➡身近な人名や事物の英語表記を写真や具体物と文字，音声をマッチングさせて理解を促す。モデルを示し，文字を読むことができるようにする。	❶音声を聞くことを通して，身近な英語表示の読み方を知ることができました。 ❷身近な英語での表示について，教師の音声言語を聞き，真似て読むことができました。 ❸校内の階段を上りながら，"One""Two""Three"等の表示に気付き，進んで読もうとしていました。

（齋藤　仁美）

12 外国語活動・外国語

高等部（1段階・2段階）

　高等部の外国語は，設けることのできる教科であるが，小学部に外国語活動が新設されたことを踏まえ，小中高の一貫性を考慮し，指導内容を設定することが大切である。

　外国語には「聞くこと」「話すこと［発表］」「話すこと［やり取り］」「書くこと」「読むこと」の5領域があり，それぞれが相互に関連し合うものであるが，本稿では学習内容に，主たる領域を示すこととした。外国語での他者とのやり取りに着目し，自分の考えや気持ちを伝えあう力を高めるといった観点も併せて評価の記載例に示した。

外国語の指導計画と評価の文例　　1段階

学習内容	●主なねらい　➡手だて	評価の記載例
簡単な語句や基本的な表現, 具体的な情報の聞き取り 自己紹介・予定 日付・時刻・値段 ア　聞くこと	●友達の自己紹介の発表を聞いて，発表内容について一層理解を深めることができる。（知・技） ➡自己紹介での情報に合うイラストを提示し，音声と物事を結び付けやすくする。	❶自己紹介で聞き取った内容に沿って設問に正しく答えることができました。 ❷聞き取った内容を整理し，友達の紹介シートを作成することができました。 ❸友達の自己紹介に傾聴する姿勢が見られました。
自分の得意なことや趣味の発表 自己紹介・挨拶 報告・予定 イ　話すこと［発表］	●簡単な語句や基本的な表現を用いて，自分の紹介や予定を周囲に発表することができる。（思・判・表） ➡定型のセンテンスフレームを繰り返し用いる。	❶ "My favorite～is" の意味を理解することができました。 ❷自分の好きな食べ物の英単語を使い，自己紹介ができました。 ❸自己紹介活動では，友達と簡単な会話を楽しもうとする姿勢が見られました。
挨拶の交し合い, 簡単な質疑応答 自己紹介 食事・通院　など ウ　話すこと［やり取り］	● "What" を使って，場面に即した簡単な質疑応答ができる。（思・判・表） ➡活動への抵抗感を軽減できるよう，教員が活動のモデルを積極的に示す。	❶ "What～do you like?" の意味を理解することができました。 ❷相手への質問を考え，ペアワークの中で質問ができました。 ❸ "Me too." と返答するなど，会話を継続しようとする姿勢が見られました。
アルファベット 大文字・小文字 簡単な語彙の写し書き エ　書くこと	●大文字と小文字の区別，紛らわしい形の区別がつき，簡単な語彙を書くことができる。（知・技） ➡四線を使い，文字の高さを意識させる。紛らわしい文字を区別するためのイラストを用意する。	❶四線を使って正しい高さで大文字，小文字を書き写すことができました。 ❷単語をまとまりとして覚え，手本を見なくても写せるようになりました。 ❸手本と注意深く見比べ，間違ったときは自分で気付いて直しています。

学習内容	●主なねらい　➡手だて	評価の記載例
活字体の識別 大文字と小文字の区別 正しい読み方 **簡単な語彙の発音** オ　読むこと	●アルファベットの大文字・小文字の区別ができる。身近な語彙の読み取りができる。（知・技） ➡アルファベットカルタ，単語神経衰弱など，ゲーム要素を積極的に取り入れていく。	❶提示された大文字のカルタから小文字を推測し正しいカードが取れました。 ❷教員の発音を聞き，どのように発音するかを考え，真似ることができました。 ❸提示されたアルファベットから正しく発音しようとする姿勢が見られました。

外国語の指導計画と評価の文例　　2段階

学習内容	●主なねらい　➡手だて	評価の記載例
簡単な語句や基本的な表現の聞き取り 学校生活 **情報の聞き取り** インタビュー ア　聞くこと	●将来の夢についての発表を聞き，内容を理解することができる。（知・技） ➡写真や映像を用いて視覚的に内容と関連できるようにする。単語の意味を事前に学習しておく。	❶発表で聞き取った内容に沿った設問に正しく答えることができました。 ❷提示した映像と関連した単語を考えながらワークシートを作成できました。 ❸将来の夢に関連した単語に興味をもち，自分で調べることができました。
自分の気持ちや考えを伝える 思い出の感想 調べたことの発表 イ　話すこと［発表］	●修学旅行について調べたことや経験したことを英語で発表することができる。（思・判・表） ➡基本的な話型を例示するとともに，発表したいことをALTに事前に相談できるようにする。	❶ "I like 〜. I want to" の表現を使って，自分の気持ちを表す文をつくりました。 ❷発表する内容を自分で考え，ALTに確認するなどして，ワークシートにまとめることができました。 ❸学習した表現を使って，ALTとのやり取りを楽しむことができました。
伝え合い，質疑応答 食文化のディスカッション ウ　話すこと［やり取り］	●日本や海外の食文化について調べたことを，項目ごとに質問したり，質問に答えたりすることができる。（思・判・表） ➡生徒にとって，身近で簡単な題材をテーマとして扱う。	❶ "Do you like? How about?" 等の表現で質問を続けることができました。 ❷発表者への質問を選択肢の中から選び，英語で伝えることができました。 ❸テーマに沿った英語のやり取りに積極的に取り組むことができました。
身近で簡単な語彙を書き写す・書く インタビューと報告 エ　書くこと	●インタビューで聞いた質問の答えを，取材後に正しく書き表すことができる。（知・技） ➡予想される答えの選択肢をあらかじめ設け，選べるようにする。	❶質問の答えをメモに取り，その後丁寧に文に書き表すことができました。 ❷メモを書き写すだけでなく，知っている語彙を加えて書くことができました。 ❸インタビューされる側では，相手のメモや報告によく注目していました。
情報の読み取り チラシ等の読み取り **文章の内容理解** 簡単な絵本の読み取り オ　読むこと	●海外のスーパーマーケットのチラシから必要な情報を読み取ることができる。（知・技） ➡写真やイラスト，既知の英単語などの情報の多い題材を用いる。	❶チラシからテーマに沿った情報を正しく読み取ることができました。 ❷ドルとセントの違いに気付き，金額について考えることができました。 ❸チラシの中から食材を選び出す活動に友達と一緒に意欲的に取り組むことができました。

（鈴木　泉子）

13 情　報

高等部（1段階・2段階）

　教科「情報」は「学校や生徒の実態に応じて設けることができる教科」であるが，情報技術の急激な進展により，就労においても種々のサービスを受けるに当たっても，知的障害のある生徒を取り巻く環境は劇的に変化している。特別支援学校における教科「情報」の学習については，情報社会に主体的に参画するために必要な資質・能力の育成が強く求められている。今回の改訂により，情報の内容は「A　情報社会の問題解決」「B　コミュニケーションと情報デザイン」「C　情報通信ネットワークとデータの活用」となった。学習評価の3観点は，

①**知識・技能**…問題を知り，問題を解決するための身近にある情報と情報技術の知識について理解し，基礎的な技能を身に付けているとともに，情報化の進展する社会の特質及びそのような社会と人間との関わりについて理解している。

②**思考・判断・表現**…身近な事象を情報とその結び付きの視点から捉え，問題を知り，問題の解決に向けて情報と情報技術を適切かつ効果的に用いている。

③**主体的に学習に取り組む態度**…情報社会との関わりについて考えながら，問題を知り，問題の解決に向けて主体的に情報と情報技術を活用し，自ら評価し改善しようとしている。

と示されている。

　本稿では，**1段階**は生活に関連の深いものを取り上げ，学年当初に使える自己紹介シートの作成，学校行事の一つである運動会のお知らせの作成，校外学習の見学先についての情報検索と発表などを例示した。**2段階**は，普通科のみならず専門学科の学習内容も想定した。就業体験における体験先企業を調べる活動や実習日誌への記入・入力等の活動，オフィス内作業を想定し，校内でメールサーバーを稼働させたビジネスメールの送受信，また表計算ソフトを使用したデータを表やグラフで表す学習，さらには自己の職業適性や進路希望に基づき「ハローワーク　インターネットサービス」を活用して求人情報を検索する学習，の事例を取り上げた。

学習内容	●主なねらい　➡手だて	評価の記載例
コンピュータを使用して自己紹介シートをつくる A　情報社会の問題解決	●目的達成のためにコンピュータの特性を理解して活用する。（知・技） ➡情報モラルを意識して見やすく訴求力のある自己紹介シートを作成し，掲示して評価し合う。	❶自己紹介シートの作成に必要なコンピュータの操作ができました。 ❷個人情報の扱いに配慮し，自己紹介に必要な事項を考えて表現できました。 ❸自己紹介シートの役割を理解し，生徒同士の評価に進んで取り組みました。

情報

学習内容	●主なねらい ➡手だて	評価の記載例
運動会の お知らせプリントを つくる B　コミュニケーション と情報デザイン	●相手に必要な情報を判断し，分かりやすく伝えることで，相手の行動を促したり関係を深めたりする。（思・判・表） ➡受け手の状況に応じた依頼文や案内文を，書式を整えて作成する。	❶通知文の書式に従って，お知らせをコンピュータ操作で作成できました。 ❷必要な構成要素を考えながら，お知らせを作成することができました。 ❸来てほしいという気持ちをもって進んでお知らせの作成に取り組みました。
社会科見学の 見学先について 発表する C　情報通信ネットワークとデータの活用	●行事に必要な情報を検索・記録し，充実した計画を立てる。（思・判・表） ➡見学先に関するどのような情報が必要かを考え，情報通信ネットワークを活用して事前に収集する。	❶情報通信ネットワークを使用して必要な情報を検索することができました。 ❷検索結果から情報の必要性を判断し，発表を準備することができました。 ❸情報を検索する目的を理解し，検索や発表に進んで取り組みました。

情報の指導計画と評価の文例　　2段階

学習内容	●主なねらい ➡手だて	評価の記載例
就業体験先の 事前調査 A　情報社会の問題解決	●就業体験先についての情報を検索し，得られたデータを就業体験のイメージづくりに役立てる。（思・判・表） ➡情報通信ネットワーク上に体験先のどんな情報があるかを知る。	❶情報通信ネットワークを使用して必要な情報の検索ができました。 ❷検索結果から必要な情報を判断し，抜き出して整理することができました。 ❸就業体験先での動きを予測して，検索事項を選択することができました。
ビジネスメールの 送受信 B　コミュニケーション と情報デザイン	●送受信相手との関係を理解し，マナーを踏まえたメールの作成を行う。（知・技） ➡メールの定型文のつくり方，送信・受信・転送の方法，宛先・CC・BCC の違いを理解する。	❶電子メールの特性を理解して，メールの送信・受信・転送ができました。 ❷目的により宛先・CC・BCC を使い分け，ビジネスメールを作成できました。 ❸職業生活での信頼関係の大切さを理解し，維持することに努めました。
表とグラフの作成 B　コミュニケーション と情報デザイン	●表計算ソフトを使用して，データを表やグラフで表現する。（知・技） ➡必要な関数使用や罫線処理とグラフ化の方法を学習する。	❶データを表に入力し，集計したりグラフ化したりする操作ができました。 ❷表やグラフを見やすくするために，関数やレイアウトを工夫できました。 ❸表やグラフで表すことのよさを考え，データの集計に活用できました。
情報通信 ネットワークを 活用した 求人情報の検索 C　情報通信ネットワークとデータの活用	●情報通信ネットワークで提供されるサービスを活用し，進路選択に役立てる。（主） ➡厚生労働省が提供する「ハローワーク　インターネットサービス」のデータを検索・活用する。	❶問題解決のために必要な情報を検索し，データ収集することができました。 ❷進路希望や適性を考え，ふさわしい職種・条件を判断して検索できました。 ❸検索結果を基に自己の適性や進路希望の見直し・再確認ができました。

（平澤　鋼）

第3章

個別の指導計画を
生かした
「通知表」の記入例

本書における「個別の指導計画」を生かした「通知表」

　個別の指導計画には，学校によって様々な書式があります。下に示した図は，本書において使用した書式の概観図です。

　特別支援学校では，まずは支援の全体像として「個別の教育支援計画」を作成します。本人・保護者から「将来の希望」や「必要とする支援」を伺い，担任とともに「今年度の目標」を確認します。それに基づき，学習や学校生活に関する学期ごとの個別の指導計画を作成します。

　実際には，この前段階に「フェイスシート」として児童生徒の「実態把握表」があり，実態に応じた指導の重点や手だてを記述するために，こちらの指導計画を学期当初に作成します。

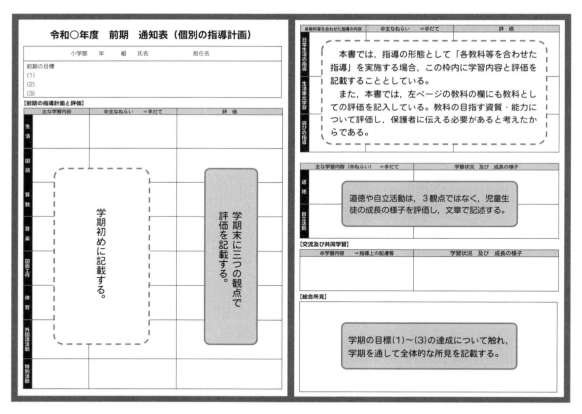

　p.150以降に，小学部第1段階から高等部第2段階までの七つの段階の記載例を示します。上記の例は2ページですが，記載例は，それぞれ4ページにわたるものとなっています。

　第2章では，「単元ごとの評価」について記載例を示しています。「学期ごとの評価」はその総体として，対象の児童生徒に特に伸びてほしい代表的な単元を一〜二つ示し，評価はそれらを合わせて特に顕著な伸びを示した点について記載することとしました。

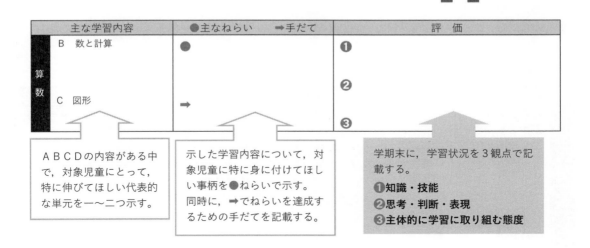

◎本書に示す「個別の指導計画」は記載例を示した一つの提案です。各学校で書式も記入方法も方針を定め，取り組んでいただきたいと考えます。本書をまとめるに当たり，学期末の学習評価の在り方を追究してきました。その一例であると御理解ください。
　「個別の指導計画」は，学期の「印象」を書くものでも「エピソードを記述する」ものでもありません。学期当初に立てた目標がどのように達成でき，どのような力が身に付き，そして次の課題は何かを端的に書くものであること。それをお伝えしたく，例示を書きました。

（朝日　滋也）

1 小学部1段階

小学部1年　知的障害児童の「通知表」例

●事例の概要

　小学部1段階の事例は，注意が途切れやすいため，注目すべき箇所を指さしたり，短い言葉掛けをしたりして，注意を促す必要がある児童を想定しています。また，言語指示だけでは理解しにくいため，動作を伴った活動を多く設定したり，絵や写真，映像等の視覚教材で提示したりすると，一定時間，見通しをもって活動に参加できます。目の前にいる教師に，発声や写真カードを指さす，教師の手を取る等の方法で要求を伝えることができますが，教師の直接的な援助を受けながら，体験し，事物に気付き注意を向けたり関心をもったりすることをねらいとする段階の児童です。

通知表の実際

令和○年度　前期　通知表（個別の指導計画）

小学部　1年　　1組　　氏名　○○　○○　　担任名　□□　□□
前期の目標 (1)具体物や絵カードなどを手掛かりに，短い見通しをもって活動する。 (2)着替えや荷物整理，靴の履き替え等，身辺自立の力を伸ばす。 (3)様々なコミュニケーション手段で，自分の気持ち（はい・いいえ／好き・嫌い）や欲しいものなどを伝える。

【前期の指導計画と評価】

	主な学習内容	●主なねらい　➡手だて	評　価
生活	**毎日の生活** **返事をしよう** ウ　日課・予定 オ　人との関わり （カ　役割，キ　手伝い・仕事については日常生活の指導で学習）	●朝の会では，自分の名前を呼ばれたら，返事をする。 ➡繰り返し左から順番に名前を呼び，順番の見通しと期待感を高める。返答できたらすぐ握手するなど，できた評価を分かりやすく伝える。	❶自分の名前が呼ばれると，嬉しそうな表情を見せ，挙手して返答できました。 ❷担任教師や友達の名前を覚え，手を振る・握手するなどして，挨拶できました。 ❸欠席の児童がいると，出欠確認用の顔写真を指さして教えてくれました。
国語	**呼びかけて** **みよう** **言葉で遊ぼう** まほうのはこ A　聞くこと・話すこと **いろいろな** **筆記具を** **使ってみよう** かいてみよう B　書くこと	●教師の話し掛けに，表情や身振り，発声等，自分なりの表現で応答させる。遊びの中で身近な具体物と言葉を一致させる。 ➡話し手に注意を向けやすいように，動作化して支援する。 ●身近に手にするクレヨン，水性ペン等を使って，書くことに気付き，慣れる。 ➡興味関心のある筆記具を使い，書く活動に親しみをもたせる。	❶教師と一緒に，手を口に当て，「お〜い」の身振りで応答ができました。筆記具を手に取り，「くるくる」等発声しながら教師とともに手を動かしました。 ❷音声の高低や抑揚などの違いに気付き，表情で伝えてくれました。期待感をもって次に出てくる具体物に注目し，気に入った言葉に声を発していました。 ❸話し手への注目が高まり，単語の一部や発声で応答することが増えました。筆記具のもち方を自分で工夫していました。

	主な学習内容	●主なねらい　➡手だて	評　価
算数	**さわってみよう さがしてみよう** **具体物の有無** A　数量の基礎 **おなじものを さがそう** **分類・整理** C　図形	●興味あるものを箱の中から取り出す操作により，ものの有無や因果に気付き，自ら興味を示し活動できる。 ➡自ら押す，引っ張る等の活動を通して面白さに気付かせる。 ●身近にある具体物の，同じもの，似ているものを対応させ，選択，分類を理解する。 ➡2種類から始め，量や種類を増やし，発展した課題に取り組む。	❶押す，引っ張るなど，いろいろな教材を操作できました。タオル，コップ等を集めて自分でかごに入れていました。 ❷ものの有無や因果に気付き，少しずつ注目する時間や回数が増えました。押す，引っ張るという活動に興味をもって自ら手を伸ばしていました。 ❸プットインや押すと鳴る音絵本等の玩具にも興味を示し，遊ぶようになりました。また，自分の棚の定位置にタオルやコップ等を分けて入れていました。
音楽	**いっしょに 音を楽しもう** **音楽遊び** A　表現	●音や音楽に気付き，音を出す，左右に体を揺らすなどして自分なりに表現する。 ➡受け止めやすく分かりやすい音や音楽を用意する。音量などに配慮する。	❶音楽を感じながら，手や足を動かす様子が多く見られるようになりました。 ❷ピアノやラジカセの方を向くなど，音源に気付いている様子が見られました。 ❸ウッドブロックやギロなど，叩いた感覚と音に関心を示し，叩けました。
図画工作	**造形遊び** A　表現 B　鑑賞	●指を使って模様を描く活動では，色や線など，模様の変化に気付き，関心を示す。 ➡プラスチック板の上に絵の具を塗り，指で模様を付けやすいようにする。触感が苦手な場合は，刷毛やヘラを使う。	❶指やヘラなどの用具によって表れる模様の違いに気付き，活用しました。 ❷ヘラで付ける模様を好み，ヘラの模様を多用して作品画面を構成できました。 ❸刷った版をめくる活動に期待感をもち，繰り返し行うことができました。
体育	**マットで回転** B　器械・器具を使っての遊び	●マットの上を這って動いたり，転がったりしてたくさん体を動かして遊ぶ。 ➡転がりやすいように，斜めに角度がついたマットを使用する。	❶マットの上を這う，転がる，左右に体を揺らすなど，たくさん体を動かせました。 ❷自分から斜めに角度がついたマットを選び，活動するようになりました。 ❸スピードをつけて連続して転がるなど，工夫して遊ぶことができました。
外国語活動		外国語活動は，第3学年以上，国語科3段階の目標・内容を学習する児童が学ぶことができるよう，目標・内容を設定する。	
特別活動	**学習発表会 遠足 避難訓練 学部集会**	●避難訓練では，教師と一緒に，机の下に潜ったり，避難場所に避難したりする。 ➡隣で望ましい行動の手本を示す。避難場所の写真を提示する。「地震は机の下に潜る」「火事はハンカチを口にあてる」など，言葉を決めて繰り返し伝える。	❶教師と手をつなぎ，落ち着いて避難場所に避難できました。 ❷机の下では体を小さく丸めること，ヘルメットを被って避難することを覚え，教師と一緒に行えました。 ❸カレンダーやスケジュールに掲示してある避難訓練のカードに注目したり，指さしたりするようになりました。

各教科等を合わせた指導の内容	●主なねらい　→手だて	評　価
日常生活の指導 係活動	●牛乳配りでは，教師と一緒に，お盆の上に牛乳を置く。 ➡「ここ」と短い言葉掛けと指さしで置く場所を示す。左から右，上から下の順に置く。全て置くことができたら，即時に行動を評価する。	❶教師から手渡された牛乳を，１本ずつお盆の上に置くことができました。 ❷かごに入った牛乳が全てなくなると係活動は終わり，ということが分かってきました。 ❸全て配り終わると，空の牛乳かごを教師に手渡し，「終わり」を伝えるようになりました。
生活単元学習 みんなでパーティーをしよう！	●自分の役割（係活動）を理解し，教師と一緒に受付係を行う。 ➡単元の見通しがもてるよう，授業前に単元のテーマソングを流す。実施日やお客さん・当日までに行う内容を，視覚的に示す。終わりが分かるように，毎回，本時の「ゴール」を提示し，振り返りの時間に確認する。	❶教師の「こんにちは」の言葉に合わせて一礼し，お客さんに座席カードを手渡すことができました。 ❷「これをやったら休憩」「次の作業はこれ」が分かり，短い見通しをもって活動に取り組めました。 ❸家庭でも，パーティーで撮影した写真を指さしたり，乾杯の動作をしたりと，楽しかったことを伝えてくれました。
遊びの指導 集団遊び身体活動の充実	●就学前施設，幼稚園での学習との関連性や発展性をもたせ，他教科との関連性を重視した身体活動を行う。 ➡遊びをできるだけ制限することなく，安全なサーキット遊びなどを設定する。主体的に遊ぶことができる場の設定を行う。個人の遊びから集団での活動への流れを付け，人への関心を高めるよう支援する。	❶ボールプール，シーツブランコ，穴くぐり，平均台，バランスボール，トランポリン等，サーキット遊びの中で，好きな遊びを選んで，同じ場所で一定時間遊んでいました。 ❷一人ずつ並んで平均台を渡って，次に穴をくぐるというサーキット遊びの流れを守って遊んでいました。 ❸友達と遊びたいものが重なったときには譲り合うこと，集団でのマナー，ルールが少しずつ理解できてきました。

主な学習内容（●めあて）　➡手だて	学習状況　及び　成長の様子
道徳 みんなでいっしょに！ B　友情，信頼 みんなのための係の仕事 C　勤労，公共の精神 ➡授業や交流活動の中で活動を行う。係活動を毎日続ける。	友達や学年のみんなと一緒に活動し，ペアになってダンスをしたり，一緒に追いかけっこをしたりするようになりました。副籍交流校の友達と一緒にダンスを踊ることができました。人さし指と人さし指を合わせて「一緒」と伝える場面が増えてきました。牛乳配りの係は自分の仕事だと理解し，進んで行う様子が見られました。
自立活動 ●自分の気持ち（はい・いいえ／好き・嫌い）や欲しいものなどを伝えることができる。〔人間関係の形成・コミュニケーション〕 ➡主に「国語」及び「日常生活の指導」で指導する。	絵や写真カードの理解が深まり，教師にカードを手渡して，欲しいものや行きたい場所などの要求を伝えてくれました。手渡すといいことがある（要求がかなえられる）経験を通して，少し離れた場所にいる教師や担任教師以外の学年の教師にカードを手渡すようになりました。

【交流及び共同学習】

学習内容，指導上の配慮等	学習状況　及び　成長の様子
副籍交流 ➡事前に，本児ができる活動内容・活動時間などを，保護者の要望を含めて決める。お互いのクラスのカレンダーに副籍交流の絵を貼り，見通しをもたせる。当日の活動スケジュールを用意し，持参する。	事前にカレンダーで副籍交流日を示したり，当日の活動スケジュールを繰り返し確認したり，当日の朝は，副籍校の写真を見てから家を出たりしたことで，最後まで活動に参加することができました。楽しく活動できたことを，動作（ボウリングでボールを転がすポーズ）で伝えてくれました。

【総合所見】

○入学当初は新しい担任や新しい教室に戸惑うこともありましたが，少しずつ慣れ，教師と一緒に，活動できるようになりました。安心して一緒に活動してくれる存在で，一緒に活動すると楽しい・できることが増えるということが分かると，新しい活動や苦手なこと，少し難しいことにも，「先生と一緒ならやってみよう」と取り組むようにもなりました。

また，教師が提示した絵や写真カード等にも注意を向けるようになり，見る力も伸びました。欲しいおもちゃや遊びに行きたい場所の写真カードを教師に手渡すとよいことがある経験を通して，自分から主体的にコミュニケーションをとるようになってきました。更に，絵や写真カードなどの理解が深まったことで，昼休みは歯磨きの後であることを，教師と一緒に1日のスケジュールカードで確認すると，納得する様子が見られるようになりました。

◎以上のことから，前期の目標は，おおむね達成できました。今後も，視覚教材を活用しながら，主体的に活動に取り組み，いろいろな場面でたくさんの人とコミュニケーションをしていきましょう。

●本指導計画例の特徴

　小学部1段階の1年生児童の前期の個別の指導計画を想定して作成しています。教師と一緒に活動することを通して，安心して活動に参加でき，新しい発見やできる達成感が得られ，少しずつ自分と物との狭い関係から，大人（教師）とやり取りする関係に変化できることを願って作成しました。

　1段階では，教師と一緒に活動をすることにより，様々なことに関心を示し，そのことが今後の2段階へとつながるため，児童が安心して取り組めるよう学習環境の整備だけでなく，適切な実態把握からの学習内容・活動の精選，一人一人が達成感を感じられる役割の設定，できた・できなかったが分かる評価を行えると，より学習の定着が図られると考えます。

（今野　美穂）

2 小学部２段階

小学部３年　知的障害と自閉症を併せ有する児童の「通知表」例

●事例の概要

　小学部２段階の事例は，着替えや排せつ等はほぼ自立しており，教師からの言葉掛けによる援助は必要とするものの，手順カード等の手掛かりがあると進んで取り組むことができる児童を想定しています。教科等いろいろな学習に興味・関心があり，教師を模倣し言葉でのやり取りができてくる段階です。目的をもった遊びや行動など，集団の流れに沿って参加することができてきており，今後は主体的な活動につなげていくことが課題の児童です。

通知表の実際

令和○年度　前期　通知表（個別の指導計画）

小学部　３年　　２組　　氏名　○○　○○　　担任名　□□　□□

前期の目標

(1)荷物整理や着替え等身の回りのことに進んで取り組むことができる。

(2)分かる言葉や概念を増やし，生活と関連付けたり，活用したりする。

(3)好きな活動や自信のもてる活動を見付け，思いを表現しながら，進んで参加する。

【前期の指導計画と評価】

	主な学習内容	●主なねらい　➡手だて	評　価
生活	**見通しある毎日の生活** ウ　日課・予定 **友達と協力して係活動をしよう** カ　役割 キ　手伝い・仕事	●カレンダーや時間割を手掛かりに見通しをもち，日課に沿って行動できる。 ➡イラストと文字で１日，１週間，１か月の大まかな予定を示す。 ●授業準備や片付け，係活動に進んで取り組む。 ➡教員が任せる役割に加え，児童が選択してできる仕事を設定する。丁寧に評価する。	❶月日，曜日の移り変わり，時間割の変化に気付くことができました。 ❷時間割を見て，日課に見通しをもち，進んで身の回りのことや授業準備ができました。カレンダーを見て，遠足や発表会があることに気付き，教員に言葉で確認して共有しようとしていました。 ❸時間割や日課表を手掛かりに，役割を意識して，係活動を行ったり，自ら好きな授業の準備を手伝ったりできました。
国語	**ジェスチャーゲーム** **カルタ** A　聞くこと・話すこと **絵本** **プリント学習** **単語カードクイズ** C　読むこと	●イラストを見て言葉や身振りで動詞が理解できる。 ➡ジェスチャー遊びやカルタを通じて理解を促す。 ●片仮名（50音・身近な単語）が読める。 ➡イラストと文字の線つなぎプリントや，平仮名と片仮名の線つなぎプリント，教員とのやり取りを通じて指導する。絵本の読み聞かせを行う。	❶「飲む」「座る」「食べる」等の動作語が理解できました。拗音以外の片仮名が読めるようになりました。 ❷動作語について，イラストを見て，言葉で答えることができました。単語カードを見て，片仮名を読んだり，イラストと平仮名・片仮名をマッチングして，線でつないだりできました。 ❸２語文で表現できつつあります。献立表等，身近な片仮名を自ら読めました。

	主な学習内容	●主なねらい　→手だて	評　価
算数	かぞえてみよう 「5までの数唱」 A　数と計算 形のダンス B　図形	●5までの数について，まとまりで数える。 ➡絵カードやドットカード，具体物のまとまりを数字と対応させたりして学習する。 ●形を表す言葉が分かり，身近なものを形で分類する。 ➡歌遊びや操作を伴う活動を通して，形の違いや形を示す言葉に気付けるようにする。	❶5までの数について，まとまりで数えることができました。形を表す言葉が理解できました。 ❷ビーズ，ドットやイラストの数を見て直感的に捉え，分類したり，言葉で答えたりできました。「形のダンス」に合わせて，丸・三角・四角の箱やボール等の具体物を操作していました。 ❸写真カードを見て，出席児童の人数を数えたり，個数ずつスムーズに給食の果物や唐揚げを分配したりできました。
音楽	楽器を鳴らそう トントントン 歌ってみよう パパパ・ チャチャチャ A　表現	●曲の特徴的なリズムを意識して打楽器を演奏したり，歌詞の一部を歌ったりする。 ➡ドットや文字，イラストでリズムや歌詞，曲のイメージを視覚的に示す。「きらきら星」「おもちゃのチャチャチャ」等，リズムを捉えやすい曲を使用する。	❶リズムを大まかに意識し，歌ったり，演奏したりすることができました。 ❷タンブリンや小太鼓で「トントントン」と鳴らしたり，「チャチャチャ」と歌ったりすることができました。 ❸歌絵本で覚えた曲を流したり，休み時間に聴きたい曲の歌詞の一部を歌うことで伝えたりすることができました。
図画工作	こいのぼり はなび おべんとう A　表現	●表すものをイメージして，身近な材料や道具を使って表現する。 ➡「魚」「花」「花火」「お弁当」等の身近なものを題材にする。タブレットPCで動画や写真で工程やつくるものを示す。	❶見本等を手掛かりに，つくるものをイメージして表現できました。 ❷つくるものをイメージし，使いたい絵の具やクレヨン，花紙，フィルムの色や道具を選んで描いたり成型したりしました。 ❸「はなび」では色の組み合わせを考え，青や紫・水色・藍色等の同系色のちぎった花紙を集めて，表現できました。
体育	どうぶつに変身 A　体つくり運動遊び 水遊び D　水の中での運動	●曲の変化に合わせて，跳ぶ，走る，回る，這う，高く這う等，複数の動きを表現できる。 ➡少しずつ動きを発展させる。動きを言語化して伝える。 ●水の中で跳んだり，走ったり，浮き具を使って遊んだりする。 ➡水の中で行う遊びや浮き具遊びを通じて，水遊びの面白さが感じられるようにする。	❶曲の変化に合わせて，複数の動きを大まかに表現したり，水の中で跳んだり，走ったり，浮き具に身を預け，力を抜くことができました。 ❷曲の変化や教員の動きの変化に気付き，走ったり，回ったり複数の動きを表現できました。浮く感覚に気付き，浮き具に身を預けることができました。 ❸体つくり運動では，曲がかかると自ら体を動かすことができました。

	主な学習内容	●主なねらい　➡手だて	評　価
外国語活動	**歌やダンス，ゲームで，簡単な語や身振りなどを使って表現する活動** チャンツ Weather Song Head Shoulders Knees & Toes	●身近な天気や体の部位などを示す英語をリズムやメロディにのせて，身振りや言葉で表現し，コミュニケーションを図ることに慣れ親しむ。 ➡既に知っている歌を選曲し身振りや動作とともに活動する。	❶天気や体の部位の英語の発音をおおまかに覚え，真似して表現できました。 ❷歌に合わせ，"Sunny" や "toe" などの覚えた単語を発音したり，質問に対して絵カードを選んだりすることができました。 ❸休み時間にも英語の絵本を読んだり，英語の歌を歌ったりしていました。
特別活動	**体育発表会** **遠足** **避難訓練**	●「地震」「火事」の避難訓練であることが分かり，教員の指示に応じて，集団の流れに沿って避難することができる。 ➡生活単元学習で適切な避難行動を練習したり，日常生活の指導「朝の会」で予告したりする。	❶授業カードを見て「地震」「火事」の避難訓練があることが理解できました。 ❷授業カードを見て言葉と身振りで教員に尋ねたり，教員の促しに応じてヘルメットを被ったり，机の下でダンゴムシポーズができました。 ❸学級集団の流れに沿って，避難訓練に参加できるようになりました。

	各教科等を合わせた指導の内容	●主なねらい　➡手だて	評　価
日常生活の指導	**着替え・荷物整理**	●手順表を手掛かりに，進んで着替えや荷物整理等の身の回りの活動に取り組むことができる。 ➡イラストと文字の手順表を使用する。少しずつ促しを減らす。 ●印を手掛かりに服の前後，靴の左右を意識して着用できる。 ➡服の裾等に目印を付ける。	❶手順表の使い方や服の前後，靴の左右の理解ができました。 ❷手順表を手掛かりに，着替えや荷物整理等，身の回りの活動に取り組むことができました。印を手掛かりに，服の前後や左右を意識して着用できました。 ❸手順表を見ながら自主的に丁寧な手洗いや歯磨きもできました。
生活単元学習	**遠足へ GO!!**	●遠足に行く日程や予定に見通しをもち，進んで荷物準備や遠足クイズ，しおりづくり等の活動に取り組むことができる。 ➡動画や写真等の視覚的ツールを用いて遠足への見通しをもち，当日を迎えられるようにする。遠足に向け，荷物準備の練習や，しおりづくりを行うことで期待感を高められるようにする。活動後，振り返りをする。	❶スライドやしおり，カレンダーを見て，遠足に行く日程や予定に見通しをもつことができました。 ❷しおりを見て荷物準備をしたり，教員の問いに，行先・日程等を指さしや言葉で答えたりできました。 ❸事前学習での経験を生かし，集団の流れに沿って活動できました，遠足後，事前学習で使用したスライドを見て，「SL」「お弁当」等と教員に経験を伝えることができました。
遊びの指導	**集団・協同遊び**	●繰り返すことで簡単なルールが分かり，集団の流れに沿って活動できる。 ➡活動の始点と終点が，合図や環境で理解できるようにする。友達と意図を共有しながら行う遊び，サーキット遊び等で好きな遊びを選択しながら体を動かす遊びなど，物や人への関心を高めるような遊びを展開する。	❶繰り返すことで，合図で開始・終了することのルールや友達と交代することが理解できました。 ❷ペアの友達と歩調を合わせ，ボールを運ぶことができました。開始の合図があると玉入れやサーキット遊びを始め，終了の合図で席に戻ることができました。 ❸休み時間もタイマーが鳴ると進んで遊びを中断することができるようになりました。

主な学習内容（●めあて）　➡手だて	学習状況　及び　成長の様子
道徳 **きもちのよい挨拶**　B　礼儀　**すすんで仕事をしよう**　C　勤労，公共の精神　➡学級活動で，友達との挨拶，対話，係活動が進んでできるようにする。	担任には自ら「おはよう」「さようなら」と挨拶し，関わりのある教師には，挨拶されると応答できるようになりました。友達に玩具を「貸して」と言われると自ら譲ったり，「待って」と応えたりすることができました。係の仕事をやりきることが自信になり，自ら手伝う場面も見られました。
自立活動 ●場面の変化に見通しをもち，安定して集団活動に参加できる。〔心理的な安定・コミュニケーション〕　➡「日課・予定」で見通しをつかませ，授業等でも展開を伝えて進める。	しおりや予定表で予定の変化を繰り返し確認することで，遠足や式等の活動に参加できました。授業や帰りの会で経験したことを，授業カードや教材・教具を手掛かりに振り返り，言葉で表現できるようになりました。

【交流及び共同学習】

学習内容，指導上の配慮等	学習状況　及び　成長の様子
地域校交流「音楽の授業参加」　➡事前に交流時に学習する曲を家庭や休み時間に聴く。予定表を持参して参加する。	事前に学習する曲を知ることで，集団の流れに沿って学習に参加することができました。緊張する様子はありましたが，交流学級担任や児童の誘いに応じて，楽器を鳴らしたり，曲に合わせた振り付けを覚えて表現したりすることができました。

【総合所見】

○当初は，クラス替え等の環境の変化に戸惑いもありましたが，徐々に慣れ，自分からやりたい思いを表現したり，友達や教員に話しかけたりすることができるようになりました。授業カードや予定表等の視覚的なツールを使い事前に見通しをもち，教員と繰り返し確認することで，集団の流れに沿って体育発表会や避難訓練等に参加できました。振り返り学習では，「体育発表会，大玉送り，できました」と友達の前で発表し，自信をもてた様子がありました。

○学習面では，図画工作の粘土遊びや国語で使った絵本など，授業を通して好きな活動が増え，休み時間にも遊ぶようになりました。文字や数の理解が進み，給食献立表を読んだり，友達の人数を数えたり，学んだ知識を生活で自ら活用する様子もあります。友達への関心も高まり，休み時間には玩具を共有して遊んだりすることが多くなりました。

◎以上のことから，前期の目標はおおむね達成できました。今後も，分かる言葉や自信をもってできる活動，進んで取り組める好きな活動が増えていくように，いろいろな経験を積み，友達や身近な先生と一緒に新しい挑戦もしてみましょう。

●本指導計画例の特徴
　小学部２段階の３年生児童の前期を想定して作成しました。児童が授業において，「身近な生活と関連する様々な知識や技能の習得」「興味・関心を広げたり生活や学習で活用したりする」「手順表の活用ができ，始点と終点の理解が深まる」を意識，行動の契機を教師の働き掛けから，外界の物や人に対して自ら働きかけていけるよう育っていくことを願い作成しました。

（加嶋　みずほ）

小学部５年　知的障害児童の「通知表」例

●事例の概要

　小学部３段階の事例は，絵や文字で書かれた簡単な手順書やスケジュールを手掛かりに，大まかな活動内容を理解し，大きな集団の中でも活動できる児童を想定しています。決められた場面では，３語文でのやり取りができますが，困った場面や違いや変化に気付いたことを相手に伝えることはまだ難しい実態です。より主体的に活動する力，自分から分かったことを表現する力，地域で活動できる力を高めることが課題となる児童です。

通知表の実際

令和○年度　後期　通知表（個別の指導計画）

小学部　５年　　３組　　氏名　○○　○○　　担任名　□□　□□

後期の目標

(1)気付いたこと，分かったことを，自分から人に伝える。

(2)友達と一緒に，いろいろな活動に取り組む。

(3)公共施設や公共機関でのきまりやマナーを理解し，主体的に活動する。

【後期の指導計画と評価】

	主な学習内容	●主なねらい　➡手だて	評　価
生活	**安全について考えよう** イ　安全 **地域のついて調べよう** コ　社会の仕組みと公共施設	●消防署の役割を知り，防災の意識を高める。 ➡状況とその適切な行動を分かりやすく示し，日々の生活の中でも繰り返し伝える。消防署を見学し，署員から話を聞く。	❶学校の避難場所が分かり，避難場所までクラスでまとまって移動できました。 ❷火事のときは，すぐに逃げる・火に近付かない・「火事は119番」を覚えました。 ❸ニュースで流れる地震や火事などの映像に，注目するようになりました。
国語	**説明文をよもう** のりもの，花 C　読むこと **文をかこう** ３語文をつくってみよう（助詞の使い方，物の大小） B　書くこと	●乗り物や花等の短い説明文の言葉の意味を理解し，いろいろな語句や表現の仕方に触れる。 ➡文章のまとまりごとに区切りながら読み進めていく。 ●２語，３語で構成する文を題材にして主語と述語の関係を理解し，助詞の使い分けに気付く。ものの大小などの対義語を使い，文章をつくる。 ➡提示する絵カードを手掛かりに，意味の違いを理解させる。正しい姿勢で文章を書かせる。	❶乗り物や花等の説明文を，意味のまとまりで区切りながら読んでいました。また，助詞が変わると文章の意味が変わることを絵カードで理解できました。 ❷聞き手に分かりやすいように，声の大きさに気を付けて読めました。挿絵を手掛かりにした書き取り問題では，ものの大小を示す対義語を正確に書けました。 ❸説明文の内容に興味をもち，図書室で，乗り物の本を借りて読んでいました。また，友達同士で本の説明をしたり，書き取りの問題の解答を話し合ったりする様子が見られました。

	主な学習内容	●主なねらい　➡手だて	評　価
算数	**時計の読み方** 時刻や時間 C　測定 **しらべよう** **「体調管理表」** D　データの活用	●アナログ時計の，○時30分を○時半と読むことができる。 ➡予定表にも時刻を提示し，時間を意識した生活を促す。 ●体調管理表に，日付，天気，体調を記録し，状況を報告することができる。 ➡体調は「元気・咳が出る・鼻水が出る・喉が痛い」の４種類を使用し，朝の会でデータを確認，報告相談できるようにする。養護教諭とも連携し対応する。	❶正時と「半」を読むことができました。データの活用では，体調管理表の記入の仕方を理解することができました。 ❷正時，○時半を示した時間の絵の例示と，時刻を線で結び付けて答えることができました。また，日付，曜日，時間の理解と定着のために体調管理表にも時間を記入し，継続して取り組めています。 ❸日常生活でも時計を見て，下校時刻を意識し，「あと何分」も理解しつつあります。記録した体調管理表のデータは朝の会で発表し，保健室にも報告しています。
音楽	**器楽の活動** 鍵盤楽器を 弾いてみよう A　表現	●音階カードを見ながら，「きらきら星」を演奏する。 ➡鍵盤に色シールを貼り，音階カードの色と合わせて弾く練習をする。鍵盤の隣同士の音の曲から弾く曲を選曲する。	❶鍵盤の音と色の位置を覚え，ゆっくりと正確に弾けました。 ❷音階カードを見ながら，「ソソ・ファファ・ミミ・レ」と，隣同士の音を一人で弾けました。 ❸音階カードの使い方が分かり，新曲でも意欲的に練習に取り組めていました。
図画工作	**粘土（陶芸）** A　表現 B　鑑賞	●目的や色，形のイメージを膨らませて制作し，発想する力や構想する力を培う。 ➡イメージを膨らませやすいように，複数の例を示し，表したいものを明確にする。	❶鉛筆立て制作では，穴の深さや幅を調整しながらつくることができました。 ❷木の棒をさして，完成のイメージを確かめながら活動することができました。 ❸友達の作品に興味を示し，試しに使ってみるなど，鑑賞することができました。
体育	**鉄棒** B　器械・器具を使っての運動	●低鉄棒に跳び上がったり，支持した状態から体を前後に振ったり，前回りしたりする。 ➡お腹が当たる鉄棒の箇所にタオルを厚めに巻いたり，体をしっかり支えたりする。	❶両手でしっかり体を支持し，両足を前後に２回振ることができました。 ❷前回りでは，最後まで手を離さないで回ることを理解して取り組めました。 ❸スピードをつけて回転し，２回続けて前回りができるようになってきました。
外国語活動	**歌やダンス** 話すこと [やり取り][発表]	●歌ったりダンスをしたりしながら，外国語のもつ音声やリズムに触れる。 ➡知っている歌やダンスの英語版を取り上げ，リズムに合わせて体を動かし，発語を促す。英語と身振りで評価を伝える。	❶「If you're happy and you know it」では，リズムに合わせて手を叩くなど，親しんでいる様子が見られました。 ❷英語の手遊び歌の中で，タイミングよく手を打つことができました。 ❸給食のメニュー発表では，りんごの絵カードを指さし，嬉しそうに「Apple」と言っていました。

	主な学習内容	●主なねらい　➡手だて	評　価
特別活動	学習発表会 移動教室 避難訓練 学部集会	●移動教室では，配膳係の役割を理解し，友達と一緒に，準備・片付けを行う。 ➡配膳分担を決め，配膳カードを用いながら確認する。分担した品物の欄に，それぞれの顔写真を貼り，分担を視覚化する。お互いのよかった点を伝える場面を設定する。	❶友達と配膳の分担を決め，順番に配膳することができました。自分から「いいよ」と言葉で譲る場面もありました。 ❷友達のよかった点を考え，「〇君は，△を頑張っていました」など，ひな型カードを手掛かりに発表できました。 ❸教師がまだ友達が配膳している様子を伝えると，自分から手伝うことがありました。

	各教科等を合わせた指導の内容	●主なねらい　➡手だて	評　価
日常生活の指導	朝の会・帰りの会	●朝の会では，司会係の準備を一人で行い，準備を終えたら教師に報告する。 ➡絵と文字で書かれた準備カードを用意し，下の欄に報告する教師の顔写真を載せ，注意を促す。	❶準備カードを確認しながら，一人で準備を行い，少し離れた教師にも報告することができました。 ❷準備したら報告する一連の流れが分かり，集中して取り組めました。 ❸報告を受ける教師が他の対応をしていると，対応が終わるまで待ってから報告していました。
生活単元学習	地域を知ろう	●公共施設の適切な利用方法を知り，きまりやマナーを守って利用する。 ➡利用上の注意点や守るべきマナー，利用方法等を絵カードで分かりやすく提示する。当日は携帯用の絵カードを持参する。	❶携帯用の絵カードで確認しながら，図書館で本を借りることができました。 ❷図書館は本を借りる場所であることが分かりました。 ❸図書館では，自分から「静かにすると〇」と言いながら，静かに借りる順番を待っていました。
遊びの指導		遊びの指導は，主に小学部低学年で設定されるため， 高学年の３段階では設定していません。	

	主な学習内容（●めあて）　➡手だて	学習状況　及び　成長の様子
道徳	**友達にやさしく** こんなときは？ B　親切，思いやり **みんなで使うものを大切に** C　規則の尊重 ➡役割演技等で学んだことを日常生活で生かせるようにする。マナーの大切さを考え，地域に出かける。	「友達が一人で重いものを運んでいたら？」など，絵カードや教師の実演で示すと，「一緒に運ぶ」「手伝う」など，望ましい行動を言葉で伝えてくれました。体育の場面で，教師が「友達が一人でマットを運んでいたら？」の言葉掛けで，友達のところに手伝いに行くことができました。事前に学んだ図書館でのマナーを守ることができ，係の人にほめられたことを，振り返りで発表していました。

主な学習内容（●めあて）　➡手だて	学習状況　及び　成長の様子
自立活動 ●自分の思いを伝えて，集団参加できるようにする。〔人間関係の形成・コミュニケーション〕 ➡友達の誘い方や話し掛け方などを練習し，実際の活動では必要に応じて支援をする。	昼休みや体育の授業など，友達と一緒になって活動する場面では，自分から「遊ぼう」と言葉で友達を誘うことが増えました。はじめは同じクラスの友達を誘うことが多かったのですが，少しずつ他のクラスの友達や同じバスで通っている6年生を誘うようにもなりました。友達が誘いを断ると，次の友達や教師を誘うようにもなりました。

【交流及び共同学習】

学習内容，指導上の配慮等	学習状況　及び　成長の様子
副籍交流 ➡本児ができること・好きなこと・苦手なこと等を自己紹介カードに記入し，事前に副籍校に渡し，教室に掲示してもらう。副籍校で対応する教師や活動場所の写真を送ってもらう。活動時や活動終了後等に写真を撮り，活動を振り返り，次回につなげる。	事前に送ってもらった写真を何度も見るなど，とても楽しみにしている様子が見られました。 当日は，副籍校の友達と一緒に，手元用のプログラムを確認しながら，楽しく活動できました。手元用のプログラムの絵を指さしながら，「サッカー，楽しかったね」と伝えてくれ，昼休みにサッカーを好んでやるようになりました。

【総合所見】

○後期は，一人で手順カードを確認しながら準備・片付けをしたり，任された仕事（役割）を最後まで諦めずに行ったり，家庭でも任された仕事を一人で行うなど，最上級生の6年生になることを意識しての行動が定着しました。

○地域の活動では，学校以外の人と一緒に活動することができました。地域での活動体験から，地域の公共施設や交通機関を取り上げた授業では，真剣な表情で話を聞いたり，施設の名称や役割を覚えたりと，地域への関心が高まりました。また，きまりやマナーを守って公共施設を利用することの理解も深まりました。

○一人でできたこと，気付いたこと，友達と協力してできたことなどを，自分なりに言葉を考え，伝えてくれるようになりました。

◎以上のことから，後期の目標は，おおむね達成できました。今後は，中学部進学に向け，たくさんの友達と一緒に活動したり，地域の人と一緒に活動したりしながら，人と関わる楽しさ，喜びを感じながら，自分からたくさんの人とコミュニケーションをとっていきましょう。

●本指導計画例の特徴

　小学部3段階の5年生児童の後期の個別の指導計画を想定して作成しました。3段階では，自分から主体的に活動に取り組んだり，友達や地域の人など，様々な人と一緒に活動したり，きまりや公共のマナーを守って活動したりする中で，人間関係や行動範囲を広げ，より地域で活動できることを願って作成しました。

（今野　美穂）

4 中学部1段階

中学部3年　知的障害と自閉症を併せ有する生徒の「通知表」例

●事例の概要

　中学部1段階の事例は，太鼓を叩いたり，カルタをしたりなどの具体的な操作を伴う活動には集中して取り組めるが大きな集団や話を聞くような場面では，社会的なコミュニケーションに課題のある生徒です。自分の思い通りにならないと，急に声を出したり，離席したりすることがあり，キャラクターなどの興味が同じであれば，友達同士で関わる姿が見られます。身近な人なら単語や2語文程度のコミュニケーションをする，自閉症を併せ有する生徒を想定しました。

通知表の実際

令和○年度　前期　通知表（個別の指導計画）

中学部　3年　　A組　　氏名　○○　○○　　担任名　□□　□□

前期の目標

(1)要求や提案の表現を2語文以上で伝えることができる。

(2)小集団で話を聞き，活動を理解して行動することができる。

(3)困ったときに身近な教員や友達に助けを求めることができる。

【前期の指導計画と評価】

	主な学習内容	●主なねらい　➡手だて	評　価
国語	丁寧な言葉遣いをしよう A　聞くこと・話すこと 作文を書こう B　書くこと	●相手や場面に応じた言葉遣いができる。 ➡ロールプレイで役割を交替しながら練習する。 ●文の構成を考えて書くことができる。 ➡いつ，どこでなどの手順に沿って書けるワークシートを用意する。	❶「のりを貸してください」などと伝えられるようになってきています。 ❷丁寧な言葉を使うよさに気付き，伝え方を考えられるようになりました。 ❸いろいろな場面で「○○をください」と伝えられるようになりました。自分が経験したことを日記に好んで書くようになりました。
社会	バスに乗って図書館に行こう イ　公共施設と制度 地域を守る働き ウ　地域の安全	●学校の近くにある公共施設の役割を理解することができる。 ➡イメージしやすい動画や写真を提示する。 ●地域の安全を守る施設・設備が理解できる。 ➡実際に施設・設備に見学に行き，その後動画等で理解を促す。	❶バスに乗る際，自分で手帳を提示することができるようになりました。 ❷図書館では，好きなキャラクターの本を探していました。 ❸バスに乗り，図書館に行ったことを振り返り，また行きたいと表現しました。非常食の確認など，防災について考えるようになりました。

	主な学習内容	●主なねらい　➡手だて	評価
数学	**5の段の九九** A　数と計算 **表とグラフー** D　データの活用	●5の段の九九の構成が理解できる。 ➡半具体物を載る皿を用意して実際に操作する。 ●アンケート結果を見て，表に記入することができる。 ➡友達の写真や給食，果物を使い，イメージしやすくする。	❶皿に果物を5個ずつのせ，5の塊を意識することができました。 ❷5の段の九九を用いてプリントを解くことができました。 ❸数を数えるときに5の段の九九を使って数えることができました。クラスの好きな遊びを表やグラフにまとめて発表できました。
理科	**身の回りの生物** A　生命 **風の力の はたらき** C　物質・エネルギー	●植物を育てる中で，成長の過程による変化が分かる。 ➡同じ場所で撮った写真を提示する。 ●風の力の大きさによって物が動く様子に違いがあることが分かる。 ➡模型の車が風で移動する様子を調べる。	❶扇風機の強と弱で模型の車が動いた距離の違いが分かりました。 ❷強い風の方が物を遠くに動かすことを理解することができました。 ❸花や木のいろいろな植物で育ちに違いがないか考えるようになりました。風で動く車の動きを進んで調べることができました。
音楽	**器楽** A　表現 **楽曲の構造** B　鑑賞	●パートを理解し音楽に合わせて演奏することができる。 ➡映像で曲の流れを示したり，楽譜を色で示したりする。 ●リズムや旋律の繰り返しの構造に気付くことができる。 ➡テンポやリズムが分かりやすい曲を用意する。	❶曲の流れを映像で見て，自分のパートを確認して演奏できました。 ❷曲の流れが分かり，タイミングをつかんで演奏することができました。 ❸伴奏や友達の演奏を意識しながら演奏するようになりました。手拍子やステップを踏むなど，曲の構造を楽しむことができました。
美術	**工芸** A　表現 **展示見学** B　鑑賞	●色の調和や凹凸など工夫して制作することができる。 ➡イラストなどで制作する作品をイメージしやすくする。 ●作品のよさや面白さ，美しさを伝えることができる。 ➡生徒の発言をカードにまとめ，気付けるように提示する。	❶アクリル絵の具を重ねる面白さに気付き，制作できました。 ❷絵の具の濃さを変えたり，にじみを出したりすることができました。 ❸友達の表現を真似るなど，見たことを生かそうとしていました。作品を見て，表現方法を真似たいと思うようになりました。
保健体育	**長距離走** C　陸上運動 **風船バレーボール** E　球技	●腕の振り方やペースなどを意識して走り続けることができる。 ➡よい例と悪い例を実際に体験する。 ●ボールを味方にパスしたり相手のコートに返球したりできる。 ➡素材等を工夫し滞空時間が長くなるようにする。	❶よい走り方に気付き，腕の振り方やペースを意識できるようになりました。 ❷自分や友達のよい走り方に気付き，実践することができました。 ❸記録の更新に喜びを感じて更に走ることが楽しくなりました。パスを工夫するなど，ゲームを楽しむことができました。

	主な学習内容	●主なねらい　➡手だて	評　価
職業・家庭	〔職業分野〕 A　職業生活 〔家庭分野〕 B　衣食住の生活	●清掃用具の使い方に慣れ，扱うことができる。 ➡綺麗になったことを実感したり動画等で理解を促したりする。 ●カップケーキの調理手順を理解してつくることができる。タブレット端末等で手順や調理法を具体的に示す。	❶用具の扱い方に慣れ，清掃をして綺麗になると知ることができました。 ❷いろいろな用具に興味をもち，扱い方を知りたいと思うようになりました。 ❸清掃に関する仕事を自ら調べるようになりました。もっとつくりたいという思いが強くなり，手順書を持ち帰って家でもつくりました。
外国語	身近な英単語 ア　聞くこと アルファベットに親しもう イ　話すこと〔やり取り〕	●身近な英単語を理解して，実物や写真と結び付けることができる。 ➡歌いながら写真と一緒に単語を提示する。 ●A～Zの文字と音の対応が分かり，発音できる。 ➡発音を促すためのイラスト付きカードを用意する。	❶自ら発音するようになり，発音と英単語を結び付けて書くことができました。 ❷英単語が好きになり，プリントに積極的に取り組みました。 ❸いろいろなものなどの単語を英語で書きたいという思いが強くなりました。覚えたアルファベットを発見すると身近な人へ伝えることができました。
特別活動	避難訓練 係活動	●放送を聞いて何の災害かを判断し，避難行動がとれる。 ➡キーワードになる言葉に注目を促す。 ●役割を意識して果たすことができる。 ➡役割の前後に称賛や感謝の気持ちを伝える。	❶地震と火災のキーワードに注目して放送を聞くことができました。 ❷地震と火災のとるべき行動の違いを理解して避難行動がとれました。 ❸ヘルメットを被り，火災時にはハンカチで口を覆うなどの行動ができました。家庭でも手伝いをしたい，役に立ちたいと思う気持ちが強くなりました。

	各教科等を合わせた指導の内容	●主なねらい　➡手だて	評　価
日常生活の指導	衛生・身だしなみ	●手洗い後，手に水滴がなくなるまでハンカチなどで拭くことができる。 ➡実際場面で言葉掛けをする。	❶手の甲や指と指の間の水滴に気を付けて拭くことができました。 ❷水滴がなくなるまで拭く大切さが理解できました。 ❸ハンカチを常に身に付けるなど，衛生や身だしなみについていろいろな場面で考えるようになりました。
生活単元学習	修学旅行 事前学習	●修学旅行に見通しをもち，日程と活動内容が分かる。 ➡動画等で示し，その場における行動をシミュレーションさせて確かめる。	❶映像や提示物などで3日間の行程を理解できました。 ❷動画の馬を注視し，馬の餌やりの模擬体験では怖がりながらも内容を深めることができました。 ❸3日間の行程を理解して早く修学旅行に行きたいと思うようになりました。
作業学習	刺しゅう	●得意な模様を判断してティッシュカバーづくりができる。 ➡取り組んだ模様を例示する。作業工程を表で示し，進み具合を写真等で記録していく。	❶サンプルの中から自分でできる模様を選び，つくることができました ❷模様を自分で考え，作業をすることができました。 ❸もっと作業したいと糸を要求する場面が見られるなど，作業に見通しをもつことができました。

主な学習内容（●めあて）→手だて		学習状況 及び 成長の様子
道徳	**自分の長所を伸ばそう** A 向上心，個性の伸長 **感謝の気持ちを伝えよう** B 思いやり，感謝 ➡身近な人への感謝の思いをイメージさせる。できたことを認めていく。	授業の中でも係活動でも，自分ができたことが分かると素直に喜び，次への意欲と自信につながっているようです。日頃お世話になっている人の顔写真を見ると，バスの運転手，主事さん，給食の調理員さんなどにたくさんお世話になっていることが分かりました。感謝の気持ちを手紙に表すことができました。
自立活動	●周囲の人に，自分の気持ちを言葉やカードで表現できる。〔コミュニケーション〕 ➡要求行動をカードにし，使用を促す。国語他，日常的に指導。	国語ではロールプレイで「○○を貸してください」等のやり取りができるようになりました。行きたい場所の話型が書かれているカードを選ぶことができます。また，そのカードを首にぶら下げ，近くの教員に「○○に行ってもいいですか」と伝えて行動するようになってきました。

	学習活動	観 点	評 価
総合的な学習の時間	ゴミの出し方について考えよう （環境・地域のきまり）	身近なゴミ処理について理解して，考える。（課題解決能力）	調べ活動において，インターネット，パンフレットを使って○○区の正しいゴミの出し方，分け方が分かり，リサイクルの大切さについて考えることができました。

【交流及び共同学習】

学習内容，指導上の配慮等	学習状況 及び 成長の様子
近隣の中学校とのオリパラスポーツ体験 ➡少人数のグループ編成や分かりやすいルールに変更する。	ボッチャで高得点を出すと喜ぶ場面がありました。交流の生徒に応援してもらい嬉しそうでした。また，ボール係で指定の場所にボールを置くことができました。

【総合所見】

○中学３年生になり担任が代わりましたが，落ち着いて過ごすことができました。

○自分の意思や要求を２語文以上で，「Ｅ組に遊びに行ってもいいですか」「ペンを貸してください」などと伝える場面が増えています。

○学年などの大きな集団での活動への参加は支援を要しますが，８人程度の小集団では，リーダーの教員に注目でき，活動内容を理解して取り組むようになってきました。学習発表会では，隣の友達のセリフを聞いた後にタイミングよくセリフを言ったり，全身と手首をうまく連動させてリズムよく太鼓を叩いたりすることができました。

○行動面では，嫌なことがあると急に声を出したり，その場でジャンプしたりすることがありますが，３分程度で落ち着くことができています。「○○してもいいですか」と聞いてから行動ができるようになっています。友達に自分の描いたイラストを見せて喜ぶ姿が印象的でした。行動調整の力を更に伸ばし，友達と関わりながら学習を深めていきましょう。

●本指導計画例の特徴

　１段階相当の知的障害と自閉症を併せ有する生徒を想定しています。自閉スペクトラム症の診断がなくても，その特徴のある生徒も多く見られます。

　将来の豊かな生活を目指して必要な力を身に付けるため，学習面・行動面・社会性の３観点で指導目標を設定して学校生活の全般を通して学習を積み重ねられるようにしました。

（竹田　憲功）

5 中学部２段階

中学部３年　比較的軽度な知的障害生徒の「通知表」例

●事例の概要

　中学部２段階の事例は，周囲の友達には関心がありますが，集中力が散漫になりやすいという生徒を想定しています。当該生徒は，人前で発表することが苦手で，自信をもって行動することができずに，分からないことをすぐ声に出してしまう傾向があります。そのため，「ゆっくり読む」「ゆっくり書く」ことを通して言葉や考えを整理させ，「相手に伝える経験」を増やして自信を付けていくことが必要な生徒です。

通知表の実際

令和○年度　前期　通知表（個別の指導計画）

中学部　３年　　C組　　氏名　○○　○○　　担任名　□□　□□

前期の目標

(1)実際的な生活場面を通して，得意な面に着目した学習活動を行う。

(2)実践的な学習を行い，社会生活や職業生活に向けて基礎的な力を育てる。

(3)友達や周囲の人との関わりの中で「相手に伝えること」の大切を考えられるようにする。

【前期の指導計画と評価】

	主な学習内容	●主なねらい　➡手だて	評　価
国語	**自分のことを伝えよう** 書いてみよう B　書くこと **物語や詩歌を読もう** 読んでみよう C　読むこと	●自分のことを文章にまとめ，伝えることができる。 ➡自分探しメモを作成し，色分けする等，伝えることを整理させる。 ●朗読を通して言葉の響きや美しさを知り，自信をもって発表することができる。 ➡適切な声の大きさや姿勢を確認する。	❶主語と述語の関係が分かり，声の強弱に変化を付けて発表しました。物語をゆっくり読み，新しい言葉は意味を確認しノートに整理していました。 ❷誰にどのように伝えるかを意識して段落ごとに考えをまとめていました。 ❸自ら推敲し，伝えたい事柄を付け加え，工夫していました。物語では，人によって捉え方が異なることに気付き，他の人の意見をよく聞いていました。
社会	**安全な生活を送るために** リサイクルセンターで働く人々から学ぶ エ　産業と生活	●安全な生活を送るための生活を支える廃棄物処理事業の内容や必要性を調べ，知識を深める。 ➡インターネット検索の活用や地域の自治会と連携を図る。 ●実際に働く人の話を聞くことで，環境に配慮した現場の仕事に注目し，視野を広げる。 ➡調べたことをもとに実際に地域での訪問調査をさせる。	❶自治会長にごみの分別の話を聞き，インターネットで検索をしていました。リサイクルセンターで働く人に調べたメモを見ながらインタビューをしました。 ❷ごみの捨て方で缶とビンの分別がリサイクルには重要であると聞き，校内でもポスターをつくることを提案しました。 ❸リサイクル回収に当たっては，マスクやグローブ等の安全の対応にも配慮しなければならないことを話し合いました。

	主な学習内容	●主なねらい　➡手だて	評　価
数学	**お金について学ぼう** 万の単位の数 A　数と計算 **グラフを書いてみよう** 気温の変化を確かめる D　データの活用	●数のまとまりに着目し，4位数まで範囲を広げて10倍，100倍を比較できる。 ➡お金を使う生活場面を想定したゲームを繰り返し行う。 ●身の回りにある事象を，目的に応じて表や棒グラフ，折れ線グラフに表現できる。 ➡データの特徴に応じた分析法を選択できる図を提示する。	❶4位数までの加法及び減法の計算の仕方について理解し計算していました。気温の変化の数値を丁寧に書き取って整理していました。 ❷お給料や家賃，光熱費等，日常生活で使用するお金について考察する範囲を広げ，数の大小を比較していました。 ❸1日の気温の変化を1時間ごとのグラフにするため，日常的に便利なグラフを選択し，友達と作成していました。
理科	**春を見付けよう** A　生命 イ「季節と生物」	●初夏の校庭に咲く草花や生物の活動の変化を動画等で撮影して確認，記録する等，予想や仮説のもとで季節との関連性を学ぶ。 ➡ICT機器を自ら操作させ，適切な記録方法を考えさせる。	❶道端の草花ヒメジョオン，ハルジオンを撮影し日付ごとに整理していました。 ❷池のオタマジャクシの様子を自ら動画撮影して生態について話し合っていました。 ❸冬の活動がどのようになるのかインターネットを使って調べていました。
音楽	**リズムを楽しもう** 歌唱 器楽 音楽づくり 身体表現 A　表現	●歌詞やリズム，音の高さ等を意識して呼吸や発音を行うことができる ➡歌詞の情景やイメージをもちやすくするためにボディパーカッションや金属音の響きや手拍子を取り入れる。	❶友達の声や音を聴いてリズムや速度を合わせて歌唱や演奏をしていました。 ❷曲の雰囲気を感じ取り，動きについて友達と意見を出し合っていました。 ❸曲全体の構成を理解し，リズムに合った手拍子を打ちながら聴いていました。
美術	**コラグラフ版画** A　表現 B　鑑賞	●段ボール，毛糸，ボタン等，素材の凸凹や性質に触れ，用具の機能を理解し，プレス機の扱い方を身に付ける。 ➡各自大型TVで手元を拡大した工程を確認する。	❶材料，用具の特徴を生かし，太さや形状の組み合わせを試みていました。 ❷作品を見合い，材料の特徴や面白さを友達と話し合い共有していました。 ❸自ら作品を映像記録に残すなど，能動的な鑑賞を行っていました。
保健体育	**長なわ跳躍** A　体つくり運動 **短距離走，リレー** C　陸上運動	●体の柔らかさ，巧みな動きを高めるために友達と協力して運動する。 ➡動きの工夫や人数の条件を変えながら，目標を設定させる。 ●友達と速さを競い合ったり，フォームを見合ったりする。 ➡ICT機器を活用し，練習の様子をスロー動画撮影し，振り返りを行う。	❶バランス運動，跳躍運動の基本的な技能を習得しました。目標を目指しながら一定の距離を全力で走っていました。 ❷決められた一定の距離を，速く走るために課題を見付け，友達と話し合っていました。 ❸友達の動きをよく見て安全に留意して運動に取り組んでいました。決まりや約束を守って，バトンパスの練習に励んでいました。
職業・家庭	〔職業分野〕 **協力して軽作業に取り組もう** A　職業生活 〔家庭分野〕 **バランスを考えてメニューを作ろう** B　衣食住の生活	●作業の確実性や持続性を身に付けるための手順を覚え，仕事に継続的に取り組む。 ➡他者と協働するように声を掛け合う，合図をする等，段階的に行う。 ●身体に必要な栄養について関心をもち，インターネット等を使って自ら調べたり考えたりする。 ➡1食分の献立を栄養素別カードに書かせる。	❶指先をうまく使い，作業に必要な工具類や工作機械を丁寧に操作していました。食品に含まれる栄養素の特徴を踏まえて食材を選んでいました。 ❷健康によい食事を考え，食品の栄養や組み合わせの優劣を考えました。 ❸職業での安全面や衛生面を自ら考えて，時間配分などを工夫していました。家庭分野では，自ら役割を担って規則正しい食事の必要性を話していました。

	主な学習内容	●主なねらい　➡手だて	評　価
外国語	**英語に親しもう** **ゆっくりはっきり話してみよう** ゲーム　クイズ ウ　話すこと［やり取り］	●英語の歌，日常的に使うものの名前等，生活に密着した言葉を英語で聞いたり話したりする経験を増やす。 ➡ジェスチャー，表情，サイン，イラストや写真を選ぶ活動を取り入れる。	❶英語の音声を聞き，発音の練習をしたり，会話をしたりしていました。 ❷生活場面での伝えたい日常的な言葉を英語にして友達に伝えていました。 ❸多様な文化や考え方があることを知り，外国籍の友達に話し掛けていました。
特別活動	**進路先見学に行こう** 進路先を調べる **修学旅行に行こう** 修学旅行マップを作る	●集団で行動するときの役割を理解し，自分の意見を相手に伝える。学級の中で協力して調べ，活動を行う ➡インターネットや書籍を活用し具体的な情報を得て，イメージをもたせる。	❶進路先見学に出掛けるために，必要な質問項目をメモにまとめていました。 ❷何を調べるのか，どのような情報が必要なのかを教師に確認していました。 ❸友達に見せたい情報を調べて，マップにのせて完成させました。

	各教科等を合わせた指導の内容	●主なねらい　➡手だて	評　価
日常生活の指導	**基本的生活習慣を身に付けよう** **社会生活の基本を身に付けよう**	●基本的生活習慣，持ちもの整理，清潔，礼儀作法，時間を守ることが学習時間の流れの中でできる。 ➡決まった時間に繰り返し行う等して習慣化させ，家庭と連携する。	❶時計を見ながら，決められた場所に整頓することが習慣化してきました。 ❷係活動において１日のスケジュール調整を友達同士でやり取りしています。 ❸挨拶，言葉遣い等，自らメモをつくり，朝の会の司会進行役をしました。
生活単元学習	**野菜を育てて収穫しよう**	●自然を観察し，季節や天候を考え，生物を愛護する態度，日常生活に生かそうとする技能を身に付ける。 ➡身近な野菜のナスやキュウリ等を栽培し，観察する。	❶天候や気温を日課として記録し始めました。 ❷野菜の成長を写真に撮り，気温の変化とともに模造紙にまとめました。 ❸収穫した野菜をどのように調理したいかを話し合っていました。
作業学習	**カフェ運営のための学習** コーヒーマシーンの使い方を学ぶ 接遇を学ぶ	●接遇マナーを身に付け，自分の役割に責任をもって行動することで，働くことの基礎・基本を学べるようにする。 ➡工夫したユニフォームに着替えさせ，意欲を高める。	❶道具の使い方，接遇について手順を意識して行動していました。 ❷全体の流れを見て，準備や片付けの時間配分を考えていました。 ❸お客様を意識した身だしなみや，提供の仕方を友達と共有していました。

	主な学習内容（●めあて）　➡手だて	学習状況　及び　成長の様子
道徳	**時と場に応じた言動** B　礼儀 **働くことと貢献** C　勤労 ➡場に応じた応答，発表，説明を落ち着いてできるようにする。共同作業を実体験し，貢献の意義を考える。	発表の前に「何を」「どのように」伝えればよいか考え，発表に対する友達の意見を聞いて，更に言い方に気を付けるようになりました。 集団での仕事の流れを理解し，友達と共同して作業していました。お客様が喜ぶことを意識して作業学習の分担に真剣に取り組みました。
自立活動	●体を安定させ，目的の行動に集中できるようにする。粗大運動と協応運動のバランスを高める。〔身体の動き・環境の把握〕 ➡保健体育，「清掃活動」「教室の片付け」で取り組む。	一定時間落ち着いて姿勢を維持したり，体の中心から外への動きを意識したり，リラックスしてサーキットトレーニングに取り組んでいました。 手順書を見ながら，友達と話し合い，教室を使いやすいように掃除をしたり机を並べたりしていました。

	学習活動	観 点	評 価
総合的な学習の時間	・地域のことを調べよう ・老人ホームに活動した 　ことを見せに行こう 〔ダンス,歌,作品制作〕	地域のことをインターネットで調べ,訪問先で,自ら挨拶をしたり,会話をしたりすることができる。	地域にある老人ホームについて調べ,手紙を書くことで地域とのつながりをもつことができました。運動会で行ったダンスをアレンジし,歌の練習を行ったり,発表を行ったりしていました。

【交流及び共同学習】

学習内容,指導上の配慮等	学習状況　及び　成長の様子
近隣の中学校との共同学習,地域清掃を行う。 ➡学校間の地域ごみの清掃を学年内で三つの班に 　分けて行う。	相手校に集合し,そこを起点として一緒に地域のごみ清掃を行いながら学校までの距離を戻ってきました。地域の人に挨拶をしながら,ごみ清掃を行うことができました。

【総合所見】

　　職場実習に向けてまとめの前期となりました。それぞれの授業の中で人前での発表をする機会も増えて落ち着いて取り組めるようになってきました。

(1)リサイクルセンターで働く人々にインタビューをしに行く校外学習では職場環境についても自分から質問する等,働くことへの意識も芽生えてきました。職場実習での体験を積み重ねて,視野を広げていくためによい経験になりました。

(2)卒業後の社会生活に向けて作業学習ではカフェ運営の実践的な準備に入りました。一般の方へのカフェの提供に向けて接遇マナーの学習にも,姿勢よく,立ち居振る舞いも板に付いてきました。服装の身だしなみ一つにも気を付けて,取り組んでいきましょう。

(3)国語の授業で行った自分探しメモを色分けして活用する等,誰にどのように伝えるかを意識できるようになってきました。その経験を生かし,進路先見学の準備学習として質問事項のメモを自分でつくり,まとめることも行いました。友達の意見を聞きながら,気持ちを伝えることの重要性を身に付け,2学期の現場実習に向けて準備していきましょう。

●本指導計画例の特徴

　評価の3観点ではそれぞれの学習状況を客観的・分析的に捉えるように配慮しました。文末はあえて「～できた」「見通しをもった」「意欲的だ」という教師側の主観的な書き方はせず,3観点に即した実態をそのまま捉え,評価につながるような表現としました。

　今回は2段階の生徒を想定した個別の指導計画の評価として作成しましたが,実際の知的障害中学部普通科では,教科ごとによる学習内容の指導に偏りが見られることが多く,全ての教科で2段階にあるという生徒は一部分ではないかという印象をもちました。つまり,大まかには2段階の生徒であっても,実際の生徒の実態は教科によって凸凹が見られるということです。

　個別の指導計画を保護者に提示し共有する場合にも,「この教科の学習の実態は1段階に相当しています」などと取り上げることができますから,生徒の個別の指導課題の段階を把握しやすくなっています。そうした状況は,学習の習得状況の把握につながってくると言えます。

(阿部　智子)

6 高等部1段階

高等部2年　中等度な知的障害生徒の「通知表」例

●事例の概要

　高等部1段階の事例は，高等部2年生となり社会生活や職業生活につながる地域の人との関わりが増えてくる時期を迎える生徒を想定しています。卒業後の社会参加を見据え，自分の考えたことや思ったことを言葉で表現し相手に伝えられるようになること，また指示を待つだけではなく自分から行動し，できる力を身に付けていく段階にある生徒です。

通知表の実際

令和○年度　前期　通知表（個別の指導計画）

高等部　2年　　C組　　氏名　○○　○○　　担任名　□□　□□

前期の目標

(1)様々な場面で発表，報告をすることなどを通し，言葉を使い表現することを増やす。

(2)体育祭の集団演技や係活動を通し，自らの役割を理解した上で果たせるようになる。

(3)自分がやるべきことを理解し，より前向きに学習や生活に取り組む姿勢や態度を身に付ける。後期の現場実習に向けて，できることへの自信とチャレンジの姿勢をもつ。

【前期の指導計画と評価】

	主な学習内容	●主なねらい　➡手だて	評　価
国語	**情報を的確に聞き取る** 話し言葉と書き言葉 A　聞くこと・話すこと **ことわざを学ぼう** 防災に関係する言葉 A　聞くこと・話すこと C　読むこと	●連絡を聞いて必要な情報を簡潔に素早くメモし，文章に再構成することで，音声伝達と文字伝達の違いを理解する。 ➡電話での応答など，具体的な場面を設定する。何が一番必要な情報かを気付かせる。 ●日常における防災に関する言葉の中に表れてくることわざを集めて昔から言い伝えられている表現を整理する。 ➡「備えあればうれいなし」等，防災と関連付けるようにして，防災ポスターの作成を行う。	❶他者に伝えるという目的を踏まえ，重要な語句を選び，メモしました。ことわざの学習では「災害は忘れた頃にやってくる」等，防災の標語になることわざを探しました。 ❷話し言葉を，正確に伝わるようワークシートを使い文字に変えました。意味や言葉を自ら調べ「一寸先は闇」という昔からの教訓なども発表しました。 ❸作業学習の際にメモをとる大切さを再認識し，メモをとる習慣を徐々に身に付けました。調べたことわざを使った防災ポスターを作成し校内に掲示しました。
社会	**ハローワークに行こう** イ　公共施設の役割と制度	●職業安定所の役割を知り，自らの生活との具体的なつながりに気付くことができる。 ➡求人票を見たり，所内を見学したりするなどして，自分の将来のこととしての意識が高まるようにする。	❶職業安定所が仕事の紹介，相談に応じる機関であることを知りました。 ❷求人票で知っている企業名を見て，ここで実習したいと教師に伝えました。 ❸「将来仕事が変わるときは，ハローワークに行く」と，具体的な利用の方法を想定することができました。

	主な学習内容	●主なねらい　➡手だて	評　価
数学	**平面図形（線対称）** **対称な図形を考えよう** B　図形 **比例** **比例をくわしく調べてみよう** C　変化と関係	●対称性をもつ図形の性質を見いだし発表できる。 ➡折り紙の操作や方眼紙を用いた作図などを通して，対称な図形の性質を理解できるようにする。 ●比例の関係について身近なものの量と人数とを例にして具体物を使い実験を行い自らグラフ化することで概念理解につなげる。 ➡身近な例題をグラフにしてイメージさせ，比例の関係を具体物を使って視覚的に理解させる。	❶二つに折ると辺や角が重なる図形が線対称であることを理解しました。比例の関係では人数分の調味料の変化を具体物を使って実験しました。 ❷方眼紙を使って，ひし形などの線対称の図形を作図することができました。比例では，調味料の分量と人数の関係を模造紙に大きく書くことができました。 ❸「辺の長さが同じ」「角度が同じ」など，線対称を説明する言葉を考え，発表しました。
理科	**私たちのからだ** A　生命 〔生活単元学習〕	●資料の活用を通して胎児の状態に着目し，予想や仮説を基に哺乳類の産まれ方を導き出す。 ➡資料を基に調べる計画を立てるようにする。家庭科と関連付ける。	❶資料を調べ，胎児は母体内で成長してから産まれることが分かりました。 ❷人とメダカの大きさの違いと，産まれるまでの時間を関連付けて考えました。 ❸家庭科の授業で，幼児期の成長と時間を関連付けて発言していました。
音楽	**花は咲く** **校歌（合奏）** A　表現 **日本の民謡** B　鑑賞	●強弱記号を意識し，曲想に合った歌い方で歌う。 ➡強弱記号など指揮や歌詞カードで提示する。 ●楽譜を読んで，演奏できる。 ➡音符と単音を一緒に確認しながら演奏する。	❶歌の成り立ちを知り，歌詞から具体的な情景を思い浮かべながら歌いました。 ❷楽譜を読み，音を間違えないよう確実に，丁寧に鉄琴を演奏しました。 ❸周囲の音と自分の音の関係や順番を理解し，合奏することができました。
美術	〔工芸〕 **キーホルダーづくり** 革工芸 A　表現 B　鑑賞	●刻印棒などの用具を使用し，自らデザインした装飾を施すことができる。 ➡複数のデザインを考案し，刻印棒や鉄筆の練習に時間を掛け，デザイン通りの作品の完成につなげる。	❶練習を経て，装飾の図案を簡易にするなど調整ができました。 ❷自らの発案で，自らの作品と分かるよう，キーホルダーにイニシャルを刻印する工夫を行いました。 ❸イニシャルを刻印した理由について，発表時に説明することができました。
保健体育	**ハードル走** C　陸上競技 **ティーボール** E　球技	●ハードルを倒さずに速く走るために，インターバルを工夫する。 ➡特設コースでリズムをつかむ。 ●得点につながる出塁ができる。 ➡動画を見せ，得点につながる打ち方を考えさせる。	❶踏み切る足が決まり，連続してハードルを跳べるようになりました。方向を意図してボールを打つことができました。 ❷インターバルを5歩と決め，コースを走りきりました。どこにボールを打てばよいか友達と作戦を話し合いました。 ❸ハードルは，何度も競争をしました。試合中も友達と助言し合っていました。
職業	**現場実習に向けて準備をしよう** C　産業現場等における実習	●自分の現場実習先について知る。 ➡実習先の写真や作業で取り扱うものを用意し，具体的な活動を想像して，意欲的に実習に取り組めるようにする。	❶服装，持もの，通勤方法についてメモに書き，メモを基に確認していました。 ❷清掃班の活動が実習先でも必要だと分かり，心構えを発表できました。 ❸面接練習で自ら質問する内容を考え，実際の面接の際でも質問できました。後期の現場実習に向け，作業学習にも真剣さが感じられるようになりました。

	主な学習内容	●主なねらい　➡手だて	評　価
家庭	**調理の基礎** **カップケーキづくり** B　衣食住の生活	●短時間で簡単にできるおやつづくりから，製品にはない調理の楽しみや完成のよろこびにより，食への関心を高める。 ➡カップケーキの見本とつくり方の動画を用意し，調理への期待感を高める。	❶粉をこぼさないなど，片付けが楽になるよう考えながら調理しました。 ❷水分量が丁度でなければならない理由を考え，発表することができました。 ❸発表で「美味しくできた，他のおやつもつくってみたい」と発言するなど，調理への関心や食への期待が高まりました。
外国語	**自分の得意なことや趣味の発表** ・自己紹介・挨拶 ・報告・予定 イ　話すこと[発表]	●簡単な語句や基本的な表現を用いて，自分の好きなことや，当日の予定を周囲に発表することができる。 ➡定型のセンテンスフレームを繰り返し用いる。	❶ "My favorite~is" の意味を理解することができました。 ❷好きな食べ物の英単語を調べ，自己紹介の英文を考えることができました。 ❸英語の自己紹介で，友達と簡単な会話を楽しもうとする姿勢が見られました。
情報	**コンピュータを使用して自己紹介シートを作る** A　情報社会の問題解決	●ワープロソフトの特徴を理解し活用して，分かりやすい自己紹介の資料を作成する。 ➡自ら見やすいと考える自己紹介シートを作成し，掲示して相互に評価し合う。	❶ソフトが備える自己紹介シートの作成に必要な表や図の操作ができました。 ❷聞く人の記憶に残りやすい情報を考え，自己紹介の項目に選びました。 ❸友達の作成した自己紹介シートのよい点を考え，発表しました。
特別活動	**HR活動** **学校行事** **避難訓練** **委員会活動** **（図書委員）**	●委員会の仕事を理解し，活動の内容を学級で紹介し，友達の役に立つ活動につなげる。 ➡ワークシートを使い，報告の内容を整理し，実際の活動の工夫につなげられるようにする。	❶図書室の利用について，ワークシートに則り学級で発表できました。 ❷本を紹介する掲示物に必要な項目を，学級で検討することができました。 ❸図書通信の印刷と配布について，他の委員に助けを求め協力して行いました。

各教科等を合わせた指導の内容		●主なねらい　➡手だて	評　価
日常生活の指導	**挨拶，言葉遣い** **係活動** **持ち物の管理** **朝・帰りの会**	●朝や帰りの会で，伝わる声の大きさで，用件を伝えることができる。 ➡挨拶，返事，報告，連絡を意識して，できたときに称賛する。	❶ホームルームで，発表に繰り返し挑戦し，皆に通る声で発表ができました。 ❷伝わらないときも「もう一度言います」と自ら再挑戦しました。 ❸発表は苦手でなくなったそうです。
生活単元学習	**体育祭を成功させよう** 徒競走・学年演技，係活動，事前・事後学習	●自分の役割を理解し，意欲的に取り組む ➡自ら具体的な目標や役割が何かを考え，決めて，活動につなげられるようにする。	❶道具を管理する係活動で，皆が忘れないよう声を掛け，役割を果たしました。 ❷短い時間で準備・片付けできる工夫を，友達と細かく相談して決めました。 ❸最後まで演技も役割分担もやりきり「体育祭は成功した」と発表しました。
作業学習	**清掃班** 道具の基本操作校内・校外清掃清掃検定 **後期の現場実習に向けて**	●トイレや洗面台など，場所に応じた道具の操作方法を習得し，清掃検定への意欲をもつ。 ➡個別の支援ツール開発・活用により，確実に技術の習得を図っていく。 ●現場実習を意識して，準備・清掃・片付けの一連の動作を休みなくできるようにする。 ➡手順表を見ながら次の動作に移行できるようにする。	❶タオルの色や使う順番を覚え，間違えずに取り組むことができました。 ❷道具の使い方をメモにとり，分からないことを教員に質問し解決しました。 ❸清掃技能検定の「上の級を取得できるよう頑張りたい」と，発表しました。 ❶手順表を確かめて，動作が一つ終わると報告し，次に移ることができました。 ❷作業がうまくいかない場面でも，徐々に質問できるようになりつつあります。 ❸面接以降，実習で頑張りたいという気持ちを常に表し，作業も真剣です。

主な学習内容（●めあて）　➡手だて		学習状況　及び　成長の様子
道徳	**力を合わせて** B　友情，信頼 **社会の決まりと社会参加** C　遵法精神，公徳心 ➡協力する意義を授業・行事を通して知る。ルールの意義を考える。	授業や行事の共同作業では，自分から意見を言う・働きかけることを目標に取り組んだところ，グループリーダーとして皆から信頼を受けるようになりました。ロールプレイでは，ルールを守らないと皆が困ることを実感し，ルールを守ることの大切さを発表することができました。
自立活動	●考えや思いを言葉で表現し，相手に伝えられるようになる。〔コミュニケーション・心理的な安定〕 ➡国語や外国語，作業学習等で取り組む。	国語や外国語では，話し方が分かるとはっきりと相手を意識して伝えられるようになりました。作業学習では，分からないことや困ったことは「今，いいですか？」と聞いてから質問するとよいと伝え，練習を重ねています。

	学習活動	観点	評価
総合的な探究の時間	地域清掃 （地域貢献）	友達と協力して地域の美化活動に取り組む。	バケツやトングなど，清掃の道具を友達と協力して準備することができました。花壇や道端に落ちているごみを見付け，拾い，地域の美化に貢献することができました。

【交流及び共同学習】

学習内容，指導上の配慮等	学習状況　及び　成長の様子
地域の特別支援教育理解推進事業での高等学校との交流	高等学校の生徒による展示の説明を聞き，自らワークショップへの参加を決めて，一緒に活動に取り組むことができました。

【総合所見】

○学級では，苦手だった「ニュース発表」に取り組み，作業学習では，分からないことを担当の教員に質問するなど，言葉で相手に伝えようとする場面が増えてきました。

○体育祭では，道具係を担当し，道具の準備や片付けを効率よく行い皆の役に立つことを考えるなど，演目につながる事前の仕事を，責任感をもって取り組みました。

○実習先での面接を無事に終え，後期に５日間働くイメージがもてたようで，作業学習はもとより，行動全般に意欲が見られるようになりました。昼休みには，自ら給食の片付けについて「手伝いましょうか」と声を掛けてくれることもありました。後期の現場実習では，実習先の方とたくさん話し，働くことの楽しさ，達成感を学んでいきましょう。

●本指導計画例の特徴

　将来，企業就労または福祉就労を目指している高等部１段階相当の知的障害の生徒を想定しています。卒業後の社会生活に主体的に参加するため，「自分の考えや気持ちを言葉で相手に伝えること」「後期の現場実習に向けて，自分に任された役割をゆっくりでも確実に行うこと」を指導の重点目標に設定しています。

　学校生活全般を通して，学校以外の社会との接点に少しずつ気付かせ，各教科等でも発表する場面を意図的に組み入れるなど，自らの目標を理解し，自ら意識しながら学習を積み重ねている段階です。評価では，学習を通して身に付けた知識・技能を，自分なりに考えたり工夫したりすることができ，更に自分の言葉で発信していくことを取り上げていくという観点でまとめました。

（鈴木　泉子）

7 高等部２段階

高等部１年　企業就労を目指す軽度な知的障害生徒の「通知表」例

●事例の概要

　高等部２段階の事例は，療育手帳４度，企業就労を目指す職業学科に所属する軽度知的障害のある生徒を想定しています。小学校５〜６年生程度の基本的な読み書きの力を有し，コミュニケーションも良好ですが，後先を考えずに行動してしまうことや生活リズムの乱れが見られます。企業での就業体験や「職業に関する専門教科」での適性を見極める時期を迎えており，卒業後の就労に向けて，落ち着いて学習に取り組み，着実に力を付けて行くために，何事においても前向きに取り組む姿勢を身に付けることが望まれる生徒です。

通知表の実際

令和○年度　後期　通知表（個別の指導計画）

高等部　１年　　１組　　氏名　○○　○○　　担任名　□□　□□

後期の目標

(1)社会での生活を意識した規範意識とマナーを，授業を通じて確実に身に付ける。

(2)自らの生きる社会の状況を広い視野で捉え，卒業時の進路先の目標を定める。

(3)自分の役割を果たしつつ，自ら他者と協力し集団で成果を発揮する経験を積み上げる。

【後期の指導計画と評価】

	主な学習内容	●主なねらい　➡手だて	評　価
国語	**一年間の学びを振り返ろう** 報告書 B　書くこと **言語文化に親しみ理解する** 枕草子 C　読むこと	●グループで，構成案を考える報告書づくりを通して，意見交換を行い，自分の考えを広げる。 ➡定型の企画書書式を使用する。 ●作者の四季に対するものの見方に触れる。古文の言葉の響きやリズムを味わう。 ➡視覚的な資料を提示する。繰り返し音読する。昔と現代の四季の感じ方，見方の違いを比べさせる。	❶他者の助言で企画書に図示を挿入し，効果的に伝えたいことを示しました。古典では昔と現代の暮らしや考え方の共通点を見付け，親しみをもちました。 ❷核となるテーマをグループで考え，報告書を作成しました。枕草子では春は…，の書き出しをアレンジし季節感を表す文章をつくり挿絵を描きました。 ❸完成した報告書を友達と読み合い，自らの役割に関する新しい視点を得て，次年度の目標を立てていました。
社会	**卒業生の話を聞こう** イ　公共施設の役割と制度 **防災ポスターを作ろう** ウ　我が国の国土の自然環境と国民生活	●給料や保険，福祉サービスについて理解を深める。 ➡卒業生に，在校生が興味のある分野の話を依頼しておく。 ●環境や安全について，自らできることを考え発表する。 ➡事前に発表する視点を助言し，発言の意欲を引き出す。	❶先輩の話から，おおよその収入や利用できるサービスを知りました。 ❷学校で地震の際に身を守る方法を調べ，ポスターとして表現しました。 ❸安全に対する理解が具体的になり，より真剣に防災訓練に取り組むようになりました。

	主な学習内容	●主なねらい →手だて	評　価
数学	**比例の活用** C　変化と関係 **データの読み取りと問題の解決** データから特徴を読み取ろう D　データの活用	●比例の関係を用いて，問題解決の方法に気付く。 ➡複数の正解を用意しておく。 ●代表値を用いて問題の結論について判断する。 ➡身近で具体的な問題を解決する場面を設定する。	❶全校の通学時間を集計し，学年ごとにグラフで比較することができました。 ❷「年齢と身長」や「速度と道のり」は比例関係にあるか，ないかを判断できました。 ❸調理で，人数に合わせて材料を増やすなど，他の場面で比例を活用しました。
理科	**生物と環境** A　生命 **燃焼の仕組み** C　物質・エネルギー	●生命を尊重する態度を育成する。 ➡食べ物を通して生物の関係を知る。 ●物の燃え方を調べ，学んだことを生活に生かす。 ➡燃焼現象を実験の観察から学ぶ。	❶気体検知管を使い，物が燃えると二酸化炭素が発生することを理解しました。 ❷生き物に水が不可欠だと気付き，節水のポスターで水の大切さを伝えました。 ❸移動教室の野外調理で，薪のよく燃える方法として，風を起こしていました。
音楽	**ボディーパーカッション** A　表現 **世界の民謡** B　鑑賞	●曲想を捉えて身体表現につなげる。 ➡リズムのパターンを拍手の合図で伝達する。 ●民謡と現代歌謡の関係に気付く。 ➡曲構造と作者の意図を紹介する。	❶ゆったりした動きから早い動きへ拍に合わせた変化で曲想を表現しました。 ❷現代歌謡と日本の民謡を比較し，同じ七五調のリズムに気付き発表しました。 ❸沖縄修学旅行で聴いた民謡を歌う現在の歌手を見付け周りに紹介しました。
美術	**〔工芸〕** **薬味皿** A　表現 **〔絵画〕** **生活絵巻** B　鑑賞	●テーマに沿って事前に構想を練り，作品に反映する。 ➡名品のテーマを提示する。 ●日本画の技法と背景の文化を理解する。 ➡鑑賞する前に，背景の物語を紹介する。	❶にかわを使った着彩と，現在の水彩の特徴の共通点に気付きました。 ❷果汁，醤油，胡椒と，入れるものを想定し，深さや形に工夫を加えました。 ❸想定した薬味を使う料理も合わせて完成後の作品の発表をしました。
保健体育	**マット運動** 側方倒立回転等 B　器械運動 **ハンドボール** パス，シュート E　球技	●仲間からボールを受けやすい場所に動く。 ➡徐々に人数を増やして練習する。 ●バランスの崩れを自ら復元する。 ➡タブレット端末で動きを確認し調整させる。	❶敵と味方の位置を見てパスを出すことができました。 ❷タブレット端末を見て自分の課題に気付き，改善することができました。 ❸休み時間等に，友達に技を見てもらうなどして技術の向上を図りました。
職業	**ビジネスマナーを身に付けよう** A　職業生活 **報告会をしよう** C　産業現場等における実習	●社会人に必要なビジネスマナーが何かを知る。 ➡日常と違う相手と体験する。 ●自己の職業生活に必要な学びを考える。 ➡友達との違いに気付く場面を設定する。	❶正しい言葉遣いや場に応じた服装の必要性を知ることができました。 ❷「失敗を改善することが自己の成長につながる」との意見を発表できました。 ❸友達の様子から「相手の目を見て話を聞く」必要性に気付きました。
家庭	**乳幼児や高齢者の生活** 高齢者との交流 A　家族・家庭生活 **私たちの消費生活** 賢い消費者になるために C　消費生活・環境	●消費者に必要な責任ある態度を考える。 ➡身近な問題に関わる資料を提示する。 ●高齢者への関わり方を工夫する。 ➡体験キットで不便さを体験する。	❶加齢による見づらさや動きづらさを感じることができました。 ❷はっきりと断ることや誰かに相談することの大切さを知りました。 ❸欲しいものに順位を付け，小遣い帳で管理し浪費を防ぎたいと発表しました。

	主な学習内容	●主なねらい　➡手だて	評　価
外国語	**学校生活** 簡単な語句や基本的な表現の聞き取り **インタビュー** 音声を聞いた具体的な情報の聞き取り ア　聞くこと	●将来の夢について，分かる範囲の単語で発表を聞き，内容を理解する。 ➡写真や映像などの視覚的情報を手掛かりにして，自ら使用する単語の意味は事前に確認するよう促す。	❶発表で聞き取った内容に沿った設問に正しく答えることができました。 ❷提示した映像と関連した単語を考えながらワークシートを作成できました。 ❸将来の夢に関連した単語に興味をもち，自ら調べました。
情報	**ビジネスメールの送受信** B　コミュニケーションと情報デザイン **表とグラフの作成** C　情報通信ネットワークとデータの活用	●ビジネスメールの初歩的なマナーを知る。〔知・技〕 ➡宛先・CC・BCCの違いを資料で確認する。 ●表計算ソフトを使用してデータを表やグラフで表現する。〔知・技〕 ➡関数を使用する。	❶データを表に入力し，集計やグラフ作成の基礎を体験しました。 ❷目的により宛先・CC・BCCを使い分け，事前に確認することを覚えました。 ❸仕事をする上で信頼が大切なことと，維持する難しさに気付いていました。
特別活動	**HR活動** **行事，避難訓練** **委員会活動**	●文化祭で仲間と協力することを楽しむ。 ➡役割を分担し，目標を達成するために必要な工夫を書き出して視覚化する。 ●よりよい生活や人間関係を形成しようとする態度を身に付ける。 ➡よりよい行動を即時にフィードバックする。	❶SNS講習会で，SNSの危険性を理解して，利用の際に気を付けるべき項目をノートにまとめて発表しました。 ❷年金事務所の方を招いた障害基礎年金講習会で，手続きや相談先について熱心にメモをとりながら聞きました。 ❸文化祭で，積極的に声を出し，仲間と協力して販売活動に取り組みました。完売後は仲間と喜びを共有していました。

	職業に関する専門教科等	●主なねらい　➡手だて	評　価
職業に関する専門教科	**トライアル実習 （校内実習）** (1)ビル・クリーニング班 (2)オフィス・サービス班	●報連相のうち，まず報告，次に連絡を確実に行えるようになる。 ➡都度指導者が確認する。 ●教室清掃を2人組のチームで確実に仕上げることができるようにする。 ➡チェックリストを使いながら作業に漏れがないか確認させる。 ●手順書に従い，資機材を安全に使えるようになる。 ➡繰り返し確認する習慣を身に付ける。 ●時間を守り，業務分担に沿って確実に作業を進める。 ➡よい行動は即時フィードバックし，次につなげる。	❶リーダーの指示を「いつまでに・何を・どうするのか」正確にメモし復唱して，確認してから作業に入ることが身に付きました。準備後片付けを含め，マニュアルに沿いながら，漏れなく確実に教室清掃ができるようになりました。 ❷清掃用具の使い方の注意点を意識し，道具を丁寧に扱い作業できました。大きな機材の扱いは，特に安全な操作・運搬方法を身に付けようとマニュアルを読み込み，手順通り反復しました。 ❸担当する清掃場所を効率よく掃除する工夫を考え，時間内で任された場所の清掃を終わらせることを次の目標とすると発表しました。オフィスでの作業後も，クリーニング班で身に付けた手順通りに，作業台を丁寧に拭いていました。
就業体験	**産業現場における就業体験** 株式会社○○○ 11/○○〜11/○○	●分からないときには，適切な言葉で社員に聞くことの習慣を身に付ける。 ➡あらかじめ業務ごとに担当者名をメモするように助言する。担当者がいない場合の対応について考えさせる。	❶業務ごとに担当者も複数いましたが，分からないことがあれば，丁寧な言葉で担当者に質問することができました。 ❷担当者がその場にいない場合，業務の進め方について考え行動しました。 ❸実習で体験した事務補助の仕事に興味をもち，実習後には，パソコン検定に挑戦するなど積極性が見られました。

主な学習内容（●めあて） ➡手だて		学習状況　及び　成長の様子
道徳	**先人に学ぶ** A　克己と強い意志 **差別や偏見のない社会** C　公正，公平，社会正義 ➡就労した先輩やパラリンピアンの話を聞く。いじめについて考える。	目標をもち，困難や失敗を乗り越えてきた先人の話から，努力を続ける大切さを自分の言葉で表していました。部活動などへの姿勢も変わってきています。どんな時代にも社会にもいじめがあること，自分も加害者になる可能性を知り，いじめられた際の対応を話し合うことができました。
自立活動	●安定した現場実習，部活動と学習の両立のために生活リズムを整える。〔健康の保持〕 ➡三者面談で話題にし，今期の重要課題として取り組む。	生活リズムを整えるために，毎日就寝時刻と起床時刻を日記に付ける習慣が身に付きました。生活リズムが安定すると，気持ちを落ち着けて学習に取り組めるという因果関係に気付き，自分で生活を整えようとする姿が見られます。

	学習活動	観　点	評　価
総合的な探究の時間	地域の防災マップの作成	近隣の高等学校の生徒や地域の方々と協力・連携して，防災マップを作成する。	近隣の高等学校の生徒や町内会の方々と協働し，町内の防災マップを作成し，日頃からできることややるべきことについて考えを深め合いました。

【交流及び共同学習】

学習内容，指導上の配慮等	学習状況　及び　成長の様子
○○高等学校との文化祭交流（10月）	生徒会役員として校内を案内し，○○高等学校の生徒と交流を深めました。

【総合所見】

○初めての就業体験を通して，交通機関や職場でのマナーを守って行動する意識が高まりました。日常生活でも常に礼儀やマナーを意識し，規範意識を高めていきましょう。

○卒業生の話を聞く会や進路報告会に参加し，卒業後の生活に関するイメージが徐々に具体的になってきたようです。トライアル校内実習を経て，志望コースも固まりました。2年生からは，今まで積み上げて評価されている丁寧な言葉遣いや積極性を活用し，考えて行動する力をより一層付けていきましょう。

○各教科の学習や部活動，生徒会活動など，周囲と力を合わせて自分の力を発揮する場面が前期よりも見られるようになりました。人との関わりの中で，他者を尊重し，自分を律する力を磨いて，自立へと進んでいきましょう。

●本指導計画例の特徴

　本計画では，いわゆる職業学科で，企業への就労を目指す教育課程の学級に在籍する生徒を想定しています。現場実習などを通じて，現在有する力と卒業までに身に付けたい力の差＝今養うべき力を整理して取り組むことや，自立した社会生活を送るために必要な資質・能力を本人と保護者が共通理解することが大切です。

　また，安心・安全で豊かな生活を送るため，防災教育や情報リテラシー教育，消費者教育についても，1年生段階から計画的に指導を進めたいとの思いで本指導計画例を作成しています。

（本橋　めぐみ）

あとがき

　この書籍をまとめるに当たり，二つの思いがありました。一つは，新学習指導要領が画期的な変革を遂げ，それを現場の校長として，子供たちに向かい合っている先生方にどうやって浸透させていけばいいか，ずっと考えていたことです。もう一つの思いは，この書籍の前身の書籍に当たる『〈特別支援教育〉個別の指導計画を生かした通知表記入例と文例集』のバトンを受け取る重さでした。

　新学習指導要領は「静かな革命」だと思っています。小学校・中学校等と学習指導要領の構造が同じになりました。同じ国に生まれ育ち，学ぶ子供たちが，同じ教科の内容を学んでいること，これを大切に考えている点で，まさに「革命的な改訂」だと思います。
　私は，障害者の生涯学習に関する検討の会議に呼ばれ，「特別支援教育の生涯学習化」をこの国でどのように進めていくか，委員として共に考えさせていただきました。その中で，知的障害のある青年が，大学の公開講座で実に生き生きと学んでいる姿を知りました。在宅の重度の障害のある方に学びの機会を確保しようと活動するグループもあることを知りました。障害のある・なしにかかわらず，誰もが学ぶことの楽しさを感じることができ，また障害の種類や重さにかかわらず，学ぶことは生きるために必要なことだと再確認しました。
　ですから今回，この書籍のお話をいただいたときに，どうやって新学習指導要領の趣旨を伝え，学習評価を通して教師と児童生徒がより深く向き合っていけるか。学びの楽しさを子供たちに伝えることができるか。それを共に考える機会になればと思い，お引き受けしました。

　幸い，東京都内で中堅・若手として活躍している先生方，また富山県や岩手県の先生方にも加わっていただき，「学習評価」研究グループを急遽立ち上げ，それぞれの専門性や経験を生かして，報告や執筆を進めていただくことができました。新型コロナウイルス感染拡大の影響で，集まっての会議はほとんどできませんでしたが，メール等を使って実践を語り合うことができました。とりわけ，年度末・年度初めには勤務先の異動や担任替えもある中，執筆に御尽力いただいた皆様に，心から感謝しております。ありがとうございました。

　もう一つの思いについてですが，平成22年度に本書の前身と言える前述の書籍がまとめられ，その後継本を編集する責任に，相当な重みを感じました。
　十年前，個別の指導計画と通知表を一体化して考えるという発想で，学校現場の実情に応じ，また保護者にも分かりやすい評価の伝え方を世に提案されました。この書籍は，ロングセラーとなり多くの方が購入され，活用されていると伺いました。

また，平成20年代，独立行政法人国立特別支援教育総合研究所では，知的障害教育における学習評価について，組織的・体系的な学習評価の推進を促す方策について研究・検討がなされました。その中には，この本の前身の著作者も加わっておられます。

　同研究所の研究報告書には，「知的障害教育において『生きる力』が身に付いているかどうかを評価するために，観点別学習状況の評価の４観点で学習状況の分析的な評価を実施する意義は大きいと考える。」と記されています。当時の中教審報告で，「知的障害教育においても『学習評価の考え方』は，基本的には小・中・高等学校における学習評価の考え方と変わらない」とされていることを受け，この教育に当時の４観点の学習評価を根付かせる研究が進められたことになります。こうした流れを受けて，本著があるのだと，感じています。

　新学習指導要領は，小・中・高等学校と特別支援学校の学習に関する考え方が同じになったと言える「革命」です。だからこそ，特別支援学校で学ぶ児童生徒の育成すべき資質・能力を，３観点でしっかりと評価をすることが，これからの時代には重要だと考えます。

　この書籍で例示した個別の指導計画の表記は，あくまでも本研究会の例示にすぎません。

　これをたたき台に，全国で，様々な学校で研究・実践に取り組んでいただき，子供の「学びに向かう力」を引き出す学習評価，子供や保護者が通知表を囲んで，成長を喜び次への学びへの意欲につながる通知表に，進化させてくださることを願っています。

　そして様々な優良な実践事例と，充実した学びによる子供たちの成長が，全国津々浦々に広がることを願っております。

　学習評価は何のために行うのか？　それは，子供の学びを充実させるためです。

　子供によりよい評価をするには，いい授業，いい実践をする。

　この単純なことに，本著の編集を通して気付くことができました。

　結びになりますが，監修をいただきました宮﨑英憲先生，御相談に乗っていただき御助言をいただきました東京都教育庁指導部特別支援教育指導課長　丹野哲也様にこの場をお借りして御礼申し上げます。そして何より，遅々として進まない編集作業を温かく見守り，無理な注文にも応えていただいた，明治図書出版株式会社及び関係の皆様に心からの感謝の思いを込めて，あとがきとさせていただきます。

特別支援教育の実践研究会
「学習評価」研究グループを代表して――
朝日　滋也

特別支援教育の実践研究会
「学習評価」研究グループ

朝日　滋也　　　東京都立大塚ろう学校長

【編集協力】

西田　良児　　　東京都杉並区立済美養護学校長
深谷　純一　　　東京都立高島特別支援学校長
阿部　智子　　　東京都立王子特別支援学校副校長

【執筆者一覧】 ＊五十音順　＊刊行時

石川　智史　　　東京都立清瀬特別支援学校
加嶋　みずほ　　東京都立高島特別支援学校
今野　美穂　　　東京都立町田の丘学園
齋藤　仁美　　　東京都世田谷区立中里小学校
佐藤　修子　　　岩手県立釜石祥雲支援学校
鈴木　泉子　　　東京都立葛飾特別支援学校
竹田　憲功　　　東京都立高島特別支援学校
田淵　健　　　　岩手県立気仙光陵支援学校
平澤　鋼　　　　東京都立永福学園
福田　麻子　　　東京都立久我山青光学園
三上　宗佑　　　東京都立城東特別支援学校
本橋　めぐみ　　東京都東部学校経営支援センター支所　経営支援室
柳川　公三子　　富山大学人間発達科学部附属特別支援学校
吉田　博子　　　東京都立中野特別支援学校

【監修者紹介】

宮﨑　英憲（みやざき　ひでのり）

東洋大学名誉教授

【編者紹介】

特別支援教育の実践研究会

（とくべつしえんきょういくのじっせんけんきゅうかい）

『特別支援教育の実践情報』（隔月）を刊行している。

隔月刊『特別支援教育の実践情報』（奇数月22日発売）

特別支援教育における3観点の「学習評価」
【各教科・段階別】通知表の文例集と記入例

2020年11月初版第1刷刊	©監修者	宮　﨑　英　憲
2024年6月初版第10刷刊	編　者	特別支援教育の実践研究会
	発行所	明治図書出版株式会社

http://www.meijitosho.co.jp

（企画）佐藤智恵（校正）武藤亜子・nojico

〒114-0023　　東京都北区滝野川7-46-1

振替00160-5-151318　電話03（5907）6703

ご注文窓口　電話03（5907）6668

＊検印省略　　　　組版所　藤　原　印　刷　株　式　会　社

Printed in Japan　　　　　　ISBN978-4-18-306729-6

もれなくクーポンがもらえる！読者アンケートはこちらから →

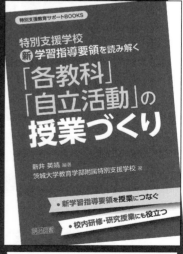